John Selby

Augenblick!

John Selby
unter Mitarbeit von
Birgitta Steiner

Augenblick!
Die heilende Kraft der Gegenwart

Aus dem Amerikanischen
von Michael Wallossek

nymphenburger

© John Selby 2011
Published by New World Library, Novato, California 2011
Titel der amerikanischen Originalausgabe:
»Expand this moment: focused meditations to quiet your mind, brighten your mood & set yourself free« / John Selby with Birgitta Steiner
© für die deutschsprachige Ausgabe nymphenburger in der
F. A. Herbig Verlagsbuchhandlung GmbH, München 2012
Alle Rechte vorbehalten
Schutzumschlag: www.atelier-sanna.com, München
Schutzumschlagmotiv: © Turi – Fotolia.com
Satz: Buch-Werkstatt GmbH, Bad Aibling
Gesetzt aus: 10,3/13,8 pt. Sabon
Druck und Binden: GGP Media GmbH, Pößneck
Printed in Germany
ISBN 978-3-485-01369-7

www.nymphenburger-verlag.de

*Meinen frühen Lehrmeistern, die mein Herz
und meinen Geist berührt haben:
Zora und John Selby, Krishnamurti,
Humphrey Osmond, Chuck Kelley,
Osho und Alan Watts*

*Lass den Geist frei werden von all
den ichbezogenen Gedanken,
lass dein Herz eins sein mit sich selbst.
Jedes für sich existierende Wesen auf der Welt
kehrt zum gemeinsamen Ursprung zurück.
An die Quelle zurückzukehren bedeutet
heitere Gelassenheit.
Mit allem, was immer das Leben dir bringt,
vermagst du dann umzugehen.*

LAOTSE

INHALT

Einführung:
Warum diesen Augenblick aufleben lassen? 9

1. Erfreuen Sie sich des Augenblicks 26
2. Frischen Sie Ihre Verbindung zum Atem auf 57
3. Erwecken Sie den Solarplexus 81
4. Gewinnen Sie die Ganzkörperpräsenz zurück 110
5. Erleben Sie Ihr Herz 131
6. Lassen Sie die Besorgnis hinter sich 152
7. Akzeptieren Sie jeden Menschen 172
8. Lieben Sie sich selbst vollkommen
   vorbehaltlos 197
9. Öffnen Sie sich ... und empfangen Sie 218
10. Werden Sie eins mit Ihrer Quelle 231
11. Klären Sie Ihre Zielsetzungen 251
12. Werden Sie zur Verkörperung von Mut
    und Integrität 263

Einige abschließende Worte 277
Für eine weitergehende Erkundung 291
Eine Meditation, die Ihnen Tag für Tag neuen
Auftrieb gibt: die zwölf Leitsätze im Überblick 293
Anmerkungen 294

Einführung

Warum diesen Augenblick aufleben lassen?

*Wer sich zufriedengibt mit dem, was er hat,
und darüber frohlockt, wie die Dinge sind,
wer begreift, dass es an nichts fehlt,
dem gehört die ganze Welt.*

LAOTSE

Kaum zu glauben, dass ich erst jetzt, mit 64 Jahren, einer bereits im Alter von 24 erhaltenen Aufforderung nachkomme. Damals hat mich der bekannte Philosoph und Meditationsexperte Alan Watts gebeten, die Meditationsüberlieferungen der Welt aus der Innenperspektive als Psychologe zu studieren, um herauszufinden, welcher seelische Prozess all diesen Überlieferungen zugrunde liegt. Und anschließend sollte ich dann an die Öffentlichkeit gehen und jeden, der darüber Bescheid wissen möchte, mit diesem Prozess vertraut machen.

Den Auftrag erteilte mir Alan Watts, als ich in den frühen Siebzigerjahren an der Graduiertenfakultät in Berkeley mit den Vorbereitungen für meine Doktorarbeit beschäftigt war. Mit der größten Selbstverständlichkeit bin ich damals davon ausgegangen, dieses Forschungsprojekt gewiss zu einem Bestandteil meiner Doktorarbeit machen und es sehr rasch abschließen zu können.

Nie wäre ich überhaupt auf den Gedanken gekommen,

dass ich schließlich Jahrzehnte meines Lebens mit etwas beschäftigt sein würde, das sich als eine – so hatte es zumindest lange Zeit den Anschein – niemals endende Suche erweisen sollte. In den Siebziger- und Achtzigerjahren, bis hinein in die Neunzigerjahre ging die Suche immer weiter – und erinnerte dabei oft an eine psychologische und spirituelle Detektivgeschichte mit lauter mehr oder weniger versteckten Hinweisen und verzwickten Einsichten, mit zahlreichen Sackgassen und Dutzenden unglaublich kostbaren Begegnungen mit bemerkenswerten Männern und Frauen.

Zunächst hatte ich geglaubt, die Herausforderung werde sich als ein intellektuelles beziehungsweise akademisches Abenteuer erweisen. Schritt für Schritt musste ich dann jedoch feststellen, dass ich an den völlig falschen Orten auf der Suche nach bedeutungsträchtigen Antworten war.

Tatsächlich verdanke ich die Entdeckung der zwölf Leitsätze (Fokussätze) – die das Herzstück dessen bilden, was ich Ihnen in diesem Buch nahebringen möchte – weder der wissenschaftlichen Forschung, noch habe ich sie durch logische Schlussfolgerungen gefunden. Vielmehr kam der Durchbruch in Form einer unerwarteten Einsicht, in deren Folge mein Augenmerk sich auf ein weit umfassenderes, universelleres Verständnis richtete, statt weiterhin auf mein persönliches Ich und auf akademische Betrachtungsweisen beschränkt zu bleiben.

Offen gestanden hat sich jene Einsicht jedoch erst eingestellt, als ich mich letzten Endes wirklich geschlagen gab, nachdem ich zuvor an allen Fronten gescheitert und emotional wie intellektuell an einem Tiefpunkt angelangt war. Die Art und Weise, wie meine Einsicht zustande kam, hat der spirituelle Lehrer Krishnamurti, den ich schon frühzeitig kennenlernen durfte, sehr einleuchtend in Worte gefasst: »Damit man klar sehen kann, muss der Geist leer sein.«

Wie mir Einsicht zuteil wurde

Zum Zusammenbruch kam es eines Abends – völlig ohne Vorwarnung. Ich war gerade von einer Reise zurückgekehrt. In deren Verlauf hatte ich erfolglos versucht, finanzielle Mittel aufzutreiben, die dringend für ein vor sich hin dümpelndes Online-Therapieprojekt benötigt wurden. In der Stille meines auf der Hawaii-Insel Kauai gelegenen Hauses bin ich, emotional und geistig, einfach total zusammengesackt. Ein Gefühl vollständiger Verwirrung und Verzweiflung kam über mich. Körperlich fühlte ich mich völlig entkräftet, und als meine bewusste Innenwahrnehmung sich verfinsterte und zuletzt gänzlich erlosch, wurde mir buchstäblich schwarz vor Augen.

Ein Freund, der gerade bei mir zu Besuch war und über medizinische Kenntnisse verfügte, äußerte die Befürchtung, ich könnte entweder einen Schlaganfall gehabt haben oder unter einem Gehirntumor leiden. Glücklicherweise hat meine Frau jedoch, als mir schwarz vor Augen wurde, keineswegs die Fassung verloren und mich nicht ins Krankenhaus verfrachtet. Irgendwie wussten wir beide, dass sich da etwas Tiefgreifenderes abspielte. Etwas auf eigentümliche Weise Neues, auf das man sich unbedingt einlassen sollte, war in Bewegung geraten.

In erster Linie habe ich über viele Stunden hinweg tiefe Finsternis erlebt. Kein Empfinden, keine Gedanken, gar nichts. Ich war einfach nur da. Niedergestreckt lag ich rücklings im Bett. Dann konnte ich inmitten jenes Nichts auf einmal miterleben, wie mein Bewusstsein auf natürliche Weise wieder aufflackerte, sich ganz von allein entfachte und entfaltete, ohne dass mein Ich diesen Prozess in irgendeiner Weise angestoßen oder die Entfaltung des Bewusstseins gesteuert hätte. Ohne dass »ich« irgendetwas dazu beitrug, begann ich – passiv – zu erleben, dass es in meiner Nase einen Gewahrseinspunkt gab, und dann spürte ich auf einmal die Luft durch meine Nasenlöcher strömen.

Ah ... Leben.

Und dann – abermals Leere.

Während der nächsten ein oder zwei Stunden habe ich diesen elementaren Prozess mehrere Male durchlaufen: zunächst die unvermittelt auftretende Erfahrung der in meine Nase einströmenden und dann wieder ausströmenden Luft, anschließend das neuerliche Eintauchen in völlige Finsternis. Ab einem gewissen Punkt stellte ich fest, dass mein Gewahrsein sich selbst aufrechterhielt. Auf einer weiteren Entfaltungsstufe erweiterte sich mein Gewahrsein schließlich dahingehend, dass es neben der Atemempfindung in meiner Nase auch die Empfindungen im Bereich des Brustkorbs, hervorgerufen durch die sich zusammenziehende und sich wieder ausdehnende Brustmuskulatur, miteinbezog.

Für eine Weile fiel mein Gewahrsein abermals dem Nichts anheim ..., um dann von Neuem mühelos dieselbe Abfolge des Sich-Entfaltens zu durchlaufen. Dieser Gezeitenwechsel des Wahrnehmens setzte sich nach demselben Grundmuster weiter fort, bis mir an einem bestimmten Punkt eine noch bemerkenswertere Wahrnehmung zuteil wurde: Unversehens wurde ich mir in ein und demselben Moment, hier im ewigen Jetzt, meines gesamten physischen Körpers bewusst.

Diese intensiven Erfahrungen auf der Wahrnehmungs- und Gefühlsebene markierten den elementaren Ausgangspunkt für jenen Meditationsprozess, den ich Ihnen im Folgenden vermitteln möchte. Der eigenen Atmung gewahr zu sein stellt im Bereich der Meditation ganz gewiss keine Neuentdeckung dar. Atemgewahrsein ist von Anbeginn in aller Welt die Basis der meisten Meditationsmethoden gewesen. Das ganz Besondere für mich war die unmittelbare innere

Erfahrung, die mir die natürliche Entfaltung des Bewusstseins genau vor Augen führte.

Bei dieser dreistufigen Entfaltung des Wahrnehmungsprozesses (die durch meine Nase strömende Luft fühlen; die Bewegungen in Brust und Bauch bei jedem Atemzug spüren; und spüren, wie sich mein Gewahrsein so entfaltet und ausweitet, dass es im gegenwärtigen Augenblick gleichzeitig meinen gesamten Körper miteinbezieht) handelte es sich um einen psychisch-meditativen Grundprozess.

Die innere Stimme

Vielfach wird berichtet, während der Meditation melde sich eine innere Stimme zu Wort und teile dem Meditierenden auf die eine oder andere Weise tiefe Einsichten mit, die daraufhin zu einem Bestandteil des Alltagsbewusstseins werden. In sehr jungen Jahren habe ich hin und wieder eine sehr liebevolle innere Stimme vernommen. Diese verschwand, als ich acht Jahre alt war. Nur gelegentlich, in tiefer Meditation oder in Augenblicken extremer Emotion, kehrte sie wieder zurück. Während meines Zusammenbruchs tauchte dieselbe Stimme dann erneut auf. Als ich im Lauf der nächsten zehn Tage ein ums andere Mal die Entfaltung meines Gewahrseins wie auch seinen Kollaps erlebte, beschrieb meine innere Stimme ruhig und lapidar, was mit mir geschah.

Ich konnte hören, wie die Stimme sprach: »Ich fühle, wie die Luft in meine Nase ein- und wieder ausströmt.«

Danach, bei der zweiten Entfaltung, sagte die Stimme. »Ebenso fühle ich beim Atmen die Bewegungen meines Brustkorbs und meines Bauchs.«

Schließlich folgten die Worte: »Ich bin mir meines ganzen Körpers gleichzeitig bewusst, jetzt in diesem Augenblick.«

Zunächst könnte es den Anschein erwecken, als brächten diese Kernsätze lediglich vollkommen offenkundige, wenn nicht sogar ziemlich banale Sachverhalte zum Ausdruck – die Sätze beschreiben ja nur, welche Erfahrungen ich gemacht habe. Sehr bald wurde mir jedoch klar, dass jene Worte außerordentlich kraftvolle Impulse setzten, dass sie *Schlüsselworte* waren: Wann immer ich, wie an jenem Tag, ebendiesen Entfaltungsprozess durchlaufen und zum gegenwärtigen Augenblick erwachen wollte, brauchte ich nichts weiter zu tun, als mir die Leitsätze in der richtigen Reihenfolge in Erinnerung zu rufen. Während ich mich so durch den Entfaltungsprozess führte, habe ich – hat mein gesamtes Dasein – fast augenblicklich reagiert.

Die Leitsätze

In jener Woche, in der ich meinen Zusammenbruch und anschließend das Erwachen erlebt habe, sind mir spontan neun weitere Leitsätze in den Sinn gekommen. Jeder von ihnen, so stellte sich heraus, setzt einen unverzichtbaren psychischen Prozess in Gang. Die zwölf Leitsätze lassen sich in drei Phasen unterteilen.

Phase eins: Zen-Erwachen
1. Ich beschließe, mich an diesem Augenblick zu erfreuen.
2. Ich fühle, wie die Luft in meine Nase ein- und wieder ausströmt.
3. Ich fühle beim Atmen die Bewegungen meines Brustkorbs und meines Bauchs.
4. Ich bin mir meines ganzen Körpers gleichzeitig bewusst, jetzt in diesem Augenblick.

Durch diese ersten vier Leitsätze verlagert sich Ihre Aufmerksamkeit von Gedanken an Vergangenheit und Zukunft hin zu einer klaren, auf die Wahrnehmung des gegenwärtigen Augenblicks bezogenen Erfahrung. Dadurch kommt Ihr Geist auf natürliche Weise zur Ruhe und gelangt in einen friedlicheren, freudvolleren und mitfühlenderen Zustand.

Phase zwei: emotionale Heilung
5. Ich bin bereit, die Gefühle in meinem Herzen zu erfahren.
6. Ich lasse all meine Anspannung und meine Sorgen los und fühle Frieden in mir.
7. Ich akzeptiere jeden Menschen, den ich kenne, so wie er ist.
8. Ich liebe und ehre mich, so wie ich bin.

Praktisch jeder von uns bringt in die Meditationserfahrung nicht nur einen geschäftigen Geist mit hinein, sondern auch einen Haufen Emotionen. Diese zweite Viererguppe von Leitsätzen hilft Ihnen, über die wichtigsten emotionalen Barrieren hinauszugelangen – zugunsten eines tiefgreifenden meditativen Erwachens und tiefgreifender meditativer Einsichten.

Phase drei: der Einsichtszustand
9. Ich bin offen, zu empfangen.
10. Ich fühle mich mit meiner Quelle verbunden.
11. Ich bin hier, um zu dienen, zu lieben, in Wohlstand zu leben und das Leben zu genießen.
12. Ich bin bereit, zu handeln – mutig und aufrichtig.

Die Leitsätze eins bis acht (die Sie, sobald Sie mit dem Ablauf vertraut sind, in ein paar Minuten durchgehen können) bereiten Sie umfassend auf eine tiefe Meditation vor. Die beiden nächsten Leitsätze, Nummer neun und zehn, richten Ihre Aufmerksamkeit dann unmittelbar auf den eigentlichen Kern Ihres Daseins und helfen Ihnen, sich für die meditative Erfahrung, worin auch immer diese im gegebenen Moment bestehen mag, zu öffnen. Anschließend können Sie zu den beiden letzten Leitsätzen übergehen, die Sie aus der Meditation hinausgeleiten. Zuvor aber dürfen Sie so lange in tiefer Meditation verweilen, wie Sie mögen.

Wenn Sie eine Weile später den Prozess wiederum durchlaufen, werden Sie feststellen, dass Ihre Erfahrung jedes Mal neu und anders ist. Von ganzem Herzen und mit Ihrer ganzen Seele öffnen Sie sich für dasjenige, was Ihnen aus der unerschöpflichen Quelle spirituell zuströmt – und niemand vermag je vorherzusehen, was Sie aus dieser Quelle empfangen werden.

Eines freilich kann man in Bezug auf eine meditative Erfahrung vorhersagen: Indem Sie den Geist zur Ruhe kommen lassen und sich auf Ihre spirituelle Präsenz einstimmen, verringern sich Ihre Besorgnis und Ihre Anspannung, und Sie sind dementsprechend friedvoller und freudvoller.

Meditation beinhaltet ein bewusstes Umschalten: Von solchen Gedanken, die negative Emotionen und körperliche Anspannung hervorrufen, schalten Sie um auf Zustimmung, Einsicht und Freiheit.

Krishnamurti hat die Einzigartigkeit der meditativen Erfahrung folgendermaßen in Worte gefasst:

Will man anfangen zu meditieren,
muss man ins Wasser springen,
ohne schwimmen zu können.
Nie weiß man, wo man sich gerade befindet,
wohin man gelangen

und wo man am Ende stehen wird.
Darin liegt die Schönheit der Meditation.

Meditation ist Freiheit vom Denken –
Meditation ist eine Explosion der Intelligenz.

EIN PFERD ANS WASSER FÜHREN

Als der pragmatische Psychologe und wissbegierige Mensch, der ich nun mal bin, musste ich mir natürlich folgende Frage stellen: Woher genau waren diese Leitsätze eigentlich gekommen? Habe ich etwa Zugang zu ihnen gewonnen, indem ich auf irgendeine Weise vorübergehend zu einem menschlichen Kanal für die spirituelle Präsenz dessen wurde, was wir gemeinhin als Gott bezeichnen? Oder hat mein intuitiv und integrativ arbeitender Geist nach so viel Forschen und Nachdenken zu guter Letzt die komprimierte logische Lösung für meine lebenslangen Nachforschungen »ausgespuckt«? Oder hatte ich womöglich zu einer eher undurchsichtigen, esoterischen Quelle Zugang erhalten?

Etwas von alldem wahrscheinlich. Wer weiß? Doch welcher Quelle die zwölf Leitsätze auch entstammen mögen, seit sie mir vor einem Jahrzehnt in den Sinn gekommen sind, wurden sie nicht nur zum Ausgangspunkt meiner täglichen Meditation, sondern gaben mir zugleich das wichtigste psychologische Instrumentarium an die Hand, das ich seither meinen Schülern vermittle und auf das ich für meine Klienten in der Therapie zurückgreife. Nach so vielen Jahren des Suchens war ich endlich fündig geworden. Welch eine Erleichterung!

Die – hoffentlich – vielversprechende tiefere Bedeutung der Leitsätze möchte ich folgendermaßen zusammenfassen:

Einer naturwissenschaftlichen Universalformel gleich, also ebenso kurz wie aussagekräftig, umfasst diese Sammlung von Leitsätzen einen vollständigen Prozess, mit dessen Hilfe Sie regelmäßig Ihr Gewahrsein für den gegenwärtigen Augenblick wecken, emotionale Schmerzen und Leiden lindern, meditative Hingabe begünstigen und intuitive Einsicht beleben können.

Ja, ich stehe voll und ganz hinter dieser Sache; doch bitte – verlassen Sie sich in keinem Fall nur auf meine Worte. Mir geht es keineswegs darum, Sie durch Worte von der Kraft und Schönheit dieser zwölf Aussagen, dieser Impulse setzenden Schlüsselworte, zu überzeugen. Und erst recht will ich Ihnen keine abgehobenen Phantasien spiritueller Erfahrungen, zu denen Sie womöglich durch die Leitsätze angeregt werden könnten, in den Kopf setzen. Mit diesem Buch möchte ich Ihnen einfach helfen, die Aufmerksamkeit auf jene – wie auch immer beschaffenen – einzigartigen Erfahrungen zu richten, die durch diese Leitsätze vielleicht in Ihrem inneren Universum zutage treten werden.

Meine Rolle ist dabei diejenige eines Lehrers, nicht die eines selbst ernannten erleuchteten Gurus.

Aufgewachsen bin ich auf einer Rinderfarm. Alle waren dort einander gleichgestellt – und anscheinend lebe ich nach wie vor weitgehend in solch einer Welt, mag ich zwischendurch auch an Eliteuniversitäten gelandet sein und eine Reihe von akademischen Hürden übersprungen haben. *Einen* Unterschied, was die Meditation anbelangt, gibt es allerdings zwischen Ihnen und mir: Ich werde seit 30 Jahren dafür bezahlt, dass ich mich mit dem Phänomen Meditation beschäftige. Und natürlich habe ich so einiges zu diesem Thema zu sagen. Doch davon einmal abgesehen, sind Sie und ich gleichgestellte Wesen. So wahren wir unsere Freiheit.

Bei seiner Arbeit mit den Tieren auf der Farm hielt mein Großvater sich stets an das alte Sprichwort: »Man kann ein Pferd zwar ans Wasser führen, aber es nicht zwingen zu trinken.«

Dieses Bild macht auch in spirituellen Zusammenhängen Sinn. Ein Lehrer kann Ihre Aufmerksamkeit in die eine oder andere Richtung dirigieren, wenn sich gezeigt hat, dass solch ein Hinweis unter Umständen einiges zu bewirken vermag. Letztlich aber muss jeder Schüler selbst entscheiden, in welche Richtung er seine Aufmerksamkeit lenkt, um die nur für ihn allein erfahrbare Wahrheit zu entdecken.

So wie ich haben auch meine Klienten und Schüler herausgefunden, dass man jedes Mal, wenn man einen der zwölf Leitsätze ausspricht, durch die für den betreffenden Leitsatz charakteristische psychologische und spirituelle Pforte hindurchgeht. Und jedes Mal, wenn Sie diesen Leitsatz erneut aussprechen und jene Pforte durchschreiten, werden Ihre gebündelte Aufmerksamkeit, Ihre momentanen Wünsche und Bedürfnisse sowie weitere vom jeweiligen Augenblick abhängige Faktoren eine andere Erfahrung, weiß der Himmel welcher Art, zum Vorschein bringen – Heilung, Liebe, Kraft, Einsicht oder womöglich schiere Freude und Wohlgefallen.

Denken Sie daran: Diese Meditation können Sie ebenso gut auf einer Party durchführen wie in einer Höhle in Tibet. Und das verschafft Ihnen große Freiheit!

Gerichtete Bewusstheit – unterstützt durch psychologisch geschickt eingesetzte Schlüsselworte, durch impulsgebende Aussagen – hilft Ihnen nach meinem Verständnis, in ein tiefgründiges, reichhaltiges, bedeutungsvolles Erwachen einzutreten: in eine innere Erfahrung im Sinn von *Aha!* oder *O ja!* oder *Ach so!*. Diese Erfahrung wird Ihnen zuteil, sobald Ihr individueller Geist sich in den universalen Geist einklinkt. Einer meiner hawaiianischen Lehrer pflegte uns das immer wieder in Erinnerung zu rufen: »Wohin die Aufmerksamkeit geht, dorthin fließt die Energie. Ihr bekommt, wonach ihr verlangt. Gebt also acht, worauf ihr eure Aufmerksamkeit richtet. Tut das mit einer klaren Intention.«

Meditation in Kurzform

Traditionell setzt Meditation voraus, dass Sie sich die Disziplin auferlegen, täglich mindestens eine halbe Stunde lang zu sitzen, vorzugsweise an ein und demselben Platz, um auf Grundlage solcher Regelmäßigkeit tief in eine stille, ruhige, einsichtsvolle Erfahrung eintreten zu können. Traditionelle Meditation ist aus einer Lebensführung in klösterlicher Abgeschiedenheit hervorgegangen: Die Menschen hatten das weltliche Dasein aufgegeben und so zurückgezogen gelebt, dass der Tagesablauf ihnen viel freie Zeit ließ, in der sie sich hinsetzen konnten, um zu meditieren. Diese Tradition hat sich bis auf den heutigen Tag erhalten, und ich weiß es wirklich sehr zu schätzen, dass sie nach wie vor in unserer Welt präsent ist. Mehrere Jahre habe ich in Ashrams und meditativ ausgerichteten Gemeinschaften gelebt und im Verlauf dieses Prozesses sehr viel gelernt.

Mir gefällt es allerdings besser, wenn um mich herum mehr los ist, mehr Betriebsamkeit herrscht – ich liebe ein geschäftiges Leben voller schöpferischer Arbeit und zwischenmenschlicher Engagements; ich liebe es, Zeit mit meiner Familie zu verbringen und mich draußen in der freien Natur aufzuhalten. Gleichzeitig brauche ich tiefen inneren Frieden, emotionales Wohlbefinden, energetische Ausgeglichenheit, schöpferische Kraft, spirituelle Nahrung und Orientierung. Und all das will ich nicht nur eine halbe Stunde lang pro Tag haben – das will und brauche ich die ganze Zeit.

Was ich als eine Kurzform der Meditation bezeichne, ist meine Lösung für dieses allgemeine Dilemma. Bestimmte spirituelle Bewusstseinsqualitäten werden mir – das weiß ich sehr wohl – nur zuteil, wenn ich eine halbe Stunde lang in tiefer Meditation dasitze. Manchmal nehme ich mir liebend gern die Zeit, genau das zu tun. Die spirituelle Praxis, die ich hier beschreibe, gibt Ihnen auch die Möglichkeit, wunderbar lange zu meditieren. Ebenso gut eignet sie sich freilich für kurze Abstecher in tiefe Meditation. Nachdem Sie sich ein paar Wochen lang dieser Praxis gewidmet haben, brauchen Sie, sofern Sie das wünschen, für einen Durchgang durch die zwölf Leitsätze nicht länger als drei Minuten – und diese kurze, aber wirkungsvolle Erfahrung wird Ihnen enorm zugutekommen.

Einer meiner spirituellen Lehrer, von dem ich sehr viel gelernt habe, war ein Inder namens Bhagwan Rajneesh, der sich später Osho nannte. Er hat die Meditationserfahrung in groben Zügen wie folgt skizziert:

Meditation ist Bewusstheit, rege und empfänglich.
Sie ist eine Öffnung, eine Lichtung, alles wird heilig –
einfach ein Bad nehmen, Liebe machen,
etwas essen, schlafen gehen ...
Wo immer man in Meditation hinschaut, ist Gott,
und was immer man tut, man tut es mit Gott.

Lassen Sie uns in dieser Geisteshaltung alles nur Mögliche tun, um in jeden Winkel unseres Daseins Meditation zu bringen. Wie können wir es zum Beispiel inmitten eines geschäftigen Arbeitstages bewirken, dass wir von einer meditativen Sicht der Dinge erfüllt sind? In *Executive Genius*[1] und *Mind-Management*[2] habe ich skizziert, wie ein komplettes Unternehmen einmal pro Stunde für jeden Mitarbeiter meditative Dreiminutenpausen einrichten und dadurch auf allen Ebenen eine Steigerung der Leistung, Kreativität, Empathie und Sicherheit herbeiführen kann. Wie Sie sich an Ihrem Arbeitsplatz denselben Prozess zunutze machen können, habe ich im letzten Kapitel des hier vorliegenden Buches skizziert.

In familiäre und enge zwischenmenschliche Beziehungen anderer Art können wir ebenfalls eine meditative Sicht der Dinge einfließen lassen. Allzu oft verstricken wir uns in negative Gefühle und Reaktionen, durch die unsere Freundschaften und familiären Bindungen Schaden nehmen. Wir werden uns hier mit der Frage befassen, wie Sie in eine Situation nur *einen* entscheidenden Leitsatz einbringen und schon dadurch Heilung und Verständigung herbeiführen können.

In jedweder Situation können Sie, während Sie den Alltagsverpflichtungen nachgehen, Ihr Leben und die Erfahrungen, die Sie machen, zum Vorteil verändern – einfach indem Sie sich beispielsweise den ersten Leitsatz vergegenwärtigen und ihn im Sinn behalten: »Ich beschließe, mich an diesem Augenblick zu erfreuen.« Probieren Sie's gleich jetzt aus: »Ich beschließe, mich an diesem Augenblick zu erfreuen.«

ES SICH IMMER WIEDER IN ERINNERUNG RUFEN

Fast alle Menschen wollen ihr Leben gern in höherem Maß so führen, wie die zwölf Leitsätze dies aufzeigen. Doch die meiste Zeit versäumen wir, uns daran zu erinnern, unsere Aufmerksamkeit in diese positive Richtung zu lenken. Wie können wir das ändern?

Glücklicherweise leben wir in einem Hightech-Zeitalter, in dem wir Computerschaltkreise problemlos zu einem spirituellen Hilfsmittel umfunktionieren können. Lange Zeit habe ich geglaubt, die Computer-Technologie lenke uns lediglich vom spirituellen Weg ab, ja, sie habe sogar einen negativen Einfluss. Erst ungefähr während der letzten fünf Jahre sind mir die Augen dafür aufgegangen, wie erstaunlich hilfreich das Internet sein kann, wenn es darum geht, uns regelmäßig in Erinnerung zu rufen, dass wir doch gerne für die im gegebenen Moment gerade zu erübrigende Zeit in einen meditativen Zustand eintreten möchten.

Unlängst haben meine Frau Birgitta und ich mehrere facettenreiche, für Sie kostenlos zur Verfügung stehende Online-Programme entwickelt. Die Programme können Ihnen diesbezüglich als Gedächtnisstütze dienen und Ihnen so lange Anleitung für einen mühelosen Durchgang durch die Praxis geben, bis diese Ihnen zur zweiten Natur geworden ist. Auf Ihrem Computer oder Ihrem Handy kann das Internet so zu einer Art Rettungsanker für Sie werden, indem es Sie genau in dem Maß in der Durchführung der Praxis bestärkt, wie es für Sie nötig ist, damit Sie die Leitsätze Schritt für Schritt meistern und immer wieder auf sie zurückgreifen können, ganz gleich wo Sie sich gerade aufhalten oder was Sie gerade tun.

Besuchen Sie, wann immer Sie mögen, www.johnselby.com oder www.tappingdaily.org. Dort haben Sie Zugang zu akustisch und visuell inspirierenden Videobeiträgen. Online-Kurse bieten Ihnen außerdem die Möglichkeit, in einem angenehmen Rahmen die tägliche Praxis zu erlernen. Außerdem arbeiten wir an der Entwicklung von Apps und speziellen Computer-Programmen, die Sie in regelmäßigen Intervallen daran erinnern, eine Pause einzulegen, um durch eine meditative Erfahrung rasch neuen Auftrieb zu erhalten. Ferner werden wir eine Online-Gemeinschaft ins Leben rufen. Dort können Sie dann zu anderen Menschen, die sich ebenfalls auf eine Erkundungsreise durch die tägliche Praxis begeben haben, in Kontakt treten und mit ihnen persönliche Erfahrungen austauschen. Fühlen Sie sich herzlich eingeladen, mit diesem neuen Ansatz zur Meisterung des eigenen Geistes zu arbeiten und die Kraft der Aufmerksamkeit regelmäßig auf eine Art und Weise auszurichten, die Ihnen dabei hilft, Ihre tiefer gehenden Bestrebungen zu verwirklichen.

> *Meditation ist jener innere Prozess,*
> *durch den sich im Stillen die Blickrichtung*
> *in der Weise verändert,*
> *dass man bezeugt, was wirklich ist,*
> *und so der Seele Nahrung gibt.*

Nebenbei bemerkt ist dies das erste Buch, das ich mit Hilfe einer Stimmerkennungssoftware geschrieben habe. Statt auf der Computertastatur herumzuklimpern, hab ich's mir hier im Sessel bequem gemacht und spreche ganz entspannt zu Ihnen, während wir uns auf tiefgründige Themen besinnen und meditative Hilfsmittel erörtern, für deren vollständige Meisterung Sie sich bestimmt Zeit nehmen wollen. Sorgen Sie bitte dafür, dass Sie sich am Ende jedes größeren Kapitelabschnitts und am Ende jedes Kapitels eine Atempause gönnen. Heben Sie den Blick, unterbrechen Sie die Lektüre für eine Minute (vielleicht auch für einen Tag oder länger), und schauen Sie sich an, was das soeben Gelesene in Ihnen bewirkt.

In diesem Sinn werden Sie jetzt vielleicht den Wunsch haben, in den Erfahrungszustand hinüberzuwechseln. Welche Kraft der Einstimmung auf Ihre Atmung innewohnt, habe ich bereits erwähnt. Sehen Sie nun selbst, was im nächsten

Augenblick geschieht, wenn Sie nach der Lektüre dieses Abschnitts eine Pause einlegen und sich sagen:

Ich fühle, wie die Luft in meine Nase ein- und wieder ausströmt.

Lassen Sie zu, dass sich durch diese Schlüsselworte Ihre Aufmerksamkeit auf die einströmende Luft und auf die ausströmende Luft richtet. Sie sind genau hier, genau im gegenwärtigen Augenblick, putzmunter und lebendig ..., dabei stimmen Sie sich auf die eigene Präsenz in der immerwährenden Gegenwart ein und öffnen sich für eine neue Erfahrung.

Erstes Kapitel

Erfreuen Sie sich des Augenblicks

*Wenn du gehst oder ein Bad nimmst,
isst oder sonst etwas tust,
sei deines Atems gewahr –
das ist Meditation.*

*Sei des einströmenden Atems
und sei des ausströmenden Atems gewahr,
achte auf den Rhythmus und auf den Atemvorgang.
Dein Geist wird still werden,
weil er voll und ganz damit beschäftigt ist,
Zeuge des Atmens zu sein.*

OSHO

Heute Morgen bin ich in die Stadt gefahren, um wegen einer seltsamen kleinen Geschwulst auf der Kopfhaut den Hautarzt zu konsultieren. Da wir in Hawaii im Verlauf eines Jahres derart viel Sonnenstrahlung abbekommen, sind wir hier, was Hautkrebs anbelangt, auf der Hut. Einer meiner Bekannten ist vor einiger Zeit gestorben, weil er einer Hautveränderung, die sich letzten Endes als Melanom erwies, keine Beachtung geschenkt hatte. Eigentlich war es daher nur natürlich, dass ich nun angespannt dasaß, während ich auf das Untersuchungsergebnis wartete.

Hinzu kam, dass mein Bruder sechs Monate zuvor zum

Arzt gegangen war, da er ständig unter Kopfschmerzen litt, und die Diagnose bei ihm gelautet hatte: unheilbarer Gehirntumor! War es also ein Wunder, dass ich kaum an etwas anderes zu denken vermochte als an solche schlimmstmöglichen Szenarien, in denen sich regelmäßig alles um meine Besorgnis über die Verdickung auf meinem Kopf drehte?

Ich bin mir sicher, dass auch Sie diese menschliche Grundsituation kennen, in der Ihnen die Zukunft ungewiss erscheint und Sie sich ganz auf Ihre der Angst entsprossenen Sorgen fixieren. Wenn angstvolle Vorahnungen den Geist beherrschen, die Emotionen durcheinanderbringen, Ihnen den Atem einschnüren und die Gedanken vernebeln, bleibt offenbar jedes Gefühl der Freude am gegenwärtigen Augenblick auf der Strecke.

In gewisser Weise bin ich allerdings ein Glückspilz, wenn es darum geht, mich von solch einer Besorgnis zu befreien. Schließlich werde ich ja dafür bezahlt, dass ich tagaus, tagein meine ganze Aufmerksamkeit darauf richte, neue Methoden ausfindig zu machen und sie gründlich zu überprüfen, damit jemand, der sich schlecht fühlt, mit ihrer Hilfe den Übergang zu einem Wohlfühlzustand schaffen kann. Mein Leben lang habe ich Meditation studiert – im Prinzip einen kognitiven Prozess, der einem hilft, von Angst herrührende emotionale Anspannungen loszulassen und stattdessen in einen zufriedeneren, mitfühlenderen, schöpferischeren und harmonischeren Geisteszustand einzutreten.

Sobald mir also klar wurde, dass ich selbst derjenige war, der mein Leid heraufbeschwor, während ich dort auf den Hautarzt wartete, habe ich mir in Erinnerung gerufen, dass es ja eigentlich angebracht sei, selbst zu praktizieren, was ich anderen predige. Ich habe also das getan, was Sie hoffentlich bald ebenfalls tun werden – ich habe mich auf den ersten der zwölf Leitsätze, die ich Ihnen nahebringen möchte, besonnen und mir beim nächsten Ausatmen in Gedanken gesagt:

 *Ich beschließe, mich an diesem Augenblick zu erfreuen.*

Zuerst habe ich mir gesagt: »Ich beschließe ...«, und mich dadurch in die Lage versetzt, geistig selbst die Zügel in die Hand zu nehmen. Dann habe ich den Gegenstand meiner Aufmerksamkeit angesprochen: »... an diesem Augenblick ...«, und dadurch meine Aufmerksamkeit unmittelbar auf die sinnlich wahrnehmbaren Geschehnisse gerichtet, die sich genau in dem Augenblick in mir und um mich herum abspielten. Ferner habe ich gesagt: »... mich ... zu erfreuen«, und dadurch spezifiziert, worauf ich meine Aufmerksamkeit lenken wollte – auf Freude.

Daraufhin wandte mein Gewahrsein sich schlagartig von jenen angstbesetzten Zukunftsphantasien ab, um sich stattdessen all den im Augenblick gegenwärtigen angenehmen Empfindungen zuzuwenden. Indem ich den Geist mit positiv ausgerichteten Worten angefüllt hatte, konnte ich mich von dem ängstlichen Geplapper, das im Hintergrund ablief, abkehren und einmal mehr zu den – allzeit gegenwärtigen – sensorischen Geschehnissen, die sich im gegebenen Moment in meinem Körper abspielten, in Verbindung treten.

Schnell werden Sie feststellen, dass Sie sich jedes Mal, wenn Sie die Aufmerksamkeit wieder dem zuwenden, was im gegenwärtigen Augenblick vor sich geht, natürlicherweise erst einmal auf den Atem einstimmen – eine geradezu ideale Verlagerung der Aufmerksamkeit. Denn indem Sie die Aufmerksamkeit auf die Atemluft richten, die in die Nase einströmt und dann wieder herausströmt, tendieren alle Gedanken dazu, einfach aufzuhören und zu verschwinden.

In Wahrnehmungsstudien, die wir vor einigen Jahren an den National Institutes of Health durchgeführt haben, konnten andere Forscher und ich genau das belegen. Dieses augenblickliche Zur-Ruhe-Kommen des Geistes wiederum schafft Erleichterung, sobald einem angstbesetzte Phantasien und Emotionen zusetzen.

Gewinne deine vitale Präsenz zurück –
als Mitwirkender am Hier und Jetzt.
Denn genau da spielen sich
jegliche Empfindung und alle Freude wirklich ab.

Als ich dort beim Hautarzt in dem winzigen Behandlungsraum saß, erwachte tatsächlich mein Sinnesgewahrsein, während ich zu mir sagte: »Ich habe beschlossen, mich an diesem Augenblick zu erfreuen«, mich auf meine Atmung einstimmte und aus der Umklammerung durch all die bestürzenden Erinnerungen und Vorahnungen löste. Während ich tief durchatmete, habe ich mich ganz unwillkürlich ein wenig gestreckt und positive Körperempfindungen geweckt. Just in dem Moment betrat der Arzt den Raum, warf einen Blick auf die bewusste Stelle meines Kopfes und erklärte mir, die Geschwulst sei vollkommen gutartig. In Wirklichkeit gab es also keinerlei Grund zur Sorge.

Keine Folterkammern mehr

Wir haben die Neigung, im eigenen Geist Folterkammern zu betreiben. Wenn wir ehrlich sind, werden die meisten von uns dies einräumen. Einen Teil unseres Daseins verbringen wir damit, uns selbst mit Sorgen über unsere Zukunft zu martern – mit angstbesetzten Phantasien und Vorahnungen, die tatsächlich jedoch so gut wie nie eintreten. Lassen Sie Ihr Leben einmal in Gedanken an sich vorüberziehen, und führen Sie sich vor Augen, wie unglaublich oft Sie selbst bewirkt haben, dass Sie ganz krank waren vor Sorge über eine womöglich negative Geld-, Gesundheits- oder Partnerschaftssituation, die dann aber in Wirklichkeit niemals zustande gekommen ist – und falls doch, hat sie weit weniger emotionales Leid hervorgerufen, als all Ihre Sorgen dies taten.

Mehrere der Leitsätze, die Sie hier lernen werden, sollen Sie insbesondere in die Lage versetzen, Ihre gewohnheitsmäßig auftretende Besorgnis auszuschalten. Vielleicht kann, sobald Sie ein bisschen üben, bereits der erste Leitsatz diese Aufgabe übernehmen, indem er Ihnen die Gedanken neu auszurichten hilft – fort von Vergangenheit und Zukunft. Indem Sie Ihre Aufmerksamkeit wieder dem für Sie unmittelbar erfahrbaren gegenwärtigen Augenblick zuwenden, können Sie sich entspannen, sich auf Ihre Sinnespräsenz einstimmen und sich in der Mehrzahl aller Situationen voll und ganz am Erleben des Hier und Jetzt erfreuen.

In unserem Wachzustand spielen sich die meisten Momente in sicheren und erfreulichen Situationen ab. Hier und da werden Sie sich vielleicht notgedrungen mit realer Gefahr oder mit physischem Leid auseinandersetzen müssen. Dennoch werden Sie feststellen, dass Sie normalerweise, wenn Sie sich wieder auf die im Augenblick gegenwärtige Erfahrung ausrichten, sehr wohl über die Freiheit verfügen, sich des Augenblicks zu erfreuen, anstatt zu leiden.

*Die kulturell geprägte Gewohnheit,
sich vor lauter Angst negative
Zukunftsmöglichkeiten auszumalen,
bewirkt den Großteil unseres Leids.*

Und Sie stehen wirklich in jedem Augenblick vor einer klaren Entscheidung: Entweder können Sie negativen, besorgniserregenden Gedanken, unangenehmen oder schmerzlichen Empfindungen, bedrückenden, schuldbeladenen Erinnerungen oder Angst auslösenden Zukunftsphantasien Ihre Aufmerksamkeit widmen. Oder Sie können aus dem weiten Spektrum all der positiven Empfindungen, kreativen Eingebungen, einfühlsamen Emotionen und erhebenden Gedanken schöpfen, die Ihnen ein Wohlgefühl vermitteln und Sie zuversichtlich stimmen, die Sie offen, strahlend und, jawohl, glücklich machen.

Wenn Sie sich vor die Wahl gestellt sehen zwischen Besorgnis und Freude, gibt es wahrhaftig keinen Grund, sich für die Besorgnis zu entscheiden. Genauer gesagt: Sobald Ihnen klar ist, dass Sie die Wahl haben, bleibt im Grunde kaum noch eine Entscheidung zu treffen.

Dasselbe logische Grundmuster gilt übrigens auch für alle anderen negativen Geistesgewohnheiten – Schuldgefühle zu haben und sich beispielsweise selbst Vorwürfe zu machen, andere Menschen allzu sehr zu beurteilen, Gedanken zu hegen, durch die Sie sich niedergeschlagen, wütend oder ins Unrecht gesetzt fühlen, und dergleichen mehr. Derartige Gedanken verstummen zu lassen und Ihre Aufmerksamkeit stattdessen auf die Freude des gegenwärtigen Augenblicks zu lenken, diese Entscheidung zu treffen liegt allein in Ihrer Hand.

Eine durch den Atem unterstützte emotionale Genesung

Sind Sie mit diesem Prozess erst einmal gut vertraut, werden Sie wahrscheinlich Folgendes bemerken. In etwa 80 bis 90 Prozent der Zeit können Sie sagen: »Ich beschließe, mich an diesem Augenblick zu erfreuen ...«, und sogleich eine positive, in Richtung Loslassen der inneren emotionalen Verstrickungen gehende Reaktion verspüren. Dennoch werden Sie unter Umständen in jedem fünften oder zehnten Fall feststellen, dass Sie ernstlich in negative Emotionen verstrickt sind und diese einfach nicht verschwinden wollen. Was kann man in solchen Fällen unternehmen?

Wenn das geschieht, werden Sie sicherlich zu einer anders gearteten Meditation wechseln wollen, bei der Sie einfach still dasitzen, die Aufmerksamkeit auf die Erfahrung des Atmens richten und zugleich darauf achten, wo in Ihrem Körper Sie emotional oder physisch Unwohlsein verspüren. Tun Sie für die Dauer von fünf bis zehn Minuten nichts anderes – öffnen Sie sich einfach, und erleben Sie, was sich ereignet!

Im psychologischen wie auch im spirituellen Sinn tritt da bei Ihnen offenbar eine natürliche Heilfunktion in Kraft, die sich darauf versteht, heilsame Aufmerksamkeit, Anerkennung – das heißt, die Bereitschaft, zu akzeptieren – und Liebe auf eine alte emotionale Wunde zu leiten. Dabei stehen Sie vor der Herausforderung, die Aufmerksamkeit gleichzeitig auf die Atmung und auf den inneren Schmerz gerichtet zu halten, wie lange auch immer dies notwendig sein mag. Schritt für Schritt werden Sie so die Ursache allen Unwohlseins, das zwischen Ihnen und Ihrem Wohlbefinden steht, »fortatmen«.

An einem gewissen Punkt wird Ihnen vielleicht schlagartig eine Erinnerung aus der frühen Kindheit in den Sinn kommen, die den Ursprung Ihres immer wieder auftauchenden emotionalen Schmerzes betrifft. Vielleicht werden Sie unversehens ein bisschen weinen oder spontan loslachen und sich so von Ihrem Schmerz befreien. Wenn Sie diese Methode hingebungsvoll anwenden, werden Sie chronische emotionale Verletztheit und Beeinträchtigung zu heilen lernen.

Manchmal werden Sie nach solch einer heilsam wirkenden Sitzung Ihren alltäglichen Verpflichtungen nachgehen – und in dem Maß, in dem Sie dann Ihr Atmungsgewahrsein aufrechterhalten, wird der Heilungsprozess zügig weiter fortschreiten.

Bei anderen Gelegenheiten werden Sie, wenn Sie die Aufmerksamkeit nicht länger auf die atemunterstützte emotionale Genesung ausrichten, mit den übrigen Leitsätzen fortfahren wollen. Denn mehrere von ihnen fördern und verbessern ihrerseits den emotionalen Heilungs- und Regenerationsvorgang. Falls Sie gerne genauere Anleitung und weiteren Einblick in diesen speziellen Prozess grundlegender emotionaler Heilung haben würden, gehen Sie bitte auf die Website www.tappingdaily.org.

Mein erster Lehrer

Des Öfteren komme ich auf meinen Großvater als meinen ersten spirituellen Lehrer zu sprechen, ferner auf den indischen Meister Krishnamurti, der damals etwa die Hälfte des Jahres in meiner Heimatstadt lebte und dessen Stimme ich von klein auf im Ohr hatte. Den tiefgreifendsten Einfluss auf mein Leben hat aber wahrscheinlich meine Großmutter ausgeübt, Zora Percy Selby. Wie all meine 27 Cousins und Cousinen habe ich sie Großmama genannt. Diese stille Frau hat mein Herz schon sehr früh auf Ebenen berührt, die tiefer reichen, als Worte dies können.

Das Leben auf der Selby-Ranch war niemals langweilig und hat einem häufig viel abverlangt – wie das halt bei jedem Familienbetrieb ist, zu dem Hunderte Rinder und sonstiges Getier gehören und in dem Dutzende Menschen zusammenarbeiten, um von dem, was das Land hergibt, leben zu können. Immer wieder stand man vor finanziellen Herausforderungen, hatte jemand sich eine Verletzung zugezogen oder gingen die Auffassungen darüber, wie man mit einer Situation umgehen sollte, stark auseinander, und dergleichen mehr. Dessen ungeachtet hielt Großmama vier- oder fünfmal täglich bei dem, was sie gerade tat, inne und ging hinaus auf die rückwärtige Veranda. Dort setzte sie sich in ihren Schaukelstuhl, ließ den lieben Gott einen guten Mann sein und erfreute sich einiger Minuten reinen Friedens.

Die ersten Augenblicke, an die ich überhaupt eine klare Erinnerung habe, waren die, als ich auf Großmamas Schoß saß, während sie auf jener Veranda hin- und herschaukelte. Ich fühlte mich absolut geborgen und glücklich, eingetaucht in ihre Aura voller Anerkennung und Liebe. Und im Verlauf eines jeden Tages trug sie das Ihre dazu bei, die in Aufruhr geratenen Gemüter und die Gefühle der Menschen zu besänftigen, neuerlich Harmonie im Haushalt zu stiften und behutsam jedermanns Laune aufzuhellen.

Zwar habe ich diese speziellen Worte aus Großmamas Mund nie vernommen, dennoch habe ich das Gefühl, dass sie sich im Herzen regelmäßig sagte: »Ich beschließe, mich an diesem Augenblick zu erfreuen.«

Da ein Kind gerne seine Eltern oder Großeltern nachahmt, habe ich schon als Knirps Menschen, die aus der Fassung geraten waren, oft ermuntert, sich besser zu fühlen. Darum gab man mir, als ich vier Jahre alt war, den Spitznamen »Kumpel«. So wird, glaube ich, ein Therapeut geboren. Erstaunlich finde ich, wenn ich's recht bedenke, dass Großmama auch in einer extremen Situation weiterhin ihre Fähigkeit behielt, sich des gegenwärtigen Augenblicks zu erfreuen.

Einer ihrer Söhne erkrankte irgendwann an einer unheilbaren Krankheit, an der er langsam und qualvoll zugrunde ging. Die letzten Jahre seines Lebens hat er im Farmhaus der Familie verbracht. Und selbst als angesichts von Onkel Jims Dahinsiechen alle anderen in Kummer und Niedergeschlagenheit versanken, ging Großmama nach wie vor regelmäßig hinaus auf die Veranda, atmete tief durch, stimmte sich auf die sie umgebende Natur ein und versetzte sich so innerlich in eine positive Grundstimmung.

Ihr Beispiel hat mich Folgendes gelehrt: Selbst wenn wir den Eindruck haben, unser gegenwärtiger Augenblick sei schrecklich, verfügen wir über die Fähigkeit, im Herzen ein positives Gefühl wiederzugewinnen. Ich erinnere mich, wie Großmama eines Abends, nachdem Jim eingeschlafen war, erklärte, Onkel Jim gehe es ohnehin schon schlecht genug – wir bräuchten ihm also wahrhaftig das Leben nicht dadurch noch zusätzlich zu erschweren, dass wir uns gleichfalls schlecht fühlten.

Inzwischen arbeite ich mit unserem örtlichen Hospiz zusammen und ermutige die ehrenamtlichen Mitarbeiter, den im Sterben liegenden Patienten mit genau dieser Auftrieb gebenden Geisteshaltung zu begegnen. Und was immer sich in Ihrem Umfeld abspielen mag, fangen Sie einfach damit an – erkunden Sie die Ihnen innewohnende Fähigkeit, zu sich selbst zu sagen: »Ich beschließe, mich an diesem Augenblick zu erfreuen.« Und sehen Sie selbst, was dann geschieht.

Jedes Mal, wenn man sich darin übt,
von diesem speziellen geistigen und
emotionalen Muskel Gebrauch zu machen,
wird er gekräftigt werden.
»Ich beschließe, mich an diesem Augenblick
zu erfreuen.«

Freude –
Ihr angestammtes Recht

Biologisch hat der Mensch mehr oder weniger dieselben Schmerz-Lust-Reflexe wie andere Lebewesen. Genetisch sind wir darauf programmiert, vor Schmerz und Leid zurückzuschrecken. Lust und Freude ziehen uns hingegen an. Treffen wir die Entscheidung, uns an jedem Augenblick zu erfreuen, dann entspricht das unserer Natur. So hat Gott uns geschaffen. Wie aber konnte es dennoch dazu kommen, dass wir uns schließlich über alle Maßen mit Besorgnis abplagen, statt uns auf die Annehmlichkeiten eines freudvollen Daseins auszurichten?

Der Mensch hat, darin liegt einer der Hauptgründe, die Fähigkeit, sich alle möglichen schrecklichen Dinge vorzustellen, die in der Zukunft geschehen könnten. Und das unterscheidet uns von anderen Lebewesen, die über diese kognitive Fähigkeit offenbar nicht verfügen.

Wann immer wir uns in zukunftsbezogenen Projektionen und Sorgen verlieren, sind wir allerdings nicht im Hier und Jetzt präsent. Und daher können wir, wenn uns wirkliche Gefahren begegnen, diese weder erkennen noch angemessen auf sie reagieren und sie tatkräftig bewältigen.

Sich Sorgen zu machen kann, aus diesem Blickwinkel betrachtet, also ein gefährliches Verhalten sein. Sind wir besorgt, kann es leicht geschehen, dass Körper und Geist nicht richtig funktionieren. Grundsätzlich führt Besorgnis zu Anspannung, zu Kontraktion, wir werden nervös und verwirrt, wir denken weniger klar und unsere physische Leistungsfähigkeit lässt deutlich nach.

Wenn wir uns durch unsere Gedanken
in einen Zustand der Besorgnis bringen,

*vermindern wir dadurch tatsächlich unsere Fähigkeit,
im gegenwärtigen Augenblick
auf uns selbst achtzugeben.*

Und es gibt noch einen weiteren Grund, weshalb wir so viel Zeit damit verbringen, uns Sorgen zu machen: Machtfixierte Priester in aller Welt haben über unzählige Generationen hinweg die Religion dazu benutzt, um durch Glaubensinhalte, die auf Angst bauen, die Menschen zu programmieren und zu manipulieren. Wenn wir glauben, als Sünder geboren zu werden und im ewigen Höllenfeuer zu enden, sofern wir uns nicht unzähliger theologisch vorgegebener Verrenkungen unterzogen haben, und wenn wir ferner akzeptieren, dass wir einfach nur die richtigen Dinge glauben müssen und unseren rachsüchtigen Gott niemals erzürnen dürfen, wie können wir dann jemals aufhören, uns über unsere religiösen Zweifel den Kopf zu zerbrechen, anstatt einfach nur den gegenwärtigen Augenblick zu genießen?

*In aller Bescheidenheit, doch voller Inbrunst
stelle ich all die religiösen Glaubenslehren in Frage,
die dazu dienen, die Angst vor dem Herrn
und nicht Gottes immerwährende Liebe
in die Kinderherzen einzupflanzen.*

Als ehemaliger Geistlicher glaube ich, dass wir alle als vollkommenes und liebendes Ebenbild Gottes geschaffen wurden. Im Grunde sind wir unserer Natur nach gut, nicht schlecht. Ferner ist es, glaube ich, unsere spirituelle Verantwortung wie auch unsere Freiheit, Nein zu sagen zu den Sorgen und uns die meiste Zeit auf positive Dinge auszurichten, sodass wir mehr Freude und Liebe anstatt mehr Angst und Anspannung in die Welt bringen. Was meinen Sie?

Meditation als revolutionärer Akt

Meditation versetzt uns in die Lage, diejenigen Einstellungen und Vorurteile, die uns kulturell einprogrammiert wurden, verstummen zu lassen und von unseren auf Angst zurückgehenden Überzeugungen und politischen Neigungen Abstand zu gewinnen.

Schon seit undenklich langer Zeit haben die Führungsfiguren der Menschheit nur allzu gut gewusst, dass ein eingeschüchtertes Volk sich leicht beherrschen lässt. Wenn Meditation uns von der andauernden Manipulation durch militärische, politische und wirtschaftliche Kräfte befreien kann, dann ist Meditation in der Tat ein revolutionärer Akt gegenüber dem auf Angst fußenden Status quo.

Im Christentum wird Meditation traditionell als etwas Bedrohliches angesehen, da sie uns ermutigt, das theologische Gerede von »Richtig« und »Falsch«, aber auch unsere auf dem Ego fußenden Gedanken über religiöse Glaubensinhalte zum Verstummen zu bringen, sodass wir uns unmittelbar auf die in unserem Dasein erfahrbare lebendige Präsenz Gottes einstimmen können.

Als junger presbyterianischer Geistlicher nahm ich an, etwas Gutes zu tun, indem ich meiner aus jungen Menschen bestehenden Gruppe beibrachte, wie man meditiert. Aus heiterem Himmel wurde ich daraufhin allerdings vor einen »hohen Rat« zitiert und rundweg aus der presbyterianischen Gemeinschaft ausgeschlossen. Grund dafür war meine persönliche Erfahrung, der zufolge wir Gottes Willen unmittelbar, jenseits aller menschlichen Gedanken und Schriften, kennen und um seine Präsenz wissen können. Doch diese Erfahrung und die Tatsache, dass ich sie weitervermittelte, galten als Häresie.

*Da Meditation ihrer Natur nach
zu Freiheit von etablierten Überzeugungen animiert,
ist sie ein wahrhaft revolutionärer Akt,
der für dogmatisch vorgegebene Ordnungen
zu einer Bedrohung werden kann.*

Umwälzung, oder Revolution, kommt gewöhnlich durch eine dringend gebotene Notwendigkeit, den Status quo zu verändern, in Gang. Eines wird, wenn man sich die heutige Situation der Welt mit offenen Augen anschaut, unübersehbar deutlich: Ein Großteil der Gewalt, mit der wir es in diesen Tagen zu tun haben, geht auf Angehörige unterschiedlicher religiöser Glaubensrichtungen zurück, die Urteile übereinander abgeben und sich gegenseitig attackieren. In der gesamten Menschheitsgeschichte haben widerstreitende Glaubensüberzeugungen immer wieder Hass und Gewalt hervorgerufen.

Eine Lösung für diese ausgesprochen tragische Situation, der wir allenthalben begegnen, wird es erst geben können, wenn mehr Menschen sich dazu aufraffen, solche tief sitzenden Vorurteile und Wertungen mit Hilfe des meditativen Prozesses verstummen zu lassen und eine tiefer gehende Verbindung zum Göttlichen zu knüpfen. Denn dieses meditative Handeln versetzt uns in die Lage, unmittelbaren Zugang zu Gottes inspirierender, uns Auftrieb gebender Liebe zu erhalten, die wir dann unsererseits in der Welt zum Ausdruck bringen können. Das ist eine wirkliche Revolution!

Uns stehe eine dringend benötigte weltweite Umwälzung bevor, hat Krishnamurti vielfach erklärt, und bei dieser werde es sich notwendigerweise um eine psychische Revolution handeln, durch die sich – so Krishnamurti – unsere überkommenen Einstellungen zum Vorteil wandeln:

Um Frieden auf der Welt zu erreichen,
bedarf es einer Revolution in Ihnen und mir.
Ohne diese innere Revolution
ist eine ökonomische Revolution ohne Bedeutung.
Um Kummer, Hunger und Krieg
ein Ende zu setzen,
brauchen wir eine psychische Revolution.

Um diese psychische Revolution herbeizuführen, müssen Sie Verantwortung für den eigenen Geist übernehmen, Ihre der Angst entsprungenen Gedanken verstummen lassen und die Aufmerksamkeit jeden Tag des Öfteren auf schöpferische, liebevolle und freudige Handlungen richten. Genau das lernen Sie hier mit diesem Buch zu tun. Ich möchte Sie ermuntern, sich den ersten Leitsatz häufig zu vergegenwärtigen: »Ich beschließe, mich an diesem Augenblick zu erfreuen« – als eine friedliche revolutionäre Handlung, die zur Verringerung von Angst und Feindseligkeit in der Welt beitragen wird. Wenn Sie sich in der eigenen Erfahrung auf die Freude einstimmen, steigern Sie damit im Ganzen diejenigen Qualitäten, die wir gerade in der heutigen Zeit so dringend benötigen: Liebe, die Fähigkeit zu akzeptieren und Harmonie.

Bei genauer und korrekter Beobachtung
sehen wir: Sind Menschen damit beschäftigt,
sich des gegenwärtigen Augenblicks zu erfreuen,
haben sie keine Neigung zu Strenge, zu Streit
oder zu Gewalttätigkeit –
und so kann Harmonie die Oberhand gewinnen.

Ein spirituelles Ego

Die Egofunktion des Geistes wird vielfach als selbstbezogen und ängstlich, als hitzig und machthungrig bezeichnet – daher soll sie für all unsere negativen Charakterzüge verantwortlich sein und infolgedessen auch für den Großteil des Leids auf der Welt. Insbesondere meditative Gemeinschaften gehen vielfach von der Annahme aus, auf die eine oder andere Weise müsse die materialistische Egofunktion zum Schweigen gebracht, ihrer Aufgaben enthoben, wenn nicht gar zunichte gemacht werden, damit wir spirituell vorankommen können.

Ego ist ein griechisches Wort, dem Sigmund Freud vor rund 100 Jahren zu einer Art Wiedergeburt verhalf, indem er damit die Fähigkeit unseres rationalen Geistes bezeichnet hat, von unseren Erinnerungen, Einstellungen, Überzeugungen, Vorstellungen, Zukunftsprojektionen und weiteren kognitiven Handlungen Gebrauch zu machen, um 1.) uns begrifflich einen Überblick über eine Situation zu verschaffen, 2.) rationale Handlungsoptionen gegeneinander abzuwägen und 3.) zu entscheiden, wie wir sinnvollerweise am besten vorgehen sollten, um unser körperliches und emotionales Wohlergehen aufrechtzuerhalten.

So weit, so gut. Auf diese kognitive Funktion sind wir angewiesen. In dem Bestreben, unsere sterbliche Präsenz zu bewahren und sie zum Vorteil zu verändern, verstrickt sich die Egofunktion jedoch unglücklicherweise immer wieder in Angstphantasien und Sorgen. Da das menschliche Ego für die Zukunftsplanung zuständig ist, wird es vielfach von Befürchtungen geplagt. Dann fällt es leicht der Gier zum Opfer, verlegt sich auf Manipulation oder Aggression und bringt weitere spirituell negative Gedanken und Eigenschaften hervor.

Aber warten Sie mal eine Sekunde – Ihr Ego ist auch diejenige Geistesfunktion, die darüber entscheidet, wohin Sie von einem Moment zum anderen die Aufmerksamkeit richten.

Welch große Macht es dadurch hat! Ohne die Unterstützung Ihres Ego im Sinn einer persönlichen inneren Orientierungshilfe werden Sie nie Ihre Aufmerksamkeit nach innen richten und das Meditationsprogramm, das ich Ihnen anbiete, meistern können. Im Spiel der Meditation ist Ihr Ego ein ganz entscheidender Akteur.

Daher kann ich Sie nur ermuntern: Halten Sie das Ego bei Laune. Statt den Versuch zu unternehmen, es zum Schweigen zu bringen oder es gar zu vernichten, sollten Sie die Tatsache respektieren, dass ihm im Rahmen Ihrer Meditationserfahrung eine unverzichtbare Management-Aufgabe zukommt.

Soweit es darum geht, die Egofunktion mit dem Ziel einer mehr in die Tiefe gehenden spirituellen Entwicklung in Einklang zu bringen, machen Sie längst schöne Fortschritte – immerhin konzentriert sich Ihr Ego ja darauf, dieses Buch zu lesen. Und jedes Mal, wenn Sie innehalten, um einen oder mehrere der zwölf Leitsätze durchzugehen, beschließt das Ego, diese Leitsätze auszusprechen.

Außer wenn eine tief aus dem Inneren kommende Stimme zu Ihnen spricht, ist jene Stimme, die Sie in Ihrem Kopf vernehmen, selbstverständlich keine andere als diejenige des Ego. Und wenn Sie an jenen Punkt gelangen, an dem die Stimme des Ego und Ihre spirituelle Stimme zu ein und derselben Stimme verschmelzen, haben Sie einen richtig schönen Bewusstseinszustand erreicht.

Ich schlage Ihnen vor, nun eine Pause zu machen. Legen Sie das Buch für ein paar Augenblicke beiseite, und sprechen Sie in Gedanken den Leitsatz: »Ich beschließe, mich an diesem Augenblick zu erfreuen.«

Nehmen Sie sich Zeit und besinnen Sie sich darauf, wer in Ihnen jenes »Ich« ist, das beschließt, Ihre Aufmerksamkeit wieder darauf zu richten, dass Sie sich am gegenwärtigen Augenblick erfreuen.

Gehen Sie in sich.
Lassen Sie den Geist zur Ruhe kommen.
Seien Sie Zeuge der eigenen Präsenz
und öffnen Sie Ihr Herz wie auch Ihren Geist
für eine neue, an Einsicht reiche Erfahrung.

»Ich beschließe ..., mich an
diesem Augenblick ... zu erfreuen.«

Bringen Sorgen uns irgendetwas Gutes?

Lassen Sie uns nun eingehender auf die Vorstellung zu sprechen kommen, dass Sie beschließen, unter all die sorgenvollen Gedanken komplett einen Schlussstrich zu ziehen. Indem ich Ihnen den ersten Leitsatz beibringe, lege ich Ihnen damit zugleich nahe, Ihre Gedanken nicht länger in die eine oder andere negative, angstbesetzte Richtung zu lenken. Konzentrieren Sie sich stattdessen darauf, positiv und sorgenfrei zu sein.

Alle Sorgen ablegen – das halten die meisten Menschen für eine Schnapsidee. Wenn wir so denken, gehen wir von der kulturell vorgeprägten Annahme aus, für das Ego sei es wichtig, sich mit Blick auf in Zukunft möglicherweise heraufziehende Gefahren Sorgen zu machen und sich darauf zu konzentrieren, solchen unter Umständen drohenden Gefahren aus dem Weg zu gehen. Werden wir, wenn wir uns nicht länger Sorgen machen, sondern uns bloß darum kümmern, dass wir uns im gegenwärtigen Augenblick wohlfühlen, nicht an irgendeinem Punkt von einer der Bedrohungen da draußen ganz fürchterlich eins auf den Deckel bekommen?

Stellen Sie sich bitte folgende Frage: Bringt uns jener Prozess, in dem wir uns Sorgen machen, wirklich irgendeinen Nutzen? Oder beeinträchtigt solches Besorgtsein nicht eher unsere Fähigkeit, zu überleben und uns des Lebens zu erfreuen?

Lassen Sie uns an dieser Stelle tun, wozu Krishnamurti die Menschen so häufig ermutigt hat – lassen Sie uns dieser Frage in einem Geist aufrichtigen Forschens nachgehen, bis wir erkennen, was es mit der Angelegenheit wirklich auf sich hat.

Sich Sorgen über die Zukunft zu machen ist, wie ich bereits erläutert habe, nach meinem Verständnis nicht nur völlig unnütz, vielmehr erschwert uns eine solche Ego-Besorgnis das Leben und das Überleben. Meine Nachforschungen haben zu folgenden Einsichten geführt:

Im Vergleich zu anderen Säugetieren halten wir Menschen uns für höher entwickelt, weil wir ein besonders voluminöses Vorderhirn besitzen, das nicht nur in großem Umfang Daten (vergangenheitsbezogene Erfahrungen) sammelt, sondern anhand dieser Datenlage dann auch denkbare Szenarien hinsichtlich der in Zukunft möglicherweise eintretenden Geschehnisse entwirft. Dergestalt bringen wir mitunter wunderbar idealistische Zukunftsvisionen hervor. Andererseits neigen wir allerdings dazu, negative, auf Angst basierende Phantasien von all den schrecklichen Dingen zu entwickeln, die uns oder unseren Lieben widerfahren könnten. Anschließend verbringen wir dann sehr viel Zeit in dem Bemühen, Vorkehrungen zu treffen, um die in unserer Einbildung existierenden Möglichkeiten abzuwenden. Das ist doch klug, oder?

Nein.

In der kognitiven Therapie ist uns klar geworden, warum Jesus, einer der wahrhaft erleuchteten Psychologen, uns aufgefordert hat, uns *nicht,* überhaupt nicht zu sorgen. Seine entscheidende, aus drei Worten bestehende Kernaussage: »Fürchtet euch nicht!«, ist eine eindeutige Aufforderung, nicht – in gar keiner Weise – in den Angstzustand abzugleiten. Beachten Sie bitte, Jesus hat nicht gesagt: »Begebt euch in Therapie und versucht, all eure Angst und Besorgnis aufzulösen.« Vielmehr hat er gesagt: »Verfallt nicht in den Geisteszustand der Angst.« Punkt.

Wenn wir in den Angstzustand abgleiten, ruft das bei uns, wie bereits an anderer Stelle angesprochen, eine Vielzahl von nachteiligen physiologischen, geistigen und emotionalen Reaktionen hervor. Das wiederum vermindert unsere Fähigkeit, klar zu denken, voller Kraft und Ausdauer zu handeln und überlebenswichtige Emotionen wie Einfühlungsvermögen, Zuversicht, Teamgeist und Spontaneität zum Ausdruck zu bringen. Wollen wir im gegenwärtigen Augenblick hellwach bleiben und angemessen auf eine Situation reagieren, dann ist es definitionsgemäß kontraproduktiv, wenn wir uns Sorgen machen.

Wahre Glanzleistungen am Arbeitsplatz vollbringen und ganz allgemein erfolgreich sein, das können Sie, wie Sie aus eigener Erfahrung wissen, wenn Sie guter Dinge, in positiver Stimmung, voller Zuversicht und auf die Freuden des gegenwärtigen Augenblicks eingestimmt sind. Falls Sie hingegen besorgt und niedergeschlagen sind und Ihre Gedanken sich in Zukunftssorgen verlieren oder falls Sie mit Blick auf die Vergangenheit Gefühle von Reue und Schuld hegen, dann laufen Sie Gefahr zu scheitern und zu versagen. Indem Sie dies klar erkennen, lehren Sie Ihr Ego zu akzeptieren, dass die Aussage: »Ich beschließe, mich an diesem Augenblick zu erfreuen«, eine kluge Entscheidung darstellt; und zwar nicht nur für Ihr spirituelles Wohlergehen, sondern auch für Ihr biologisches Überleben.

Wenn Sie sich in einer Gefahrensituation befinden, ist es selbstverständlich notwendig, Ihr Augenmerk auf die Gefahr zu richten und sich mit ihr auseinanderzusetzen. Blicken Sie der Gefahr ins Auge! Aber bleiben Sie nicht notorisch auf angstbeherrschte Zukunftsphantasien fixiert. Machen Sie vielmehr von der Freiheit Gebrauch, für den eigenen Geist Verantwortung zu übernehmen. Greifen Sie auf kognitive Hilfsmittel zurück, die Sie in die Lage versetzen, aus dem Besorgnis-Trip auszusteigen. Genießen Sie das Leben, statt es in ängstlicher Verkrampftheit zu vertun.

Jeder von uns setzt sich mit Besorgnis auseinander. Und ich sage nicht, dass es uns leicht fällt, der Besorgnis, die wir verspüren, ein Ende zu setzen. Ich schlage Ihnen lediglich Folgendes vor: Machen Sie es sich zur Aufgabe, dass Sie von jetzt an lernen, nicht länger Sorgen in den Blickpunkt zu rücken, sondern Ihr Augenmerk ganz im Gegenteil in schöner Regelmäßigkeit auf die volle, von Zuversicht getragene Mitwirkung an dem hier und jetzt sich entfaltenden Augenblick zu richten. Und fangen Sie damit umgehend an.

Krishnamurti hat das so in Worte gefasst: »<u>Sind die Augen blind vor Sorgen, kann man nicht sehen, wie schön der Sonnenuntergang ist.</u>«

Jauchzen Sie

Wenn es im Leben für Sie aber weder darum geht, sich die ganze Zeit Sorgen zu machen, noch Ihr Geschick gedanklich vorwegzunehmen und den Problemen des Daseins aus dem Weg zu gehen, worin besteht dann der Sinn Ihres Lebens?

Wie ich persönlich diese Frage verstehe, wurde mir erstmals wirklich bewusst, als ich in den frühen Siebzigerjahren an einer für mich sehr einschneidenden Tagung spirituell ausgerichteter Menschen teilnahm. Ich hatte mich für das geistliche Amt entschieden, um meinem Land in spirituellen Belangen zu Diensten zu sein, anstatt als Soldat nach Vietnam zu gehen – und ich beschloss, das radikalste Seminar zu besuchen, das ich finden konnte, und dies war zu jener Zeit das, unmittelbar nördlich der Stadt gelegene, Theologische Seminar von San Francisco.

Das waren damals wilde Zeiten, spirituell gesehen, um es einmal dezent auszudrücken. Und ich bin dankbar dafür, dass ich vier prägende Jahre an jenem Seminar verbringen durfte – auch wenn ich, kaum hatte ich das Seminar erfolgreich beendet, ohne viel Federlesens aus der Presbyterianischen Kirche rausgeschmissen wurde, weil ich mich zu viel im Lager der Buddhisten und Hinduisten aufhielt und zu wenig aufseiten von Johannes Calvin und den Puritanern.

Ich entsinne mich, während meiner Zeit im Seminar das folgende Zitat des chinesischen Weisen Laotse gelesen zu haben:

Mit Göttern und Geistern,
guten wie bösen,
gebe ich mich nicht ab
und bin ihnen auch nicht dienstbar.

Und Krishnamurti hat sich mit seiner prägnanten Aussage über die Wahrung freigeistiger Unabhängigkeit im gleichen Sinn geäußert:

*Auf eine Autorität zu hören
läuft darauf hinaus, Intelligenz zu leugnen.
Selbsterkenntnis und Freiheit
bleiben dabei auf der Strecke.*

Im Geist aufrichtiger Forschung wurde das von mir besuchte Seminar damals häufig zu einem Ort der offenen spirituellen Diskussion. Bei einer jener Diskussionen ergab sich eine Verbindung zu unserem derzeitigen Thema: »Ich beschließe, mich an diesem Augenblick zu erfreuen.« Der Ablauf des Podiumsgesprächs ist mir nach wie vor in vielen Einzelheiten sehr präsent. Gestatten Sie also, dass ich Sie zu jenem Abend dort oben auf Holy Hill mitnehme. Ungefähr 50 Studenten waren gekommen, um bei diesem Treffen mit vier Personen, die zu den tiefsinnigeren spirituellen Lehrern unserer Gemeinschaft zählten, über die christliche, die jüdische, die hinduistische und die buddhistische Einstellung zu Sünde, Schuld, Freude, Kontemplation und zur menschlichen Verantwortung – sofern es eine solche gibt – gegenüber Gott dem Schöpfer zu diskutieren.

Nach einer etwa einstündigen offenen Diskussion hat jemand aus dem Publikum die vier Lehrer gefragt, ob sie uns zum Schluss vielleicht mitteilen könnten, was für sie jetzt in diesem Augenblick, ihre Verantwortung Gott gegenüber betreffend, von besonderer Bedeutung sei.

Als Erster ergriff Professor Mylenberg das Wort, ein Konvertit von der Jüdischen Akademie und ein wahrhaft kluger Mensch. Er ging auf die achtzig zu und hatte aufgrund eines Gehirntumors nicht mehr lange zu leben. Professor Mylenberg erzählte uns, wie er seine Eltern, seine Tante und seine Schwester in Auschwitz verloren, selbst jedoch all das irgendwie überlebt hatte, indem er sich in seine Innenwelt begab, aus der er alles Negative ausschloss, und in Gedanken immer wieder den biblischen Satz sprach: »Jauchzet dem Herrn, alle Welt!«, bis er nichts anderes mehr vernahm als jenes Jauchzen.

»Für Gott müssen wir noch nicht einmal die richtigen Töne treffen«, erzählte er mit Tränen in den Augen. Daran erinnere ich mich lebhaft. »Es darf auch einfach nur ein Geräusch sein – aber voller Freude muss es sein. Dieses positive Licht Gottes strahlend hell im Herzen zu bewahren, darin besteht unsere spirituelle Verantwortung.«

Werner Eisenach, ein weiterer bemerkenswerter Professor, der am Seminar lehrte, war Offizier in der deutschen Wehrmacht gewesen, dann aber inhaftiert und gefoltert worden, weil er geäußert hatte, er sei gegen Hitler. Er sprach mit uns über die monatelange Einzelhaft, in der ihm eine bestimmte Bibelpassage nicht mehr aus dem Sinn ging, die dann sein ganzes Leben verändert hat – Jesu Geheiß: »Darum sollt ihr vollkommen sein, gleichwie euer Vater im Himmel vollkommen ist.«

Eines Nachts, als er seelisch am Boden zerstört war, so erzählte uns Werner, sei ihm blitzartig klar geworden, dass er – selbst in seiner erbärmlichen Lage – Gottes vollkommenes Geschöpf war. Wie könnte er denn weniger sein als vollkommen, wenn er nach Gottes Ebenbild geschaffen worden war? Und sofern jeder neue Augenblick Gottes Schöpfung war, dann musste jeder neue Augenblick, ganz gleich wie hässlich er uns vorkommen mochte, ebenfalls vollkommen sein. Diese Einsicht erhob ihn in einen wochenlang andauernden Zustand innerer Glückseligkeit.

Der dritte Teilnehmer des Podiumsgesprächs an jenem Abend war ein aus England stammender früherer Priester und damaliger, wie er sich selbst nannte, Zen-Hedonist: der Philosoph Alan Watts, mit dem ich in den beiden vorangegangenen Jahren in ziemlich engem Kontakt gestanden hatte. Ein paar Jahre lang hatte er in einem japanischen Zen-Kloster gelebt, bevor er als rebellische Vaterfigur der psychedelischen Revolution nach San Francisco zurückgekehrt war. Häufig legte er bei derartigen Versammlungen viel Humor an den Tag. An jenem Abend wirkte er allerdings ausgesprochen ernst.

Jegliche Kindheitsvorstellung von einem persönlichen Gott, dem gegenüber er in irgendeiner Weise verantwortlich sei, so sagte er, habe er schon lange abgelegt. Für ihn bestehe seine spirituelle Verantwortung darin, den Geist regelmäßig zur Ruhe kommen, ihn von allen Gedanken frei werden und in die Stille eintreten zu lassen, um unmittelbaren Zugang zu der spontanen Führung und Freude zu gewinnen, die im Zentrum des eigenen Seins stets darauf wartet, offenbar zu werden.

Nach kurzer Stille ergriff der vierte Teilnehmer des Podiumsgesprächs, ein älterer Herr namens Sam Lewis, besser bekannt als Sufi Sam, das Wort. Hoch angesehen als großer, auf keine spezielle Theologie oder Dogmatik sich beschränkender Lehrer, schenkte er uns ein warmes Lächeln, sprach ein paar Worte zur Begrüßung und saß dann etwa fünf Minuten lang still da.

Anschließend öffnete er wieder die Augen und erklärte uns ohne Umschweife, er sei die Augen und die Ohren Gottes: Einfach gewahr zu sein, hier im gegenwärtigen Augenblick zu verweilen und sich nicht in Gedanken über die Vergangenheit oder die Zukunft zu verlieren, darin in erster Linie bestehe seine Aufgabe.

Als Nächstes fragte er uns: »Seid ihr ebenfalls die Augen und die Ohren Gottes? Ist Gott genau jetzt hier, weil er durch unser Gewahrsein diesen Augenblick erlebt? Und wenn wir keinen Kontakt mehr zum gegenwärtigen Augenblick haben, weil wir in Gedanken verloren sind, enthalten wir Gott dann diesen Augenblick vor?«

Was er gesagt hatte, traf zu. Irgendwie besaß ich tief im Innern diese Gewissheit. Seitdem spüre ich jedes Mal, wenn ich Probleme wälze oder mich in Zukunftsphantasien, in Erinnerungen und in jenem nicht enden wollenden Strom von Gedanken verliere, der mich vom gegenwärtigen Augenblick fortreißt, dass ich damit Gott davon ausschließe, sich mit mir an diesem Augenblick zu erfreuen. Und schon kehrt meine Aufmerksamkeit schlagartig in die immerwährende Gegenwart zurück.

Verstehen Sie mich bitte nicht falsch: Liebend gern denke ich nach, und ganz bestimmt gibt es an jedem Tag Raum für all die unterschiedlichen Abstufungen des Bewusstseins. Großenteils verbringen wir unsere Tage, indem wir aktiv sind. Dies und das tun und denken wir, planen für die Zukunft und sinnen über die Vergangenheit nach. Das ist schon in Ordnung. Aber regelmäßig benötigen wir auch »Seinspausen«, in denen wir unsere Gedanken zur Ruhe kommen lassen und zu der Erfahrung zurückkehren können, mit Gott (ganz gleich, welchen Namen wir ihm geben mögen) eins zu sein, damit unser Erleben zugleich Gottes Erleben ist.

Osho hat von »Zeuge sein« gesprochen und damit gemeint, mit reger Aufmerksamkeit all das zu erleben, was um uns herum und in uns vor sich geht, ohne dass wir dieses Geschehen bewerten oder darauf Einfluss nehmen – einfach nur die Wirklichkeit bezeugen:

> *Du bist ein Beobachter.*
> *Was immer geschieht,*
> *sei bloß Zeuge.*
> *Das ist deine unverfälschte Natur.*
> *Kein Beurteilen, kein Werten,*
> *kein Verurteilen, kein Wertschätzen –*
> *bloß reines Beobachten.*

*Aus diesem Bezeugen
erwächst großes Gewahrsein,
und es bringt Mitgefühl, Liebe, Glückseligkeit.*

WAS TUN?

Vielleicht wird jetzt der Wert des ersten Leitsatzes für Sie spürbar. Deutlich geht, wenn man ihn für sich genommen spricht, Kraft von ihm aus. Und ebenso wohnt ihm besondere Kraft inne, wenn man ihn zum Ausgangspunkt des Auftrieb gebenden zwölfstufigen Prozesses macht. Lassen Sie uns indes den ersten Leitsatz im Moment für sich genommen betrachten. Zu Beginn des Kapitels habe ich beschrieben, wie ich inmitten der Alltagsaktivität vom ersten Leitsatz Gebrauch gemacht habe. Wo immer Sie sein mögen, können Sie sich seinen Wortlaut vergegenwärtigen: »Ich beschließe, mich an diesem Augenblick zu erfreuen«, und er wird Ihnen helfen, die Aufmerksamkeit auf die positiven Erfahrungen zu verlagern, die sich unablässig – so auch in diesem Augenblick – in Ihnen und außerhalb von Ihnen zutragen.

MEDITATION INMITTEN DER AKTIVITÄT

Der erste Leitsatz, so haben wir gesehen, kann Ihnen helfen, die Besorgnis loszulassen. Ebenso wird er Ihnen helfen, sich von einer Fixierung auf Feindseligkeit, auf bedrückende Gedanken, auf Schuld- und Schamgefühle und auf alle anderen negativen geistigen Gewohnheiten zu lösen, die dazu angetan sind, Sie runterzuziehen, und Sie davon abhalten, sich an der Gegenwart zu erfreuen.

Wenn Sie das nächste Mal in einem Geschäft an der Kasse in der Schlange stehen oder im Straßenverkehr feststecken, wenn Sie bei einem Termin warten müssen, irgendwo unterwegs sind oder sich am Arbeitsplatz oder anderswo eine Diskussion anhören müssen, dann sollten Sie darauf achten, ob Sie sich dieses Augenblicks erfreuen oder sich mit negativen Gedanken und Emotionen selbst das Leben schwer machen oder in Gedanken abschweifen und sich in ihnen verlieren. Beschließen Sie genau in diesem Moment, Ihre Aufmerksamkeit dahingehend zu verlagern, dass Sie sich wieder am gegenwärtigen Augenblick erfreuen. Rufen Sie sich den Leitsatz in Erinnerung: »Ich beschließe, mich an diesem Augenblick zu erfreuen«, und erlösen Sie sich so von all dem, was Sie davon abhält, sich zu freuen.

Das bezeichnet man als Meditation inmitten der Alltagsaktivität. Und hierbei handelt es sich um eine besonders bedeutsame Dimension des Meditierens. Denn durch sie transformieren Sie nicht nur Ihre innere Erfahrungswelt, vielmehr strahlen Sie zugleich auf die Menschen in Ihrem Umfeld heilsame Gefühle und Harmonie aus. So werden Sie zu einem positiven Aktivposten in Ihrer Welt.

Meditation
am Arbeitsplatz

Sich auf einen Berggipfel zurückzuziehen, um sich dort darauf auszurichten, am gegenwärtigen Augenblick Freude zu haben, fällt vergleichsweise leicht. Sich auf den Stress und die möglichen Konflikte, die mit dem Arbeitsplatz zu tun haben, voll einzulassen, ist eine ganz andere Situation. Deshalb ist es von solcher Bedeutung, sich allmorgendlich mit kognitiven Hilfsmitteln zu wappnen, die Sie darin unterstützen,

Ihre Lebensfreude jederzeit zu behalten, auch am Arbeitsplatz.

Hiermit möchte ich Sie ermuntern, bei der Arbeit eine neue Gewohnheit zu entwickeln: Legen Sie am Morgen und am Nachmittag mindestens einmal eine kleine Pause ein (vier Atemzüge können dafür schon ausreichen) und sprechen Sie in Gedanken einen oder mehrere Leitsätze aus. Einer weitergehenden Anstrengung bedarf es nicht. Daran zu denken, dass Sie die Schlüsselsätze sagen, genügt bereits. Sie brauchen sich diese Leitsätze nur in Erinnerung zu rufen und sie in Gedanken auszusprechen, schon kommt durch diese schlichte Handlung etwas in Bewegung. Das verleiht ihnen einen Anstrich von Magie.

Durch die Entscheidung, an jedem Augenblick Freude zu haben, egal was um Sie herum geschieht, mindern Sie nicht nur für sich selbst den Stress und etwaige Gefühle von Verärgerung, sondern beeinflussen zugleich die ganze Atmosphäre am Arbeitsplatz in vorteilhafter Weise. Durch die bewusste Entscheidung, sich an jedem neuen Augenblick zu erfreuen, erhält Ihr gesamtes Umfeld Auftrieb.

Schauen Sie, ob Sie sich beim Mittagessen oder während einer Pause Leitsätze vergegenwärtigen können, durch die Ihre Aufmerksamkeit in für Sie persönlich bedeutsame Richtungen gelenkt wird. In jedem Kapitel dieses Buches werden wir eingehend über einen weiteren Leitsatz sprechen, durch den viel Kraft in Ihr Leben einströmen wird, sofern Sie das zulassen. Häufig werden Sie feststellen, dass während einer Mittagspause ein ganz bestimmter Leitsatz Ihr Gewahrsein in Anspruch nimmt, weil er sich auf etwas bezieht, das sich gerade bei Ihnen am Arbeitsplatz abspielt.

Behalten Sie diesen Leitsatz im Hinterkopf, wenn Sie sich erneut ins Getümmel stürzen, damit Sie den ganzen Tag über einen bewussten und klaren Zustand aufrechterhalten können. Das wird nicht nur zu Ihrem persönlichen Erfolg, sondern auch zum Wohlbefinden all derer beitragen, mit denen Sie zusammenarbeiten.

MEDITATION ZU HAUSE

Wenn ich morgens aufstehe, bereite ich mir routinemäßig eine Tasse Tee und setze mich dann, still und für mich allein, vielleicht fünf Minuten lang im Wohnzimmer in einen bequemen Sessel. Ich sitze nur da, sage mir in Gedanken: »Ich beschließe, mich an diesem Augenblick zu erfreuen«, und atme ein paar Minuten lang reines Sein, reine Seiendheit.

Oft durchlaufe ich auch den gesamten Zyklus aller zwölf Leitsätze, um mich geistig und seelisch auf Orientierungspunkte hin auszurichten, die ich für lohnend und für heilsam halte. Lediglich den ersten Leitsatz auszusprechen, um dann die von den Worten ausgelöste Erfahrung zu atmen, ist freilich ebenfalls eine wunderbare Möglichkeit, den Tag zu beginnen.

Und wenn Sie von der Arbeit nach Hause kommen, können Sie mit Hilfe eines oder mehrerer Leitsätze die Spannungen und Emotionen entschärfen, die Sie sich bei der Arbeit eingefangen haben. Behalten Sie bitte im Sinn, dass die Leitsätze gleichermaßen spirituelle wie psychologische Hilfsmittel sind. Beides lässt sich im Grunde nicht voneinander trennen. Denn um in einen spirituellen, in einen meditativen Geisteszustand einzutreten, müssen Sie erst einmal jene psychischen Störfaktoren entschärfen, durch die Sie unter Anspannung stehen.

In späteren Kapiteln werden wir der Frage nachgehen, auf welcher inneren Logik die lineare Anordnung der zwölf Leitsätze beruht. In ihrer Gesamtheit beinhalten sie jedenfalls ein klares Fortschreiten von allem, was Ihnen emotional und mental zu schaffen macht, hin zu jener tiefer gehenden spirituellen Freude, die sich natürlicherweise einstellt, wenn Sie das geistige Geplapper und den emotionalen Aufruhr zur Ruhe kommen lassen. Das erste Werkzeug habe ich Ihnen an die Hand gegeben. Machen Sie häufig Gebrauch davon. Beschließen Sie, den positiven Empfindungen im Hier und Jetzt Ihr Augenmerk zu schenken.

Irgendwann neigt sich Ihr Tag dann dem Ende zu. Das ist vermutlich der beste Zeitpunkt für eine längere Meditationsphase, sofern Sie gern ein wenig länger meditieren möchten.

Dazu brauchen Sie sich nur hinzusetzen und sich die nötige Zeit zu lassen, einfach zu *sein*. »Nirgendwo hingehen, nichts tun«, wie es bei den Zen-Leuten heißt.

Machen Sie es sich bequem … Die Wogen sollten sich zunächst mal ein bisschen glätten … Besinnen Sie sich dann auf den ersten Leitsatz. Sagen Sie sich, während Sie ausatmen: »Ich beschließe, mich an diesem Augenblick zu erfreuen.«

Lassen Sie diese hochwirksamen Schlüsselworte, indem Sie sie weiter im Sinn behalten, mühelos ihr magisches Werk tun – sie richten Ihre Aufmerksamkeit wieder auf die Atmung, auf Ihr reines Sein, genau hier, genau jetzt. Und seien Sie offen für eine jederzeit frische und neue Erfahrung des zur Ruhe kommenden Geistes!

*Ich beschließe …,
mich an diesem Augenblick …
zu erfreuen.*

Zweites Kapitel

Frischen Sie Ihre Verbindung zum Atem auf

*Der Solarplexus ist derjenige Punkt,
an dem der Teil auf das Ganze trifft,
an dem das Unendliche endlich,
das Universelle individualisiert,
das Unsichtbare sichtbar wird.*

*Er ist derjenige Punkt, an dem Leben
zum Vorschein kommt –
und von diesem solaren Zentrum aus
kann man unermesslich
viel Leben hervorbringen.*

CHARLES HAANEL

Ich besuchte noch nicht einmal den Kindergarten, da war ich schon mit der größten Selbstverständlichkeit Schüler eines weiteren Lehrers, der mich, neben meiner Großmutter, hochgradig beeinflusst hat. Die Rede ist von meinem Großvater John Selby, von dem ich auch meinen Namen habe. Er war ein Viehzüchter vom alten Schlag im Ojai Valley, das – von Santa Barbara aus gesehen – auf der anderen Seite der Bergkette liegt. Lange bevor die Bezeichnung »Pferdeflüsterer« in Mode kam, war er in unserer Region als meisterlicher Pferdeausbilder bekannt.

Eine der wichtigsten Methoden, die Großpapa anwendete, um mit Erfolg das Vertrauen eines Pferdes zu gewinnen, entspricht – wie es sich so trifft – zugleich der Grundmethode der meisten Meditationsprogramme. »Ich stimme mich einfach auf den Atemrhythmus ein, in dem das Pferd im betreffenden Moment befangen ist«, erklärte er mir eines Tages. »Bin ich auf die eigene Atmung und zugleich auf die Atmung des Pferdes eingestimmt, dann scheint etwas ganz schön Magisches zu passieren: Ich höre auf, mir Gedanken darüber zu machen, was ich mit dem Pferd eigentlich anstellen will, und richte meine Aufmerksamkeit stattdessen einfach auf das Kommen und Gehen des Atems. Ziemlich bald schon atme ich in Einklang mit dem Pferd. Beide gelangen wir zur Ruhe und schenken einander unsere Aufmerksamkeit. Alles Weitere fällt dann meistens leicht.«

Seinerzeit habe ich, jung wie ich war, diesen Ausführungen keine große Beachtung geschenkt. Rund ein Dutzend Jahre später, während meines ersten Studienjahres in Princeton, fiel mir allerdings wieder ein, was Großpapa mir gesagt hatte. Damals erhielt ich gerade von einem ausgezeichneten Lehrer aus China, der in Princeton vergleichende Religionswissenschaften lehrte, die erste förmliche Meditationsunterweisung.

Mein chinesischer Lehrer war ein buddhistischer Laienmeditierender. Immer donnerstagabends gab er für interessierte Studenten einen lockeren Meditationskurs. Er sprach zunächst ein paar Worte darüber, was man mit Meditation erreichen möchte. Anschließend forderte er uns auf, uns bequem hinzusetzen. Und während der nächsten halben Stunde sollten wir dann nach besten Kräften dem durch die Nasenlöcher ein- und ausströmenden Atem unsere volle Aufmerksamkeit schenken.

Als mir dabei mein Großvater in den Sinn kam, lächelte

ich still vor mich hin. Anschließend versuchte ich, den Anweisungen des Meditationslehrers zu folgen. Sehr bald fand ich indes heraus, dass ich vor einer nahezu unlösbaren Herausforderung stand. Vermutlich haben Sie diese Erfahrung auch schon gemacht. Für vielleicht drei oder vier Atemzüge fällt es relativ leicht, die Aufmerksamkeit auf die Atmung zu richten. Sehr schnell drängen sich jedoch die Gedanken wieder in den Vordergrund, und schon ist es um das Atemgewahrsein geschehen.

Für meinen Großvater war die Aufgabe viel leichter zu bewältigen. Denn er saß nicht still da und beobachtete die Atmung. Sein ganzer Körper vollzog, während er um das Pferd herumging, sanfte Bewegungen. Er war, mit anderen Worten, vollkommen vertieft in die innere wie die äußere Welt der Sinneswahrnehmungen. Vom gleichen Geisteszustand sprechen viele große Athleten, wenn sie erklären, dass sie »einen Lauf« haben, in den Zustand des *Flow,* des »Fließens« eintreten, in ihrer Ganzkörperaktivität völlig aufgehen.[3]

Jahrelang habe ich mich während der Meditationsübungen in hinduistischer und buddhistischer Tradition wie alle anderen damit abgemüht, für längere Zeitspannen meinen Verstand zur Ruhe kommen zu lassen und mich auf die Atmung einzustimmen. Natürlich kann es sehr gewinnbringend sein, sich dieser meditativen Mühe zu unterziehen. Manche Menschen haben darin Erfolg und kommen mit der traditionellen Meditation voran. Sehr viele jedoch kommen nicht damit zurecht und sagen der Meditation gleich an diesem Ausgangspunkt Adieu.

Hier eine typische Anleitung zur Vipassana-Meditation, die ich auf der Website eines buddhistischen Meditationszentrums gefunden habe:

*Nehmen Sie die Körperhaltung für
die Sitzmeditation ein,
halten Sie den Blick unverwandt und ohne
zu blinzeln geradeaus gerichtet.
In klarer, nichtbegrifflicher Achtsamkeit
sollten Sie Ihre Aufmerksamkeit mit
lebhafter Präsenz aufrechterhalten
und eingerichtet beim Kommen und
Gehen der Atemzüge verweilen.*

*Blicken Sie in diesem Zustand der Ruhe
in den Geist, um zu sehen, welche Form,
Farbe und sonstigen Qualitäten er hat.
Bleiben Sie die ganze Zeit über unbeteiligt.*

*Beobachten Sie
bis zum Ende der Meditation
weiterhin Ihren Geist und Ihren Atem.*

Ich habe nicht die Absicht, Sie mit der Bewältigung dieser traditionellen buddhistischen Aufgabenstellung zu betrauen. Stattdessen möchte ich Sie mit einem neuen psychologischen Verständnis des Atemgewahrseins bekannt machen, das den gesamten Einstiegsprozess erleichtert und ihn angenehm macht.

ERFAHREN KONTRA NACHDENKEN

Wie arbeitet der Geist? Lassen Sie uns zunächst einmal einige Grundregeln klären. In der Hauptsache gibt es zwei Bewusstseinszustände. Entweder richten Sie Ihr Augenmerk vor allem auf den gegenwärtigen Augenblick und verarbeiten unmittelbar die aus der Wahrnehmung gewonnene Sinnesinformation; oder aber Ihr Augenmerk gilt der Erinnerung an eine solchermaßen aus der Wahrnehmung gewonnene Erfahrung, indem Sie mittels symbolischer Erkenntnis über solch eine Erfahrung nachdenken. Dieses Wechselspiel zwischen Erfahrung und dem Nachdenken über Erfahrung füllt, wie Sie feststellen werden, die meisten Momente Ihres Wachzustands. Unverarbeitetes Sinneserleben bildet die Wahrnehmungsgrundlage all dessen, was Sie denken und sich vorstellen.

Wenn Sie über eine Erfahrung nachdenken, richten Sie die Aufmerksamkeit auf die Vergangenheit, auf jene an Ihre Sinneserfahrungen und emotionalen Erfahrungen anknüpfenden Erinnerungen, die Sie gespeichert haben. Analytisches Nachdenken beinhaltet genau das – eine Analyse der aus der Vergangenheit herrührenden Erinnerungen, die nun begriffliches Denken, überschwängliche Vorstellungen, Phantasien und Pläne hervorrufen.

Mit Denken beschäftigt zu sein bedeutet, dass Sie meist von der Sinneserfahrung des gegenwärtigen Augenblicks absehen, um Ihr Augenmerk entweder auf Gedanken an vergangene Geschehnisse oder auf Ihre Zukunft betreffende Phantasien zu richten. Zum gegenwärtigen Augenblick, der Ihnen durch Erfahrung gegeben ist, verlieren Sie in Wahrheit, sobald Sie in Gedanken abgleiten, den Kontakt. Es ist wichtig, sich darüber im Klaren zu sein.

Meditation ist der bewusste Ausstieg
aus dem Denken in Vergangenheit und Zukunft
und die Rückkehr des Gewahrseins
in den gegenwärtigen Augenblick –
dorthin, wo Sie
Ihr Leben leben.

Vielfach glauben die Menschen, Meditation sei ein Prozess, in dessen Verlauf man sich von der Welt entferne. Durch wahre Meditation wird man, nach meinem Verständnis, ganz im Gegenteil lebendiger und nimmt stärker Anteil an der Welt. Abstraktes Denken ist ein wunderbares Werkzeug. Dieses Werkzeug sollten wir jedoch, wenn wir uns mit der Lebenswirklichkeit, die im jeweiligen Moment zutage tritt, auseinandersetzen und auf sie Einfluss nehmen wollen, regelmäßig für ein Weilchen beiseitelegen.

Aus einem gesunden Gleichgewicht zwischen Erfahrung und Reflexion erwächst gewöhnlich eine gesunde Persönlichkeit. Die meisten Neurosen und Psychosen beinhalten unter anderem eine gestörte Fixierung auf Gedanken, Erinnerungen, Phantasien und Vorahnungen. Durch erhöhtes Atmungsgewahrsein können Sie Ihre neurotischen Tendenzen aktiv reduzieren. Wenn Sie die Aufmerksamkeit von den Gedanken und Vorstellungen, über die Sie sich aufregen oder die Sie ängstigen, vorsätzlich abwenden, fördern Sie ein gesundes Innenleben und nehmen stärker Anteil an der Welt, die Sie umgibt.

Wenn Sie auf Skiern einen Berghang hinabsausen, durch den Wald laufen, Liebe machen, beim Kochen in der Küche stehen oder einer anderen, den ganzen Körper mit einbeziehenden Aktivität nachgehen, werden Sie feststellen, dass es Ihnen relativ leicht fällt, in Fluss zu bleiben und der Atmung gewahr zu sein. Wenn Sie hingegen still dasitzen und sich körperlich nicht betätigen, gewinnt das Denken fast immer die Oberhand über die Wahrnehmung und stiehlt allem anderen die Show.

In einer traditionellen Meditationspraxis würde Ihr Lehrer vermutlich großen Wert darauf legen, dass Sie das Ganze unbedingt vertiefen und sich für Monate, ja vielleicht sogar für Jahre disziplinieren sollten, damit die Denkprozesse des Verstandes letztlich zur Ruhe kommen können. Die eigenen Gedanken sich anzuschauen und die persönlichen Verhaltensmuster zu beobachten ist zwar durchaus interessant. Allerdings habe ich nie etwas Heiliges daran finden können, sich übermäßig lange auf diese innere Auseinandersetzung zu fixieren, durch die der ständige Gedankenfluss zum Erliegen gebracht werden soll.

Ganz pragmatisch betrachtet scheint es klug, den Geist auf eine möglichst wirkungsvolle Art und Weise zur Ruhe kommen zu lassen. Darum habe ich auf diesen »Kampf mit dem Geist« neue Einsichten aus der kognitiven Psychologie und der Wahrnehmungspsychologie zur Anwendung gebracht und so dem Kampf ein für alle Mal den Laufpass gegeben.

Leitsätze als Retter in der Not

Dem Verstand mit all seiner Gedankenaktivität sollte man, wie ich beiläufig bereits erwähnt habe, im Rahmen des Meditationsprozesses lieber etwas Sinnvolles zu tun geben, anstatt den Versuch zu unternehmen, ihn mit aller Macht zum Verstummen zu bringen. Diesen Zweck können Leitsätze bestens erfüllen. Während Sie einen Leitsatz im Sinn behalten, kommen alle übrigen Gedanken auf ganz natürliche Art und Weise zur Ruhe. So geben Sie dem Verstand etwas zu tun, indem er an bestimmte Worte denkt, die ihn vom Denken abhalten.

Für mich gleicht das der Anwendung von spirituellem Judo (mit dem Strom schwimmen) anstelle von Karate (gegen den Strom ankämpfen), damit der Geist zur Ruhe kommen kann. Statt Ihrem Ego zu befehlen, sich in die hinterste

Ecke zu verziehen und die Klappe zu halten, erweisen Sie ihm Respekt, indem Sie ihm für die Dauer des Meditationsprozesses etwas wirklich Wichtiges zu tun geben.

Ihrem Ego wird, während Sie sich hier mit diesem Buch auseinandersetzen, die Aufgabe zufallen, sich daran zu erinnern, die Leitsätze auszusprechen, durch die sich Ihre Aufmerksamkeit verlagert. Erst dies Erinnern ermöglicht den Erfolg. Psychologisch ist es unerlässlich, das Ego mit einzubeziehen und es als einen ganz wichtigen Akteur im spirituellen Spiel willkommen zu heißen.

Beobachten Sie selbst, was geschieht, wenn Sie den Leitsatz dieses Kapitels aussprechen:

 *Ich fühle, wie die Luft in meine Nase ein- und wieder ausströmt.*

Wenn Sie mit diesem Satz experimentieren, werden Sie erleben, wie der schiere Akt, sich selbst diese Worte zu sagen, mühelos eine Verlagerung Ihrer Aufmerksamkeit auf die physische Empfindung der in Ihre Nase ein- und wieder aus ihr herausströmenden Luft anregt. Während Sie im Verlauf dieses Prozesses in den Wahrnehmungszustand übergehen, werden Ihre regulären Gedanken auf natürliche Weise zur Ruhe finden. Denn keineswegs führen Gedanken stets zwangsläufig zu weiteren Gedanken. Ihnen wohnt auch die Kraft inne, Ihre Aufmerksamkeit auf die Ihnen zuteil werdenden Erfahrungen zu richten – ein wertvoller Hinweis darauf, wie wir unseren Geist optimal handhaben können.

Sagen Sie sich erneut den zweiten Leitsatz: »Ich fühle, wie die Luft in meine Nase ein- und wieder ausströmt.« Beachten Sie dabei bitte Folgendes: Sie sagen sich nicht, dass Sie *an* Ihre Atmung *denken*. Vielmehr sagen Sie sich: Ich stimme mich darauf ein, das Atemerleben zu *fühlen* – auf die Körperempfindungen, die hervorgerufen werden, indem in meiner Nase Millionen Luftmoleküle an den empfindlichen Follikeln vorbeirauschen.

Jedem Wort eines Leitsatzes wohnt beachtliche Kraft inne. Solche Worte werden als Schlüsselworte bezeichnet, weil sie der Schlüssel zur Auslösung bestimmter Geistesaktivitäten sind. Der erste Leitsatz: »Ich beschließe, mich an diesem Augenblick zu erfreuen« wirkt als Handlungsauslöser, da Sie die Aufmerksamkeit auf erfreuliche Erfahrungen im gegenwärtigen Augenblick verlagern.

Mit »Ich fühle, wie die Luft in meine Nase ein- und wieder ausströmt« ist es dasselbe. Ebenso mit den übrigen zehn Leitsätzen, die Sie kennenlernen werden. Alle sorgen sie dafür, dass Ihre Aufmerksamkeit sich in Richtungen verlagert, die Ihnen von großem Nutzen sein werden.

Wenn Sie eine Abfolge von Leitsätzen der Reihe nach durchgehen, geleiten diese Sie Schritt für Schritt durch den jeweils gewählten Prozess. Dies beinhaltet das volle meditative Potenzial, dessen Verwirklichung wir anstreben.

Sie können sich allerdings auch *einen* Leitsatz herauspicken und ihn sich immer wieder vorsprechen, um den Geist mit bestimmten Schlüsselworten zu füllen: eine wirkungsvolle Methode, das gewohnheitsmäßig in Ihrem Geist vorherrschende mentale Geplapper außer Kraft zu setzen. Und darüber hinaus ist es eine gute Möglichkeit, wertvolle Erfahrungen herbeizuführen, die mit dem betreffenden Leitsatz in Zusammenhang stehen.

In ganz besonderer Weise gilt das für den Satz: »Ich fühle, wie die Luft in meine Nase ein- und wieder ausströmt.« Je früher Sie diesen Satz zu einem Mantra machen können, das bei Ihnen im Hinterkopf gewohnheitsmäßig präsent ist, umso schneller wird dieser ganze meditative Prozess in Ihrem Leben einen Wandel herbeiführen. Lassen Sie es auf einen Versuch ankommen:

> *Ich fühle, wie die Luft in meine Nase ein- und wieder ausströmt.*

Warum das Augenmerk auf die Atmung richten?

Eine gute Frage. Denn was ist schließlich so wichtig an der Atmung? Wird es nicht langweilig, den eigenen Atem zu beobachten?

Beginnend mit den allerersten Augenblicken unseres Daseins außerhalb des Mutterleibs haben wir unablässig geatmet. Und bis zum allerletzten Augenblick – bis zum allerletzten Atemzug – unseres Lebens werden wir weiteratmen. Wie aber kann etwas so Alltägliches wie das Atmen ein derart bedeutsames spirituelles Geschehnis sein? Und vor allem: Was ist so heilig daran, das Augenmerk auf die eigene Nase zu richten?

Diese Frage lässt sich auf unterschiedliche Art und Weise beantworten. Bedenken Sie zunächst einmal Folgendes: Das Denken spielt sich im Schädel ab. Hier im Kopf sind Ihre kognitiven Aktivitäten physisch zu lokalisieren. Wenn Sie sich in Gedanken verlieren, liegt Ihr Bezugspunkt hoch oben, im Cranium, tief im Innern Ihres neurologischen Gehirns. In der ersten Phase der Meditation geht es darum, Ihr Gewahrsein weiter nach unten zu verlagern, von der kognitiven Hirnfunktion auf die Präsenz des ganzen Körpers im allzeit gegenwärtigen Augenblick.

Beachten Sie bitte, wie nahe die Nase dem Gehirn ist – wirklich sehr nahe. Die Nasenatmung ist ein unablässig vonstattengehendes Sinnesgeschehen; und dieses spielt sich unweit Ihres Denkzentrums ab. Daher macht es unbedingt Sinn, sich während der ersten Ausweitung des Bewusstseins auf ein Areal zu konzentrieren, das von jenem Ort, an dem sich der Denkprozess abspielt, bloß ein kleines Stück weit entfernt liegt: auf einen sinnlich wahrnehmbaren Vorgang, der immerzu stattfindet und auf den wir uns daher jederzeit einstimmen können. Das auf die Nase bezogene Atemgewahrsein ist, so nehme ich an, wohl darum zur meistverbreiteten Meditationspraxis geworden.

Von diesem offensichtlichen physiologischen Grund einmal abgesehen wäre da noch die schlichte Tatsache aufzuführen, dass Atem für uns gleichbedeutend mit Leben ist. In der jüdisch-christlichen Bibel heißt es, dass Gott dem Menschen Leben eingehaucht hat. Diese spektakuläre Feststellung besagt, dass Gott Atem hat und Gottes Atem uns jeden Augenblick aufs Neue mit Leben erfüllt.

Falls Sie fünf Minuten lang aufhören
zu atmen, sind Sie tot.
Atem ist Leben.
Sich auf den Atem auszurichten bedeutet also,
sich auf ein Kernelement
Ihrer irdischen Existenz auszurichten.

Dies ist gewiss ein weiterer gewichtiger Grund dafür, dass das Atemgewahrsein einen ganz wesentlichen Aspekt sämtlicher Meditationstraditionen darstellt. Aber es gibt noch einen dritten entscheidenden Grund, weshalb man zu Beginn der Meditation das Augenmerk auf die Nase und das Atemgewahrsein richten sollte: Tatsächlich können die meisten Menschen die späteren Meditationsphasen nur erreichen, wenn sie sich zunächst auf den Atem konzentrieren. Als ich mich seinerzeit in der sogenannten Pranayama-Atemmeditation geübt habe, musste ich Folgendes feststellen: Die Meditation funktioniert bei mir nur, wenn ich mich zuerst auf den Atem in der Nase konzentriere, danach die Brust- und Bauchatmung und zu guter Letzt erst den ganzen Köper miteinbeziehe.

Was diese Abfolge angeht, habe ich mich durch die in der Einführung beschriebene Erfahrung des Erwachens bestärkt gefühlt. Sofern ich mein Augenmerk nicht zunächst auf die Luft richte, die in meine Nase ein- und anschließend wieder ausströmt, finde ich es sehr schwierig, zu den nächsten Schritten im Ausweitungsprozess überzugehen. Noch können wir allerdings wissenschaftlich nicht belegen, dass solch eine Bewusstseinserweiterung bei einem Anfänger generell die Ausrichtung auf das Atemgewahrsein in der Nase erfordert. Der alltäglichen Erfahrung in der Praxis zufolge scheint dies indes der effektivste Ausgangspunkt zu sein.

Krishnamurti stellt uns, bezogen auf den Atem, folgende einfache Aufgabe: »Können Sie sich mit *einem* Atemzug, mit *einem* Blick ganz einfach so erkennen, wie Sie sind?«

IHRE NASE WEISS ES

Häufig werde ich gefragt, auf welche Weise man richtig auf das Ein- und Ausströmen der Luft in den Nasenlöchern achtgibt. Die Antwort darauf lautet schlicht und einfach: Eine »richtige« Art und Weise gibt es nicht. Welche Erfahrung Sie machen, lässt sich nicht vorhersagen. Der gegenwärtige Augenblick wiederholt sich nie. Darin besteht seine Magie.

In jedem Augenblick befindet sich das Universum definitionsgemäß in einer einzigartigen Situation. Was da geschieht, wird sich niemals wiederholen. In diesem physischen Universum läuft die Zeit immer weiter. Ein und dieselbe Erfahrung ist nicht zweimal zu haben.

Bitte beherzigen Sie dieses wissenschaftliche Faktum. So viele Menschen scheitern an der Meditation, weil sie eine bemerkenswerte Erfahrung machen und diese, wenn sie das nächste Mal meditieren, zu wiederholen versuchen. Dadurch gleiten sie immer weiter in Erinnerung und Phantasie ab und tauchen in eine wohltuende innere Erfahrung ein – die allerdings in erster Linie auf einer Erinnerung oder einer Phantasievorstellung beruht. Das ist keine frische spirituelle Neubegegnung. Vielmehr kann man hier durchaus von spiritueller Selbstbefriedigung sprechen: Was hier geschieht, mag sich gut anfühlen, verhindert allerdings, dass man sich wirklich auf die im gegebenen Moment sich einstellende spirituelle Erfahrung einlässt.

Wenn Sie jetzt Ihre Aufmerksamkeit darauf richten, wie die Luft in die Nase ein- und wieder ausströmt, seien Sie sich bitte darüber im Klaren, dass es diejenige Erfahrung, die Sie jetzt gerade machen, noch nie zuvor gegeben hat und so auch nie wieder geben wird.

Das macht die bemerkenswerte Kraft des meditativen Bewusstseins aus: Stets ist es neu! Wann immer Sie Ihr Augenmerk darauf richten, wie die Luft in die Nase ein- und wieder ausströmt, kommt es darauf an, dass Sie alle Erinnerungen an andere Erfahrungen mit dem Atem beiseitelassen, ebenso alle auf das Atmen bezogenen Phantasien, und einfach nur den reinen, einzigartigen Wahrnehmungsvorgang erleben, der just in diesem Augenblick vonstattengeht. Indem Sie das tun, öffnen Sie über das Atmen eine Tür zu der gesamten Erfahrungswelt, die sich in diesem Augenblick in Ihnen und außerhalb von Ihnen entfaltet.

*Das Atemgewahrsein ist die
spirituelle Eingangspforte
zu dem immerwährenden Augenblick.
Ihre Nase weiß das.*

ICH STELLE IHNEN EINE AUFGABE

Absolut einer meiner persönlichen Favoriten war und ist Humphrey Osmond, ein Psychiater, der zu jener Zeit, als ich ihn kannte, die Forschungsabteilung »Neurologie und Psychiatrie« des New Jersey Neuro-Psychiatric Institute geleitet hat. Humphrey litt an Schizophrenie. Doch er hatte sich zu der Krankheit bekannt, sie akzeptiert und sie schließlich überwunden. Und er widmete sein Leben der Erforschung des polaren Kräftespiels von Geisteskrankheit und mystischer Erfahrung. Unter seiner Anleitung habe ich mein erstes Forschungsprojekt durchgeführt. Als liebevoller Freund und als mein erster Ausbildungstherapeut half er mir durch so manche ziemlich radikale Erfahrung hindurch, die ich damals mit kaum mehr als 20 Jahren durchlief.

Eine Reihe wöchentlicher Therapiesitzungen bei Humphrey war Bestandteil meiner Ausbildung. Und ganz am Anfang hat er mir als Erstes gesagt, er wolle mir eine Aufgabe stellen: Er forderte mich auf, der eigenen Atmung gewahr zu sein, ganz gleich, was sonst noch passieren mochte während unserer Therapiesitzungen. Alles andere komme erst an zweiter Stelle.

Im Allgemeinen glauben die Menschen, der Atmung gewahr sein und gleichzeitig andere Dinge tun sei für sie ein Ding der Unmöglichkeit. Häufig bleibt, wenn wir bei der Arbeit alle Hände voll zu tun haben oder uns in Gedanken verlieren, das Gewahrsein auf der Strecke. Das stimmt schon.

Humphrey versuchte, mich dazu zu bringen, dass ich in ein offeneres, integrativeres Gewahrsein eintrat, in dem die intuitive Geistesfunktion ihr Werk verrichten und Gedanken hervorbringen kann, die über jene des rationalen Alltagsverstandes hinausreichen.

*Im Allgemeinen leisten wir die beste Arbeit,
wenn wir unserer Atmung
gewahr bleiben.*

Fragen Sie große Basketball- oder Fußballspieler, ob sie auf ihre Atmung eingestimmt sind, wenn sie auf dem Spielfeld stehen. Selbstverständlich sind sie das. Eine tolle Leistung zu bringen bedeutet, dass man mit dem ganzen Körper im gegenwärtigen Augenblick agiert. Und wenn wir unser Gewahrsein so weit öffnen, dass wir die Atmung mit einbeziehen, können wir häufiger in dem bereits angesprochenen *Flow*-Zustand sein.

In einer solchen Geistesverfassung sitze ich hier, bringe sprechend dieses Buch zu Papier und bleibe, während ich das tue, meiner Atmung gewahr. Jeden Tag meines Lebens versuche ich nach besten Kräften, der Aufgabe gerecht zu werden, die Humphrey mir gestellt hat. Und Ihnen stelle ich nun die gleiche Aufgabe.

Der Atem kommt
an vorderster Stelle

Lassen Sie uns die Aufgabe gleich jetzt angehen: Bleiben Sie, während Sie das restliche Kapitel lesen – und für den Rest des Buches – des Luftstroms gewahr, der mit jedem neuen Atemzug durch die Nasenlöcher hinein- und hinausgeht.

Beachten Sie, wie leicht es Ihnen fällt, das soeben Gesagte zu lesen und zur gleichen Zeit die Atemempfindung in Ihrer Nase wahrzunehmen. Das ist der erste Schritt in der Ausweitung, der Öffnung des Bewusstseins. Nun lernen Sie, Ihr Gewahrsein zu öffnen und diesen erweiterten Bewusstseinszustand aufrechtzuerhalten.

Die Luft strömt ein ... die Luft strömt aus ...

Beachten Sie ferner, dass Sie keinerlei Anstrengung unternehmen müssen, um zu atmen – nie. Die Atmung erfolgt ganz von allein. Nichtsdestoweniger können Sie selbstverständlich Ihre natürliche Atmung behindern, indem Sie besonders negative Emotionen entwickeln. Ich bin sicher, Sie wissen, wie Besorgnis sich auf Ihre Atmung auswirkt: Die Atmung wird dann angespannt und flach, findet nur noch hoch oben in der Brust statt, die Sauerstoffaufnahme verringert sich, was zu einer Art Benommenheit führt und eine eingeschränkte geistige Funktionsfähigkeit zur Folge hat. Und falls Sie sich in bedrückende Erinnerungen oder Erwartungen verstricken, wird die Atmung die Sauerstoffaufnahme reduzieren, indem sie sich verlangsamt und lethargisch wird.

Bleibt sie hingegen sich selbst überlassen, wird die Atmung den Sauerstoffbedarf fast immer aufs Schönste stillen. Sie wird sich vertiefen und beschleunigen, sobald Sie sich bewegen, sich hingegen verlangsamen und flacher werden, wenn Sie es gemächlicher angehen lassen.

Achten Sie weiter auf den Atem, während er genau in diesem Augenblick seinem natürlichen Pulsieren zwischen Ein- und Ausatmung folgt. Geben Sie sich absolut keine Mühe, ein- oder auszuatmen – lassen Sie der Atmung völlig freien Lauf. Lassen Sie zu, dass die Atmung innehält, wo immer es ihr beliebt, und ebenso wieder einsetzt, wann immer sie will. Alles geschieht ganz von allein.

Manchmal wird die Atmung auf dem Höhepunkt des Einatmens eine Pause einlegen; oder sie wird in dem Augenblick pausieren, wenn am Tiefpunkt der Ausatmung die Atemluft vollständig entwichen ist – oder aber irgendwo dazwischen. Und wenn Sie der Atmung völlig freien Lauf lassen, sodass sie tun kann, was immer ihr gefällt, werden Sie feststellen, dass sie sich auf natürliche Weise glättet, »runder« wird. Ein sehr schönes Gefühl!

Solange Sie sich der Atmung nicht bewusst sind, können Sie leicht allen möglichen Spannungen und unwillkommenen Gefühlen zum Opfer fallen. Sobald Sie hingegen das Licht des Gewahrseins auf die Atmung fallen lassen, beginnen Sie, sich ganz von alleine zu korrigieren. Welche emotionale Spannung auch auf Ihrer Atmung lasten mag – wann immer Sie daran denken zu sagen: »Ich fühle, wie die Luft in meine Nase ein- und wieder ausströmt«, erholt sie sich spontan.

Jeglicher Heilungsprozess ist generell eng mit dem gewohnheitsmäßigen Atmungserleben verknüpft. Ein erhöhtes Atemgewahrsein ist eine der wirkungsvollsten Möglichkeiten, körperliche und emotionale Heilung anzuregen.

Früher habe ich alle möglichen komplexen Selbstheilungsprogramme unterrichtet. Heutzutage hingegen unterstütze ich die Menschen meist nur darin, die Aufmerksamkeit regelmäßig immer wieder zurück auf die Atmung zu lenken, damit das Ein- und Ausatmen sich entspannt, sich vertieft und zu einem gesünderen, zu einem natürlicheren Rhythmus findet. Das wiederum aktiviert den organischen Heilungsprozess, der sich von selbst einstellt, sobald man frei atmet.

Wenn Sie regelmäßig Folgendes tun, befinden Sie sich bereits auf dem besten Weg, Ihren persönlichen Heilungsprozess zu aktivieren, auf welcher Ebene auch immer dies notwendig sein mag:

1. Erteilen Sie sich ausdrücklich die Erlaubnis, sich im gegenwärtigen Augenblick wohlzufühlen.
2. Wenden Sie Ihre Aufmerksamkeit liebevoll der Atmung zu.
3. Lassen Sie zu, dass die Atmung sich entspannt, sich öffnet und wieder zu ihrem natürlichen Rhythmus findet.

In nachfolgenden Kapiteln werden wir darauf noch ausführlicher zu sprechen kommen.

Erinnern Sie sich an die Aufgabe!

Hm ..., ich will Ihnen ja nicht auf die Nerven gehen, aber geben Sie noch immer auf die Atmung acht? Lassen Sie zu, dass die Atemzüge ganz mühelos kommen und gehen? Gestatten Sie sich, Freude zu haben an dieser Erfahrung? Und haben Sie noch das weltliche Mantra im Hinterkopf? »Ich fühle, wie die Luft in meine Nase ein- und wieder ausströmt.«

Indem Sie sich auf das Erleben der in die Nase ein- und dann wieder ausströmenden Atemluft einstimmen, sorgen Sie dafür, dass sich das Zentrum des Gewahrseins auf ganz natürliche Weise in den Körper verlagert – an den besagten Ort im Naseninnern. Insbesondere beim Einatmen könnte es dabei vorkommen, dass Sie in der Nase ein stechendes Gefühl verspüren. Die einströmende Luft wird die Temperatur der Umgebungsluft aufweisen. Diese liegt gewöhnlich unterhalb der Körpertemperatur, ruft also in der Nase einen Reiz hervor. In den Lungen erwärmt sich dann die Luft. Daher löst das Ausatmen durch die Nase eine weniger starke Empfindung aus. Aus dem gleichen Grund nehmen Sie Gerüche beim Einatmen stärker wahr als beim Ausatmen.

Frischen Sie Ihre Verbindung zum Atem auf

In meinem Leben bin ich an dem Punkt angekommen,
an dem ich spüre: Als lebendiger Organismus
bin ich nicht voll und ganz hier in der Welt,
wenn ich für den in meine Nase eintretenden
und sie anschließend wieder verlassenden
Luftstrom kein Gewahrsein aufbringe.
Wenn ich mich in Gedanken verliere,
fehlt zweifellos eine Dimension.

Das kognitive Denken, darüber wird noch zu reden sein, ist eine zweidimensionale, Sinneswahrnehmung dagegen eine dreidimensionale Geistesfunktion. Schlussfolgerndes Denken ist definitionsgemäß ein symbolischer, auf Vergangenheit und Zukunft bezogener Prozess, dem es an Tiefe fehlt. Die durch Ihren Geist hindurchziehenden Worte haben keine Ausdehnung, keine Räumlichkeit, sie existieren in einem flachen, zweidimensionalen Bereich.

Mit dem Übergang vom schlussfolgernden Denken zur Sinneserfahrung treten Sie hingegen wieder in Ihre dreidimensionale Existenz ein. Jedes Mal, wenn Sie in Gedanken verloren waren, dann aber wieder auf die Empfindungen umschalten, die von der ein- und ausströmenden Luft hervorgerufen werden, erweitert sich Ihr Bewusstsein von zwei auf drei Dimensionen. Das ist ein gewaltiger Sprung – der Wechsel von mangelnder, unvollständiger Präsenz hin zu einem kompletten Eintauchen in die Sinnenwelt.

Und lassen Sie sich erst einmal vollständig auf die Welt ein, wird dadurch etwas wirklich Wunderbares möglich: Sobald Sie Zugang zu den höheren ganzheitlichen Geistesfunktionen gewinnen, in denen Erfahrung, Denken und Inspiration einander wechselseitig hervorbringen und schöpferisch befruchten, werden Sie zu kreativem, intuitivem Denken befähigt.

Mit diesem zweiten Leitsatz steht Ihnen nun ein wirksames Werkzeug zur Verfügung. Ich ermuntere Sie, sich während der nächsten Stunden, Tage und Wochen in Gedanken immer wieder zu sagen: »Ich fühle, wie die Luft in meine Nase ein- und wieder ausströmt«, damit Sie den starken Vorsatz, das Atemgewahrsein in Ihrem Leben an vorderste Stelle zu rücken und ihm alles andere nachzuordnen, in den Geist einprogrammieren.

In der Folge wird Ihr Leben an vitaler Kraft gewinnen und Ihnen mehr Freude bereiten. Manchmal höre ich an dieser Stelle meiner Instruktionen die Kritik, dies sei nun aber wirklich zu simpel, eine unzulässige Vereinfachung. Doch manchmal ist gerade das Einfachste am wirkungsvollsten. Das brauchen Sie mir freilich nicht einfach unbesehen zu glauben. Nehmen Sie vielmehr, während Sie meine Worte lesen, im Naseninnern wahr, wie die Atemluft ein- und ausströmt. Beachten Sie, wie für Sie offenbar jeder Augenblick, den Sie in einem Zustand erweiterter Atembewusstheit verbringen, ein Augenblick großer Lebendigkeit ist.

Im gesamten Buch werde ich Ihnen in Erinnerung rufen, dass *Geist*[4] Ihnen allein im gegenwärtigen Augenblick, im Zustand eines im Hier und Jetzt verweilenden Sinneswahrseins, zuströmt. Die folgende Absichtserklärung im Sinn zu behalten ist die einfachste und direkteste Methode, ins Hier und Jetzt zu gelangen:

Ich fühle, wie die Luft in meine Nase ein-
und wieder ausströmt.

Verankerung

Verankerung ist eine der besten Möglichkeiten, die Leitsätze aktiv in Ihr Leben zu integrieren. Zu diesem Zweck verknüpfen Sie einen bestimmten Leitsatz mit einer bestimmten, in Ihren täglichen Abläufen regelmäßig wiederkehrenden Situation. So lernen zum Beispiel Krankenschwestern in einem Programm zur Vermeidung von Behandlungsfehlern, sich mit den Leitsätzen vertraut zu machen, indem sie jeweils einen Leitsatz mit einer bestimmten sichtbaren oder handlungsbezogenen Situation verknüpfen, die ihnen im Klinikalltag regelmäßig begegnet.

Dasselbe können Sie in Ihrem Leben machen. Lassen Sie uns beim ersten Leitsatz beginnen. So mache ich es zum Beispiel. Morgens nach dem Aufstehen, das hatte ich schon an anderer Stelle kurz erwähnt, bereite ich mir gewöhnlich eine Tasse Tee und verbringe in meinem Wohnzimmersessel ein paar Minuten oder auch länger in stiller Meditation. Sobald ich in meinem Sessel sitze (mein Anker), denke ich daran, den ersten Leitsatz zu sagen: »Ich beschließe, mich an diesem Augenblick zu erfreuen.«

Da ich den ersten Leitsatz dergestalt in meiner Morgenroutine verankert habe, versetze ich mich jeden Morgen im Handumdrehen in einen Zustand, in dem ich mich wohlfühle: Ich bin guter Dinge und kann meine Aufmerksamkeit genau in die gewünschte Richtung lenken. So werde ich nicht zum Opfer notorisch sich einstellender Gedanken und Emotionen, die andernfalls meine Aufmerksamkeit in Anspruch nehmen könnten.

Nachdem ich, hier auf Hawaii, zu Hause gefrühstückt habe, lege ich gewöhnlich einen wenige Minuten dauernden Fußweg zurück, der mich durch ein kleines Wäldchen zu meinem Büro und meinem Studio führt. Etwa fünf- bis zehnmal am Tag gehe ich zwischen meinem Zuhause und meinem Arbeitsplatz hin und her. Und sobald ich mich über den Rasen hinterm Haus auf den Weg zur Arbeit mache oder vom Studio aus auf den Heimweg, spreche ich in Gedanken den zweiten Leitsatz, den ich in dieser Situation verankert habe: »Ich fühle, wie die Luft in meine Nase ein- und wieder ausströmt.«

Augenblicklich habe ich dann die Betriebsamkeit, alle auf den Arbeitsbereich bezogenen Gedanken an Vergangenheit und Zukunft, abgelegt. Schon stimme ich mich auf die reine Freude des gegenwärtigen Augenblicks ein.

Suchen Sie sich ähnliche Verankerungsmöglichkeiten. Auf diese simple Art und Weise werden Sie jeden Tag einige Male einen kleinen Miniurlaub einlegen können. Das ist ein reiner Segen.

So viele Menschen treiben sich den lieben langen Tag unablässig immer weiter an – in der Absicht, sich eines Tages zur Ruhe zu setzen und überhaupt nicht mehr zu arbeiten. Schaffen Sie sich stattdessen lieber, das rate ich Ihnen, die Möglichkeit, jeden Tag viele Male einen Miniurlaub einzulegen, indem Sie sich im Rahmen des Leitsätzeprogramms durch das »Zen-Erwachen« von einem Moment auf den anderen ins innere Paradies versetzen lassen.

In meinem Tagesablauf habe ich darüber hinaus noch weitere Ankerplätze eingerichtet. Jedes Mal, wenn ich nachschauen will, ob ich neue E-Mails bekommen habe, halte ich kurz inne, um zu sehen, welcher Leitsatz mir gerade in den Sinn kommt. Und für die nächsten drei oder vier Atemzüge lasse ich dann zu, dass er seine positive Wirkung auf mich ausübt. Wenn ich in mein Auto steige, nehme ich mir ebenfalls drei oder vier Atemzüge Zeit für einen der Leitsätze, bevor ich den Motor starte. Beim Liebemachen halte ich inne und spreche im Geist die ersten paar Leitsätze, um vollständig in die Ganzkörperpräsenz des gegenwärtigen Augenblicks zu gelangen. Vor dem Essen mache ich einen Moment lang Pause für einen Leitsatz. Ebenso verfahre ich unter der Dusche.

Sofern ich nicht gerade auf Reisen bin, kehre ich gewöhnlich am Abend in meinen Sessel zurück, um für eine oder zwei Stunden zu lesen. Noch während ich es mir im Sessel bequem mache, gehe ich das volle Programm der zwölf Leitsätze durch. Im Bett achte ich vor dem Einschlafen fast immer darauf, welcher Leitsatz mir gerade einfällt. Und in solch einem entspannten Zustand öffne ich mich dem erweiterten Erleben.

Nun gebe ich Ihnen eine Aufstellung meiner zehn wichtigsten Leitsatzanker, die ich, sofern ich daheim bin (wenn ich verreise, sieht meine Liste ein wenig anders aus), jeden Tag in Ehren halte, indem ich von ihr Gebrauch mache.

    Morgentee
        Fußweg zur Arbeit
            Heimweg
                vor dem Blick in die E-Mails
                    vor dem Starten des Motors
                beim Liebemachen
                    vor dem Essen
            beim Duschen
        abends im Sessel
      kurz vor dem Einschlafen

Jetzt meine Aufgabe für Sie: Benennen Sie fünf bis zehn in Ihrem Tagesablauf sich regelmäßig wiederholende Situationen. Machen Sie sich daran, den Leitsatzprozess in diesen visuellen, kognitiven oder bewegungsbezogenen Situationen zu verankern. Das ist wohl die wichtigste Verantwortung, die Sie für die Meisterung der Leitsätze übernehmen. Gönnen Sie sich jeden Tag, sooft Sie wollen, einen Miniurlaub – das ist stets völlig unentgeltlich, unterbricht Ihren Tagesablauf nicht, lädt Ihren inneren Akku neu auf und ermöglicht es dem *Geist,* regelmäßig in Ihr Leben einzuströmen.

Zum Schluss dieses Kapitels empfehle ich Ihnen, für ein paar Momente eine Pause einzulegen, sich auf Ihre Atmung einzustimmen und zu sehen, welche Punkte in Ihrem Tagesablauf sich leicht mit einem vorübergehenden Eintauchen in die Erfahrung eines Leitsatzes oder mehrerer Leitsätze verquicken ließen. Legen Sie sich eine Liste mit Ihren Ankerpunkten an – sich solch eine Liste zu machen ist wichtig. Beginnen Sie dann gleich, die Leitsätze mit geeigneten Ankerpunkten zu verknüpfen. Die ersten beiden kennen Sie ja bereits. Und bald werden Sie die vollständige Palette der zwölf Leitsätze zur Verfügung haben.

Ich beschließe, mich an diesem
Augenblick zu erfreuen.
Ich fühle, wie die Luft in meine
Nase ein- und wieder ausströmt.

Drittes Kapitel

Erwecken Sie den Solarplexus

*Der Meditationsprozess
versetzt dich nicht in eine neue Welt.
Durch den Meditationsprozess
wird dir nichts hinzugefügt.*

*Meditation bedeutet Aufmerksamkeit,
Frische, stetige Wachheit.
Zu meditieren bedeutet, Gewahrsein
für den gesamten Lebensprozess haben.*

*Sitze am Ufer
des Geistesstroms,
wo es keine Gedanken gibt.
Dort ist Meditation.*

OSHO

Bis jetzt haben Sie zwei Leitsätze kennengelernt – echte Kraftpakete, die Ihre Alltagserfahrung transformieren können. Der zweite Leitsatz hilft Ihnen, die Aufmerksamkeit auf die Nase zu verlagern. Der traditionellen hinduistischen Meditation zufolge handelt es sich hier um den Bereich des sechsten Chakras oder Energiezentrums. Dieses bringt man mit höherem intuitivem Denken und spiritueller Verwirklichung in Zusammenhang. Durch den dritten Leitsatz, mit dem ich Sie in diesem Kapitel bekannt mache, wird sich Ihr Gewahrsein so weit ausdehnen, dass es Ihren Kopf und den ganzen Rumpf miteinbezieht. So richten Sie die Aufmerksamkeit auf alle sieben Energiezentren des Körpers.

Auf der Erfahrungsebene ist Ihr spirituelles Gewahrsein vom Körpergewahrsein nicht zu trennen, da das Gewahrsein aus Ihrer körperlichen Präsenz erwächst. Alan Watts hat das sehr treffend in Worte gefasst: »In allererster Linie sind wir unser ganzer Körper.«

Als ich Anfang zwanzig war, wurde ich von einem jungen Mann namens Kriyananda, einem engen Schüler des Hindu-Meisters Yogananda, in die Chakra-Meditation eingeführt. Zu meiner eigenen Verwunderung habe ich, während ich seine Chakra-Meditationen aus dem Kriya-Yoga hingebungsvoll praktizierte, aufgrund meiner Innenwahrnehmung entdeckt, dass sich in Kopf und Rumpf tatsächlich sieben Energiezentren lokalisieren lassen. Diese Chakras existieren nicht nur als abgehobene religiöse Konzepte, sondern als eindeutige, während der Meditation ohne Weiteres erfahrbare energetische Phänomene. Während wir die ersten Stufen jenes Meditationsprozesses, den ich Ihnen hier vermittle, durchlaufen, werden Sie dieser Energiezentren auf ganz natürliche Weise gewahr.

Vier Jahre lang habe ich die klassischen Yoga-Techniken erkundet, mit deren Hilfe man die sieben Chakras aufspürt und Einfluss auf sie nimmt. In der Kundalini-Meditation kann man den inneren Energiefluss auf höchst bemerkenswerte und kaum vorstellbare Weise erleben. Als Schüler erlernt und verinnerlicht man dabei ein komplexes, die wechselseitige Interaktion der Chakras betreffendes Vorstellungsmodell. Zugleich lernt man, den Fluss der Energie dahingehend zu beeinflussen, dass sie das Chakra-System durchströmt. Anschließend versucht der Schüler, den vom

Meister beschriebenen energetischen Prozess im Innern nachzuvollziehen.

Während meines Studiums in Princeton habe ich darüber hinaus als Proband, als Hypnose-Patient, in einem Forschungsprojekt mit Dr. Bernard Aaronson am National Institute of Health zusammengearbeitet. Mit Hilfe von Hypnose, also auf der Grundlage von Phantasievorstellungen, vermochte Dr. Aaronson alle möglichen energetischen Vorgänge auszulösen. Und so war ich wohlvertraut mit der erstaunlichen Fähigkeit des Geistes, eine lebendige innere Erfahrung zu bewirken, die auf Imagination und nicht auf realer Sinnesstimulation beruht.

In meiner Kundalini-Ausbildung mit Kriyananda neigte ich nun zunehmend zu der Annahme, meine erstaunlichen Erfahrungen mit der Energie, die meine Wirbelsäule hinauf- und hinunterströmte, seien vielleicht vor allem ein Ergebnis meiner Vorstellungskraft – nicht Ausdruck einer spirituellen oder durch Wahrnehmung bedingten Realität. Derart viel Zeit in dem Bemühen zu verbringen, eine aufregende spirituelle Erfahrung herbeizuführen, so wurde mir außerdem klar, war auch nicht das, womit ich mein Leben verbringen wollte. Denn obgleich mir das Ganze viel Vergnügen bereitete, zog ich mich dabei zusehends aus der Welt zurück.

Dennoch habe ich aus den Studien des Hinduismus und der dazugehörigen Meditation viel lernen können. Meine übergreifende Zielsetzung war allerdings eine andere: Ich wollte die psychologischen Grundlagen der Meditation erfassen. Also beschloss ich, andere Methoden zu erkunden.

Im Rückblick kann ich nun erkennen, dass ich es damals ein wenig übertrieben habe. Denn ich habe seinerzeit nicht nur die Bestrebungen aufgegeben, auf meine Chakras Einfluss zu nehmen, sondern zugleich aufgehört, in der Meditation mein Augenmerk auf die sieben Energiezentren zu richten.

Zehn Jahre später, während meiner Tätigkeit in Westberlin, habe ich dort den bemerkenswerten und vielfach missverstandenen Rebellen-Guru Osho, der damals noch Bhagwan Rajneesh hieß, getroffen und intensive Gespräche mit ihm geführt. Nach wie vor sind seine Schriften eine Inspirationsquelle, auch für nachfolgende Generationen. Osho hat dazu beigetragen, mein Interesse an der natürlichen organischen Präsenz der sieben Chakras in meinem Körper wiederzubeleben, und er hat mir eine neue Möglichkeit aufgezeigt, mit diesen Energiezentren umzugehen.

Ich entsinne mich, wie Osho mich in seiner gutmütigen Art angelacht hat, als ich ihm schilderte, welch negativen Eindruck die Chakra-Meditation bei mir hinterlassen hatte. Jeden Tag solle ich mir wieder die Zeit nehmen, meine Aufmerksamkeit auf jedes Chakra im Körper zu richten, riet er mir. Dabei solle ich diesmal allerdings keinen begrifflichen Vorstellungen in Bezug auf das nachhängen, was ich dabei finden könnte.

»Sieh bitte hin! Sieh bloß hin!«, legte er mir eindringlich nahe.

Seinen Ratschlag habe ich beherzigt und gebe ihn nun an Sie weiter: Werfen Sie alle vorgefassten Meinungen über Bord, falls Sie welche haben, und entwickeln Sie einfach nur ein stärkeres Gewahrsein für all das, was Sie vorfinden, wenn Sie mit ruhigem, empfänglichem Geist den Blick nach innen wenden.

Lassen Sie uns nun in solch einer Geisteshaltung einmal eingehender betrachten, was man traditionell als die unteren, im Rumpf angesiedelten Chakras bezeichnet – insbesondere das Atem-Chakra. Es ist im Bereich des sogenannten Sonnengeflechts (Solarplexus) und des Zwerchfellmuskels zu finden.

IHRE GEWAHRSEINSBLASE AUSDEHNEN

Jeder von uns lebt in einer einzigartigen »Blase« persönlichen Gewahrseins. Empirisch gesehen umfasst sie in vollem Umfang unser individuelles Leben auf diesem Planeten. Eingegrenzt wird unsere Erfahrung von Augenblick zu Augenblick durch den Umstand, dass sich unsere Gewahrseinsblase unablässig zusammenzieht und ausdehnt. Entweder sind wir weniger oder mehr gewahr – und letzten Endes hängt unsere gesamte Lebenserfahrung davon ab, wie weit ausgedehnt oder wie eng zusammengezogen diese Gewahrseinsblase im Lauf unseres Lebens jeweils gewesen ist.

Allem Anschein nach verbringen die meisten Menschen einen Großteil ihres Lebens vor allem im Kopf – ihre Gewahrseinsblase ist klein und auf diejenigen Gedanken fixiert, die das Ego sich andauernd über die Vergangenheit und die Zukunft macht. Und da kognitives Denken offenbar keine räumliche Dimension hat, stellt unsere Gewahrseinsblase dann lediglich eine zweidimensionale Welt dar.

In der Meditation geht es darum, Ihre Gewahrseinsblase zielgerichtet so weit auszudehnen, dass sie Ihr gesamtes Sein umfasst – und ebenso die Sie umgebende Welt. Indem Sie sich sagen: »Ich beschließe, mich an diesem Augenblick zu erfreuen«, weiten Sie Ihre Blase, über die Gedanken in Ihrem Kopf hinausgehend, so weit aus, dass Sie Ihres Körpers im gegenwärtigen Augenblick gewahr sind: eine wirklich ganz beachtliche Erweiterung. Ebenso treffen Sie, wenn Sie sich in Gedanken sagen: »Ich fühle, wie die Luft in meine Nase ein- und wieder ausströmt«, die Entscheidung, Ihre Blase über die rein mentalen Geistesaktivitäten hinaus in die, wie es scheint, unendliche Sinnenwelt auszudehnen.

Mit dem dritten Leitsatz: »Ich fühle beim Atmen die Bewegungen meines Brustkorbs und meines Bauchs«, dehnt sich Ihre Gewahrseinsblase auf natürliche Weise so weit aus, dass sie nicht nur die Nase und den Kopf, sondern auch Ihren Brustkorb, den Bauch und das Becken miteinbezieht. Indem Sie diesen neuen Leitsatz aktivieren, werden Sie feststellen, dass Sie in Ihrem Körper in erhöhtem Maß ein Empfinden von Raum und Ausdehnung und darüber hinaus ein dreidimensionales Gewahrsein der lebenserhaltenden Organe Lunge und Herz haben.

Gestatten Sie mir, Sie durch diesen Prozess zu geleiten: Beginnen Sie stets mit dem ersten Leitsatz: »Ich beschließe, mich an diesem Augenblick zu erfreuen.« Diese positive Absichtserklärung wird sicherstellen, dass Sie, indem Sie das Augenmerk auf die Atmung richten, zugleich beschließen, sich der damit einhergehenden Erfahrung auch tatsächlich zu erfreuen. Mit ein wenig Praxis weitet sich Ihre Aufmerksamkeit, wie Sie recht bald feststellen werden, bereits beim Aussprechen des ersten Leitsatzes auf ganz natürliche Weise dahingehend, dass sie die Atemerfahrung mit einschließt.

Die Atmung steht in enger Verbindung zu dem Prozess des körperlichen Empfindens von Freude und Lust. Tatsächlich lassen sich Ihre emotionalen Empfindungen und Ihr Atemerleben überhaupt nicht voneinander trennen. Aus neurologischer Sicht sind sie ein und dasselbe. Eine Emotion ist eine ganzkörperliche Sinnesreaktion, und in diese ist, als komplexer und unentbehrlicher Bestandteil der Emotion selbst, Ihre Atmung integriert. Indem Sie sich auf die Atmung einstimmen, stimmen Sie sich also zugleich auf Ihre Emotionen ein. Falls Sie besorgt, niedergeschlagen oder wütend sind, werden Sie diese emotionalen Einschränkungen durch eine eingeschränkte Atmung zum Ausdruck bringen.

Beinahe mit Sicherheit sind Sie jedes Mal, wenn Sie innehalten, um die ersten drei Leitsätze durchzugehen, bereits in die eine oder andere Emotion verstrickt; oder Sie werden emotional vielleicht fast ein Gefühl von Benommenheit verspüren. Sollte dies der Fall sein und Sie richten dann Ihr Augenmerk auf die Atmung, ohne zuvor den ersten Leitsatz auszusprechen, wird Ihre Meditationserfahrung durch jede negative Emotion, die Sie in die Meditation mit hineinbringen, getrübt werden. Bringen Sie hingegen zunächst die Intention zum Ausdruck, dass Sie sich genau an diesem Augenblick erfreuen wollen, so werden Sie, indem Sie sich auf die Atmung ausrichten, auf ganz natürliche Weise für den Übergang zu einer angenehmeren Erfahrung frei sein.

Da Sie Ihre Absicht, sich des gegebenen Augenblicks zu erfreuen, nun zum Ausdruck gebracht haben, können Sie zum nächsten Schritt übergehen und in Gedanken den zweiten Leitsatz sprechen: »Ich fühle, wie die Luft in meine Nase ein- und wieder ausströmt.« Aufgrund dieser Aussage wird sich Ihre Aufmerksamkeit sogleich von allen Gedanken an die Vergangenheit und die Zukunft, von allen Emotionen und Phantasien ab- und den klaren, im gegenwärtigen Augenblick auftauchenden Empfindungen in Ihrer Nase zuwenden. Ihre Gewahrseinsblase wird sich in willkommener Weise ausdehnen. So weit, so gut.

Falls Sie jedoch zu lange bei der ein- und ausströmenden Atemluft verweilen und sich auf diese fixieren, können Schwierigkeiten auftreten. In der traditionellen hinduistischen und buddhistischen Meditation werden die Menschen vielfach aufgefordert, für die gesamte Dauer der Meditation aufmerksam auf den Luftstrom in der Nase achtzugeben. Im Unterschied dazu rate ich Ihnen, sich nicht zu sehr auf die Atemempfindungen in der Nase zu fixieren, vielmehr die Gewahrseinsblase immer weiter werden zu lassen.

Warum? Aus folgendem Grund: Wenn Sie die Aufmerksamkeit bloß auf das Atmungserleben in der Nase gerichtet halten, werden Sie wahrscheinlich bald wieder in Alltagsgedanken abgleiten und aufhören zu meditieren. Stattdessen sollten Sie nach nur einem oder zwei Atemzügen in Gedanken den dritten Leitsatz sprechen und so Ihr Gewahrsein bei der weiteren Ausdehnung unterstützen: »Ich fühle beim Atmen die Bewegungen meines Brustkorbs und meines Bauchs.«

Beachten Sie: Wenn Sie die Absicht zum Ausdruck bringen, Ihre Aufmerksamkeit um eine Stufe auszuweiten, wird Ihre Gewahrseinsblase tatsächlich größer und weiter. Kaum gesagt, schon getan. Während Sie der Atemempfindungen in der Nase weiter voll und ganz gewahr bleiben, werden Sie sich darüber hinaus auch der Bewegungen im Rumpf genauestens bewusst. Spüren Sie, wie sich Ihre Rippenbögen mit jedem Atemzug weiten und wieder zusammenziehen, die Bauchdecke sich beim Atmen hebt und senkt, die Haut sich ebenfalls ausdehnt und zusammenzieht, der Zwerchfellmuskel kontrahiert und sich entspannt. Ihr Becken wird, während Sie ein- und ausatmen, unter Umständen ebenfalls leicht vor und zurück kreisen.

Halten Sie wieder für ein paar Augenblicke inne, sprechen Sie in Gedanken erneut den dritten Leitsatz, und beobachten Sie aus der Innenperspektive, wie Ihr Gewahrsein auf diese Absichtserklärung reagiert:

*Ich fühle beim Atmen
die Bewegungen meines Brustkorbs
und meines Bauchs.*

Das Zwerchfell zu neuem Leben erwecken

Was genau ruft eigentlich den unablässigen Wechsel zwischen Ausdehnung und Kontraktion in Ihrem Rumpf hervor, während Sie atmen? Tausende Muskeln im Umfeld Ihrer Rippen und der Wirbelsäule sind für diese pulsierende Bewegung mitverantwortlich. Die eigentliche treibende Kraft hinter Ihrer Atmung ist freilich ein ziemlich großer, flacher, horizontal oberhalb des Magens und unterhalb der beiden Lungenflügel verlaufender Muskel: der Zwerchfellmuskel. Den Bereich, in dem sich dieser Muskel befindet, setzt man in der traditionellen Chakra-Meditation mit dem Sitz des dritten, im Solarplexus gelegenen Chakras gleich.

Als ich in den frühen Achtzigerjahren in Westberlin lebte, habe ich bei einer brillanten und zutiefst inspirierenden Atemtherapeutin namens Ilse Middendorf studiert. Ungeachtet ihres fortgeschrittenen Alters war sie nach wie vor aktiv und unterrichtete ihren einzigartigen Ansatz zur Stimulierung spiritueller Einsicht und emotionaler Heilung mit Hilfe des Atemgewahrseins.

Ich entsinne mich noch gut, wie ich es damals erlebt habe, dass sie, während ich atmete, erstmals meine Aufmerksamkeit auf die physische Präsenz meines Zwerchfellmuskels lenkte. Ich lag also auf dem Rücken, während ihre Hand auf meinem Solarplexus ruhte. Und sie forderte mich auf, ich solle mich einfach nur entspannen und erleben, was geschieht. Doch je mehr ich mich bemüht habe, meinen Zwerchfellmuskel beim Atmen in Aktion wahrzunehmen, umso größer wurde meine Frustration.

»Bitte, Johannes«, sagte sie zu mir, »man kann nicht ›versuchen‹, gewahr zu sein. Du kannst dich nicht dazu zwingen, bewusst zu sein. Du kannst nur eines tun: deine Aufmerksamkeit in Richtungen lenken, die es dir wert sind, dich darauf einlassen – und dann offen sein für neue Erfahrungen.«

Diese Worte sind mir seither in Erinnerung geblieben. Und Ihnen sage ich dasselbe: Versuchen Sie nicht, Ihrer Atmung »gewollt gewahr zu sein«. Sprechen Sie bloß immer wieder in Gedanken, wie wenn Sie ein Pferd ans Wasser führten, den dritten Leitsatz, der Ihr Gewahrsein zu den Bewegungen in Brust und Bauch zurückkehren lässt, während Sie atmen. Jedes Mal, wenn Sie das tun, wird Ihnen, sofern Sie aufgeschlossen sind und keine Anstrengung unternehmen, eine neue Erfahrung zuteil werden.

Jeder Augenblick bringt bereits mit,
was Sie brauchen, um gewahr zu sein ...,
wenn Sie nur offen und aufnahmebereit sind.

Erst der Atem, dann das Herz

Während jener Tage in Berlin war ich sehr damit beschäftigt, meiner Arbeit als Therapeut in der therapeutischen Tradition Wilhelm Reichs nachzugehen, in der man die Freisetzung von Emotionen als vorrangig ansieht – und das Ausdrücken der Herzensgefühle als den Kern der emotionalen Heilung. Daher wollte ich, selbst als ich Oshos meditative Ausrichtung oder Ilses therapeutische Ausrichtung auf den Zwerchfellmuskel und das dritte Chakra erkundete, häufig vorschnell vom Atemgewahrsein zum Herzensgewahrsein übergehen, weil aus meiner Sicht das vierte (das Herz-)Chakra in meiner therapeutischen Praxis und in meiner Meditation die Hauptrolle spielte.

Das entspricht selbstverständlich dem traditionellen christlichen Zugang zur Kontemplation; ebenso dem buddhistischen Ansatz. Und ganz allgemein scheint es so zu sein, dass Meditierende ihr Augenmerk sogleich auf das Herzzentrum richten wollen, ohne sich vorher voll und ganz auf ihr Atemzentrum eingelassen zu haben. Infolgedessen haben sie oft große Schwierigkeiten, die Herzensverbindung herzustellen, weil sie eben nicht zunächst diesen natürlichen Ausweitungsprozess des Gewahrseins durchlaufen haben, an dessen Ausgangspunkt das Atmen steht.

Ich hoffe, einem neuen psychologischen Verständnis der Meditation den Weg zu bereiten, indem ich deutlich mache, wie wichtig es ist, dass Sie beim Meditieren zunächst einmal Ihr Augenmerk auf die Nase, den Zwerchfellmuskel und den Solarplexus richten. Ihr Herz, das versichere ich Ihnen, werden Sie schon bald in diese meditative Gleichung mit einbringen können.

Vertrauen Sie mir bitte im Augenblick, wenn ich Ihnen sage, dass Sie am besten zuerst durch die Pforte des Atemgewahrseins hindurchgehen sollten, bevor Sie die Herzenspforte ansteuern. Für alles, was wir tun, sind unsere Emotionen unverzichtbar. Und Liebe ist das höchste Lebensprinzip. Doch ohne den Atem als Grundlage, ohne ein Gewahrsein für den Zwerchfellmuskel, der das Leben von einem Augenblick zum nächsten aufrechterhält, haben wir nur eingeschränkt Zugang zu der »höheren« Herzenserfahrung.

Alle Gedanken enden hier

Wie zuvor schon erwähnt, soll Meditation vor allem dafür sorgen, dass sich jeden Tag der Gedankenfluss für eine Weile beruhigt, damit ein tiefgründigerer, an Einsicht reicherer Bewusstseinszustand zutage treten kann. Welche Herausforderung mit dieser Zielsetzung – den Geist zur Ruhe kommen zu lassen – verbunden ist, hat Osho so ausgedrückt:

Meditation erfordert Geduld.
Ihr solltet unbedingt lernen, hellwach zu sein.
Wahre Meditation ist frei von Gedanken.

Wenn schließlich kein Denken mehr vorhanden ist,
könnt ihr unmittelbar Kenntnis erlangen
von dem ansonsten durch eure Gedanken
verborgenen Einen.

Den auf dem Ego basierenden Gedankenstrom mit traditionellen Meditationsmethoden verstummen zu lassen kann sich als nahezu unmöglich erweisen. Darauf bin ich bereits an anderer Stelle zu sprechen gekommen. Als Sohn eines nimmermüden Erfinders habe ich mein Möglichstes getan, mit neuen Hilfsmitteln aufzuwarten, die meinen Mitmenschen die Meditation erleichtern.

Ich entsinne mich, dass ich seinerzeit, im Jahr 1968, Humphrey Osmond bei der Durchführung eines Forschungsprojekts für die National Institutes of Health geholfen habe. Dieses Forschungsprojekt brachte ungewollt einige bis auf den heutigen Tag sehr bedeutsame Einsichten zum Thema Atmung ans Licht. Während wir am New Jersey Neuro-Psychiatric Institute Grundlagenforschung leisteten, um einen Bezugsrahmen für die Einordnung von Schizophrenie und mystischer Erfahrung zu schaffen, stieß unser Team beiläufig auf eine todsichere psychologische Methode, den Geist fast augenblicklich zur Ruhe kommen zu lassen – nicht indem wir auf altüberlieferte yogische Strategien zurückgriffen, sondern indem wir uns eine elementare Gesetzmäßigkeit aller Wahrnehmung zunutze machten.

Mit Hilfe der uns zur Verfügung stehenden elektroenzephalographischen Aufzeichnungsmöglichkeiten (EEG) konnten wir nämlich Folgendes beobachten: Wenn wir die Probanden aufforderten, sich voll und ganz auf das Atemerleben im Rumpf zu konzentrieren, wechselte der Geist aus dem Beta-(Denk-)Zustand, in dem er sich gewöhnlich befindet, auf ganz natürliche Weise in den Alpha-Zustand (den Wahrnehmungszustand in Geistesruhe). Der gesamte Gedankenfluss versiegte für eine Weile.

Wie es im wissenschaftlichen Forschungsbetrieb häufig geschieht, waren wir so eifrig auf der Suche nach Antworten auf andere, scheinbar wichtigere psychologische Fragestellungen, dass wir bei unserer Auswertung der erhobenen Daten diese sekundäre Beobachtung – das dem Atemgewahrsein innewohnende Potenzial, die Denkprozesse des Verstandes zur Ruhe kommen zu lassen – weitgehend übersehen haben. Erst viel später bin ich auf dieses Forschungsresultat zurückgekommen.

In Zusammenhang mit dieser ganz entscheidenden Entdeckung (dass durch Konzentration auf die Rumpfatmung Verstandesaktivitäten zur Ruhe kommen) kam mir dann auch ein tiefschürfendes Gespräch in den Sinn, das ich seinerzeit zu später Stunde mit Humphrey Osmond und Alan Watts (der damals dem Vorstand des New Jersey Neuro-Psychiatric Institute angehörte und zum betreffenden Zeitpunkt dort gerade zu Besuch war) geführt hatte. Humphrey und Alan bemühten sich um eine Einordnung von EEG-Befunden, die den Schluss nahelegten, dass das menschliche Gehirn stets in einem von zwei gegensätzlichen Zuständen arbeitet. Im jeweils gegebenen Moment richten wir unsere Aufmerksamkeit entweder auf einen Punkt (räumliches Sehen) beziehungsweise auf eine Reihe von Punkten (wenn wir Schlussfolgerungen ziehen beispielsweise), oder aber wir lösen uns von dieser gewohnheitsmäßigen Punktfixierung und weiten unser Gewahrsein dahingehend, dass wir in ein und demselben Moment die Gesamtsituation oder -szene erfassen.

Schlussfolgerndes Denken, so lautete damals Humphreys Hypothese (die sich zwischenzeitlich als zutreffend erwiesen hat), macht es erforderlich, dass der Geist die Aufmerksamkeit genau auf einen Punkt oder auf eine Reihe von Punkten richtet, während wir uns an die logische Abfolge von Worten, Ideen und Vorstellungen halten. Demgegenüber wird intuitive Inspiration uns nur dann zuteil, wenn der Geist sich von solch punktueller Fixierung löst und das Ganze auf einen Streich wahrnimmt.

Wenn Sie darüber nachdenken, wie Ihr Geist arbeitet, werden Sie dem vermutlich zustimmen. Ihre gewöhnlichen Gedanken kommen zustande, indem Sie Schritt für Schritt, Punkt für Punkt vorgehen – Wort für Wort, Satz für Satz, eine Vorstellung nach der anderen. So ist uns das von unserem gewohnten Bewusstseinsstrom her bekannt.

Im Unterschied dazu stellen intuitive Einsichten, Geistesblitze, sich stets schlagartig ein, alles gleichzeitig, mit allem Drum und Dran.

Alan war mit diesem psychologischen Modell einverstanden. In seiner meditativen Erfahrung des *Zazen,* so hob er hervor, versiege der Strom der Alltagsgedanken plötzlich auf natürliche Weise, sobald er die Aufmerksamkeit auf das gesamte Atemerleben richte – in ein und demselben Moment habe es das Gehirn dann mit einer regelrechten Symphonie von Sinnesvorgängen zu tun.

Erlebt man die eigene Atmung in ihrer Ganzheit,
führt das natürlicherweise zu einer Verlagerung:
Anstatt in punktueller Fixierung wahrzunehmen,

»sehen wir alles gleichzeitig«,
wodurch der Geist ganz von alleine
zur Ruhe kommt.

Zwei oder mehr Sinnesabläufe

Jahre später kam mir in Berlin dieses Gespräch wieder in den Sinn. Anschließend habe ich (Ilse Middendorfs Atemmeditation im Hinterkopf) Folgendes beobachtet: Richtete ich mein Augenmerk bloß auf die ein- beziehungsweise ausströmende Atemluft, blieb ich meist immer noch auf einen Punkt fixiert – auf jenen Bereich der Nase, in dem die Atmung am stärksten spürbar war. Meine Gedanken konnten dann leicht wieder die Oberhand gewinnen und die Meditation beeinträchtigen. Sobald ich aber mein Gewahrsein so geweitet hatte, dass die beim Atmen in Brust und Bauch auftretenden Bewegungen miteinbezogen wurden, konnte ich feststellen, dass ich auf Tausende verschiedene Bewegungsempfindungen gleichzeitig achtgab. Sogleich versiegte der Gedankenstrom, mühelos.

Falls Sie meditieren oder dies in der Vergangenheit getan haben, kennen Sie vermutlich eine vergleichbare Erfahrung. Indem Sie Ihr Augenmerk auf die Atmung in Brust und Bauch richten, versucht Ihre Aufmerksamkeit ein paar Momente lang, in gewohnheitsmäßig punktueller Fixierung rasch von einer Empfindung zur nächsten überzugehen. Schließlich aber lösen Sie sich aus Ihrer Punktfixierung und treten in einen erweiterten Bewusstseinszustand ein, in dem Sie den Atmungsprozess zur Gänze erleben: als eine ganzheitlich-integrierte Erfahrung des »immerwährenden Jetzt«.

Im Verlauf desjenigen Prozesses, den ich Ihnen hier nahebringen möchte, werden Sie vielfältiger Empfindungen in unterschiedlichen Teilen des Körpers gleichzeitig gewahr werden. Solch ein Gewahrsein stellt sich bereits ein, bevor Sie tief in Ihr Erleben der Rumpfatmung hineingehen – just wenn Sie die durch den Atem in der Nase ausgelösten Empfindungen wahrnehmen und den dritten Leitsatz sprechen, durch den sich Ihr Gewahrsein so ausweitet, dass Ihre Rumpfatmung miteinbezogen wird. Dadurch werden Sie sich von der Punktfixierung frei machen und Ihr Bewusstsein so weit öffnen, dass Sie die gesamte Atemerfahrung gleichzeitig erfassen können.

Ihr Leben lang sind Sie regelmäßig von der Punktfixierung zu »alles gleichzeitig sehen« hin und her gewechselt und haben sich an den daraus erwachsenden Früchten erfreut. Wenn Sie sich zum Beispiel Bach anhören, oder die Beatles, und Ihr Gewahrsein so weiten, dass Sie zwei oder mehr Tonfolgen gleichzeitig erfassen können, treten Sie in jenen wunderbaren Bewusstseinszustand ein, in dem Sie für eine Weile über Ihre gewöhnliche Verstandesaktivität hinaus- und in musikalische Glückseligkeit hineingetragen werden.

Beim Betrachten eines Sonnenuntergangs nehmen Sie das Gesamtbild in sich auf. Wenn Sie Liebe machen und sich auf die in großer Zahl gleichzeitig vorhandenen Empfindungen einstimmen, dehnt sich Ihre Gewahrseinsblase so weit aus, dass sie auch Ihren Sexualpartner mit umfasst und den Augenblick sexueller Glückseligkeit wachruft. Ja, selbst wenn Sie einfach nur ein gutes Essen genießen, draußen joggen oder sich an einer anderen Aktivität erfreuen, bei der Sie sich auf vielerlei im gegenwärtigen Augenblick vorhandene Empfindungen gleichzeitig einstimmen, werden Sie auf eine ganz natürliche Weise in diesen erweiterten Bewusstseinszustand überwechseln. Mit der ersten Phase der Auftrieb gebenden Meditation möchte ich Ihnen vermitteln, wie man diesen Bewusstseinszustand gezielt herbeiführt.

Die Aufgabe für Sie, während Sie den dritten Leitsatz in Ihr Repertoire mit aufnehmen, besteht in Folgendem: Bleiben Sie weiterhin der Empfindungen in Ihrer Nase gewahr, während Sie zugleich auf diejenigen Empfindungen achtgeben, die mit den Atembewegungen in Brust und Bauch einhergehen. Mit entsprechender Übung wird Sie das in die Lage versetzen, nach Belieben Zugang zu der überschwänglichen Glückseligkeit Ihres Ganzkörpergewahrseins zu erlangen.

Zen-Aufschwung

Ich hoffe, im Verlauf der nächsten Wochen werden Sie sich eingehend in diese grundlegende kognitive Dynamik vertiefen. Mit ihrer Hilfe werden sich alle gewohnheitsmäßig im Geist aufkommenden Gedanken beruhigen. Darüber hinaus ruft sie ein überschwängliches Gefühl von Ganzheitlichkeit und Wohlbefinden hervor. Auf diese Dynamik zurückzugreifen ist für ein erfülltes Leben unerlässlich. Und zugleich ist dies alles ein ganz einfacher und schlichter Vorgang. Sie richten lediglich Ihre Aufmerksamkeit auf jenen Punkt, an dem Sie in der Nase den Atem verspüren. Dann weiten Sie Ihr Gewahrsein aus, sodass es zur gleichen Zeit die zahlreichen anderen Atemempfindungen, die jederzeit in Ihrem Rumpf zu verspüren sind, mit einbezieht. Dank einer derartigen Geistesaktivität nehmen Sie zwei oder mehr Dinge gleichzeitig wahr und vollziehen so einen Übergang von der Punktfixiertheit in ein ganzheitliches Atemerleben.

Psychologisch betrachtet verlagern Sie Ihre Aufmerksamkeit von der kognitiven Hirnregion der linken Hemisphäre in den schöpferisch-intuitiven Bereich, der in der rechten Hemisphäre angesiedelt ist. Von einem zweidimensionalen Punkt im Raum bewegen Sie sich hinüber zu einer dreidimensionalen Erfahrung von, einzig und allein im gegenwärtigen Augenblick gegebener, Räumlichkeit. Aus dieser grundlegenden Veränderung erwächst das Erleben des Zen-Aufschwungs.

Während der ersten ein oder zwei Wochen, in denen Sie sich in solch einer Wahrnehmungsausweitung Ihrer Gewahrseinsblase üben, sollten Sie sich unbedingt Zeit nehmen, um diesen Prozess des Übergangs zu meistern. Vertrauen Sie mir bitte, wenn ich Ihnen sage: Übung macht den Meister.

Machen Sie einfach unermüdlich weiter. Durchlaufen Sie diesen Prozess immer wieder, ohne ihn über alle Maßen ernst und wichtig zu nehmen, bis sich dann schließlich beim Übergang vom zweidimensionalen Denken zum dreidimensionalen Erleben an irgendeinem Punkt der geistige »Pfropfen« zu lösen beginnt.

Wenn dies geschieht, werden Sie eine der großen Herausforderungen der Meditation gemeistert haben – Sie haben beschlossen, ein Mensch mit umfassenderer Bewusstheit zu werden. Wie zuvor schon angemerkt, kann es schwierig sein, zur »Herz«-Dimension der meditativen Erfahrung vorzudringen, solange Sie noch nicht durch die Atempforte hindurchgegangen sind.

Atemmeditation ist eine Möglichkeit,
in sich selbst,
im innersten Kern des eigenen Daseins,
richtig heimisch zu werden.
Hast du erst einmal
das Zentrum deiner Existenz gefunden,
so hast du den Anfang der Ewigkeit gefunden.

OSHO

IM BEWUSSTSEIN EINEN ANDEREN GANG EINLEGEN

Solange die Denkprozesse des Verstandes die Oberhand behalten, haben Sie keinen vollen Zugang zu all den anderen Dimensionen des menschlichen Bewusstseins. Sich selbst in Gedanken die ersten drei Leitsätze vorzusprechen ist in etwa damit vergleichbar, als würden Sie bei einem Schaltgetriebe im Auto die Kupplung treten. Dadurch versetzen Sie sich in die Lage, selbst zu entscheiden, ob Sie im Geist lieber einen anderen Gang einlegen, also eine andere Geistesfunktion in Anspruch nehmen wollen.

Vor dem kognitiven Verstandesprozess habe ich große Achtung. Dennoch, schlussfolgerndes Überlegen und Problemlösen sind keineswegs die einzig bedeutsamen Bewusstseinszustände, zu denen wir Zugang haben können. Indem Sie mit Hilfe der Leitsätze die den Geist durchströmenden Gedanken zur Ruhe kommen lassen, wird in der inneren Erfahrungswelt ein Wandel eintreten. Ein hochwillkommener Zustand der Ruhe und des Friedens wird sich einstellen. Und nach dem Übergang in stilles, friedvolles Gegenwartsbewusstsein haben Sie die Freiheit, Ihre Aufmerksamkeit auf die intuitiveren, schöpferischeren und integrativeren Geistesfunktionen zu richten.

Bis man lernt, einen anderen Gang einzulegen, braucht es allerdings Zeit. Viele Menschen fühlen sich unter Druck gesetzt und meinen, rasch Fortschritte erzielen zu müssen, wenn sie zu meditieren beginnen. Aber führen Sie sich bitte immer wieder Folgendes vor Augen: Wer diesen Prozess meistern will, braucht wirklich nichts zu überstürzen. Einen absoluten Erleuchtungszustand kann man nicht erreichen – ihn gibt es nicht. Ihr Leben wird als fortlaufender Entfaltungsprozess immer tiefer und tiefer in die Unendlichkeit Ihres spirituellen Seins hineinführen. Und am besten kommt man spirituell voran, so habe ich festgestellt, indem man an jedem Schritt des Weges entspannt seine Freude hat und ihn genießt.

Nehmen Sie sich daher viel Zeit, um herauszufinden, wie die ersten drei Leitsätze es ermöglichen, dass ein anderer Gang eingelegt wird – wie sie also jene umfassende Reaktion hervorrufen, durch die sich der kognitive Prozess verlagert. Das beinhaltet eine enorme Bewusstseinserweiterung. Und Sie lernen nun, diese nach Belieben zu stimulieren.

Dazu brauchen Sie, wie Ilse Middendorf erklärt hat, keinerlei Anstrengung zu unternehmen. Das ist das Schöne an dem für Auftrieb sorgenden System. Führen Sie einfach geduldig immer wieder das Pferd ans Wasser. Das machen Sie in dem Wissen, dass Sie den Wunsch haben, vom Wasser des höheren Bewusstseins zu trinken. Andernfalls würden Sie sich ja gar nicht in dieser Meditation üben. Zu tun brauchen Sie dabei nur eines: Entspannen Sie sich, und üben Sie sich in dem Prozess – mit Freude.

Mit einem Mal Offenheit und Weite erfahren

Erneut möchte ich Sie nun behutsam fragen: Sind Sie, während Sie diese Worte lesen, nach wie vor Ihres Atemerlebens gewahr? Falls nicht, auch kein Problem. Weiten Sie einfach abermals Ihr Gewahrsein, beziehen Sie die Empfindungen, die durch die in Ihre Nase ein- und dann wieder ausströmende Luft hervorgerufen werden, mit ein. Desgleichen die beim Atmen auftretenden Bewegungen in Brust und Bauch. Jedes Mal, wenn Sie wieder auf diesen Ausweitungsprozess zurückkommen, wird er Ihnen leichter fallen und natürlicher erscheinen. Zu guter Letzt wird es Ihnen dann zur zweiten Natur, von einem auf den anderen Moment aufs Neue in den gegenwärtigen Augenblick einzutreten.

Beachten Sie bitte, dass Ihr natürlicher innerer Sinn für Tiefenwahrnehmung auf der Strecke bleibt, sobald Sie sich in Gedanken verlieren. Wenn Sie sich allerdings anschließend wieder auf die Atmung einstimmen, kehrt Ihr innerer Sinn für Tiefenwahrnehmung unvermittelt ins Dasein zurück. Und zwar deshalb, weil das körperliche Sinneserleben im Raum-Zeit-Kontinuum der dreidimensionalen Welt ganz organisch funktioniert.

Daher fällt es Ihnen so viel leichter, in den *Flow*-Zustand zu gelangen und eine befriedigendere Ganzkörpererfahrung zu erleben, wenn Sie tanzen, schwimmen, Liebe machen, kochen oder sich einer anderen, mit körperlicher Bewegung in Raum und Zeit verbundenen Aktivität widmen. Im Unterschied zu einem gedankenverlorenen Zustand verspüren Sie bei einem Aufenthalt draußen in der freien Natur viel eher diese Lebendigkeit, fühlen sich als Teil des Ganzen und in Einklang mit der Umgebung. Denn mit Ihrer Sinnenpräsenz sind Sie dann auf ganz natürliche Weise in ein erhöhtes Gewahrsein eingetreten.

In jedem Augenblick Ihres Daseins, wo auch immer Sie gerade sein und was immer Sie gerade tun mögen, stets können Sie sich zwischen diesen beiden Möglichkeiten entscheiden: der dreidimensionalen Sinneserfahrung oder der zweidimensionalen gedanklichen Erfahrung.

Und das entdecken Sie, so hoffe ich, in diesem Augenblick gerade selbst. Denn auch während Sie diese Worte lesen und eigenen Gedanken dazu nachgehen, können Sie nichtsdestoweniger der dreidimensionalen Atemerfahrung gewahr bleiben.

Die drei Leitsätze, die Sie bislang kennengelernt haben,

sind Ihr wichtigstes Werkzeug, um den Übergang vom Denken zum Erleben zu bewerkstelligen, wann immer Sie wollen – und um das erfahrungsbezogene Gewahrsein weiter aufrechtzuerhalten, während Sie sich in Gedanken vertiefen. So wie Sie dies im Moment gerade tun.

*Indem Sie einatmen, vollziehen Sie
das Urritual, das neuem Leben zum Dasein verhilft.
Und mit jedem Ausatmen
bringen Sie zum Ausdruck, dass ein Lebenszyklus
abgeschlossen ist.
Bleiben Sie auf den gegenwärtigen Augenblick
ausgerichtet,
dann erfahren Sie mit jedem einzelnen Atemzug
die Fülle von Leben und Tod.*

Als vergängliche Geschöpfe sind wir geboren worden und sterben wir. Und in der Zwischenzeit atmen wir. Wenn wir diese Wahrheit voll und ganz akzeptieren *und* erfahren, wird jeder neue Atemzug zur Eingangspforte für eine höhere Verbindung mit unserem Schöpfer. Dies ist unser Bindeglied zum Göttlichen und gleichzeitig zur eigenen Sterblichkeit – Einheit und Ganzheit sind im Atemerleben zu finden.

Wie unsere Atemzüge kommen und gehen, so kommen und gehen auch wir. Und in dem Maß, in dem wir die eigene Sterblichkeit anerkennen und annehmen, befreien wir uns von der Hauptursache unseres emotionalen Leids: der Angst unseres Ego vor dem Sterben. All die tiefsinnigen spirituellen Lehrer, die ich kennenlernen durfte, haben diesbezüglich ein und dasselbe gesagt: Nur wenn Sie sich frei machen können von der Angst vor dem Sterben, können Sie mit jedem neuen Atemzug – jenem Geschenk, das Ihnen zuteil wird – das Leben in seiner ganzen Fülle genießen.

In dem unablässig sich vollziehenden natürlichen Atemzyklus werden Sie Heilung, Einsicht und Liebe erleben. Sich regelmäßig auf die eigene Atmung auszurichten bedeutet, im Kern Ihres Lebens das Gleichgewicht so zu wahren, dass Sie beide Seiten des Daseins anerkennen – Einatmung und Ausatmung.

Mit Hilfe meditativer Aufmerksamkeit werden Sie dem Atem behutsam über all Ihre Angst vor der Sterblichkeit hinaus folgen und Ihrem Ego ein Verständnis der tieferen Wahrheit vermitteln, dass tatsächlich jeder von uns kommt und geht. In diesem Sinn verstehe ich mittlerweile das Atemerleben. Und deshalb messe ich ihm solch große Bedeutung bei.

Die Lebenskraft in Anspruch nehmen

Ich möchte Sie gerne dazu anregen, eine spezielle Atemmeditation auszuprobieren, die ich jeden Tag mehrere Male vornehme, um mich auf die mein Leben erhaltende Kraft einzustimmen. Ich empfehle Ihnen, sich täglich zu dieser Erfahrung Zugang zu verschaffen. Denn sie bringt Sie unmittelbar mit der Lebenskraft in Einklang.

Aber lassen Sie mich, bevor wir zur Durchführung der eigentlichen Meditation kommen, kurz auf zwei Fragen eingehen, die sich immer wieder stellen, wenn sich jemand mit Meditation befassen will. Zum einen spreche ich viel über die Nase und darüber, dass wir bewusst durch sie atmen sollen. Manche Menschen fragen sich, ob der Nasentrakt irgendwas besonders Heiliges aufweist oder ob sie bei der Atemmeditation auch durch den Mund atmen können; insbesondere, wenn die Nase verstopft ist oder wenn dem Praktizierenden eine Nasenscheidewandverkrümmung oder anderweitige Nasenprobleme zu schaffen machen.

Das Atmen durch den Mund, zumal während der Meditation, ist in der klassischen Yogameditation verpönt. Im Yoga geht es um Kontrolle, und die Atmung lässt sich am besten über die Nase kontrollieren. Außerdem, wer Emotionen zum Ausdruck bringen beziehungsweise sich ihrer entledigen will, tut das vor allem über den Mund. Und im Yoga geht es um die Beherrschung von Emotionen.

Doch Sie kennen mich ja inzwischen: Zehn Jahre lang habe ich mich mit Leib und Seele als Bioenergetik-Therapeut betätigt. Emotionen freizusetzen war mein Anliegen. Selbst als ich mit Leidenschaft meinen Yoga-Übungen nachgegangen bin, habe ich damals, nicht minder leidenschaftlich, mit Techniken zur emotionalen Heilung gearbeitet. Und die haben sich, um die Freisetzung aufgestauter Gefühle in Gang zu bringen, auf die Mundatmung konzentriert. Beides aber – die Mundatmung wie die Atmung durch die Nase – hat, so konnte ich feststellen, seine Zeit und seinen Platz. Was das anbelangt, hatte ich in Osho eine verwandte Seele gefunden. Denn er hat seinen Schülern hochwirksame Techniken zur Freisetzung von Emotionen beigebracht, die auf den Lehren von Wilhelm Reich basierten, dem Großmeister der Emotionsfreisetzung schlechthin.

Meiner Auffassung nach sollten Sie, wann immer Sie meinen, emotional unter Druck zu stehen, durch den Mund atmen, um die Ableitung von Emotionen zu unterstützen. Das führt zu emotionaler Gesundheit, so wie ich sie verstehe. Halten Sie die Emotionen nicht zurück. Gehen Sie nach draußen ins Freie, laufen Sie, tanzen Sie, widmen Sie sich einer körperbetonten sportlichen Betätigung oder machen Sie Liebe – finden Sie eine Möglichkeit, Dampf abzulassen. Wenn Sie sich anschließend zum Meditieren hinsetzen, werden Sie feststellen, dass Sie ungleich leichter zur Ruhe kommen und sich auf die subtileren Erfahrungen einstimmen können, die – in der Tat – über die Nasenatmung herbeigeführt werden. Und seien Sie versichert, sollte Ihre Nase verstopft sein, dürfen Sie bei diesen Atemmeditationen getrost auch durch den Mund atmen.

Die zweite mir häufig gestellte Frage betrifft das Sitzen. Wie sollte man in der Meditation sitzen? Welche Haltung ist korrekt? In *Sieben Meister – ein Weg*[5] habe ich das eingehend erörtert. Und hier fasse ich es noch einmal kurz und bündig zusammen: Sie müssen Ihre eigene Sitzposition finden.

Krishnamurti würde Ihnen sagen: Warten Sie nicht darauf, dass ein Meister Ihnen sagt, was Sie tun sollen. Denn das ist keine Wirklichkeitserkundung, das ist Unterwürfigkeit. Finden Sie also selbst heraus, was geschieht, wenn Sie sich zum Meditieren in einen Sessel setzen. Ich persönlich mache das oft. Um den Unterschied zwischen einer aufrechten Sitzposition auf einem Stuhl oder einer entspannteren Haltung mit zusammengesacktem Rücken herauszufinden, sollten Sie ebenfalls experimentieren. Und auch das Stehen, vergessen Sie das bitte nicht, ist eine Meditationshaltung. Auf dem Rücken liegen ebenso.

Meditation kennt keine Regeln.
Leitlinien zum Ausprobieren kann
ich Ihnen zwar geben,
entscheiden, was Ihnen am besten zusagt,
müssen Sie freilich selbst.
Wandel ist das Grundelement des Lebens,
Laotse hat darauf in aller Beschaulichkeit
vielfach hingewiesen.
Verändern Sie also Ihre Meditationshaltung,
wie es Ihnen beliebt.
Aber seien Sie sich der Veränderung bewusst!

Wenn Sie sich zum Meditieren 20 Jahre lang in dieselbe Ecke begeben und in derselben Haltung dasitzen, werden Sie Zugang zu einer tiefgreifenden Erfahrung dessen gewinnen, was dieser Platz und diese Haltung in Ihnen auslösen. Sitzen Sie hingegen jedes Mal, wenn Sie meditieren, an einer anderen Stelle, werden Sie zwar eine andere, aber nichtsdestoweniger gleichwertige Erfahrung machen.

Im günstigsten Fall tue ich mein Bestes, indem ich jederzeit meditiere, ganz gleich womit ich gerade beschäftigt bin und welche Haltung ich innehabe. Sofern ich meiner Atmung gewahr bin und hellwach für das, was geschieht, spielt die Haltung eigentlich keine Rolle. Denn ich bin dann in Aktivität und schwimme mit dem Strom.

Liebend gern sitze ich allerdings einmal pro Tag in der klassischen Position mit überkreuzten Beinen auf einem Meditationskissen, den Rücken auf angenehme Weise möglichst gerade. Selbstverständlich wollen wir hier nicht das Kind mit dem Bade ausschütten. Ein großer Teil des überlieferten Wissens stimmt haargenau.

Und lassen Sie sich darüber hinaus auch nicht von einem Guru sagen, Sie sollten beim Meditieren stillhalten. Seien Sie so frei, sich spontan zu bewegen. In dem jeweils sich entfaltenden Augenblick werden Sie dann schon zu Ihrer Sitzposition finden. So werden Sie ruhiger und gelassener, werden mehr in Ihrer Mitte sein.

Hier ist nun also die Meditationstechnik, die ich Ihnen nahebringen möchte, falls Sie bereit sind, sie auszuprobieren. Bei dieser Meditation konzentrieren Sie sich auf das Ausatmen. Nach dem Ausatmen bleiben Sie dann für einen Moment luftleer, bis es Sie nach Luft verlangt. Anschließend entspannen Sie sich und lassen den Zwerchfellmuskel seiner Arbeit nachgehen, während völlig unangestrengt neue Luft in Ihre Lungen einströmt. Atmen Sie anschließend wieder aus, bis die Lungen leer sind ... halten Sie inne ... und lassen Sie zu, dass der nächste Atemzug sich ganz von allein vollzieht. Erleben Sie genau dort Ihre Lebenskraft, die Sie atmet. Lernen Sie sie eingehend kennen.

Ausatmen ... innehalten ...
keinerlei Anstrengung für das Einatmen aufwenden.
Lassen Sie Zeit verstreichen, in der Sie luftleer sind,
und überlassen Sie sich dann
dem natürlichen Kontraktionsimpuls
des Zwerchfellmuskels.
Holen Sie von Neuem Luft, neues Leben.
Abermals ausatmen ... innehalten ...
erfahren ... einatmen.

ÜBUNG MACHT DEN MEISTER

Wenn ich dieses Buch schreibe und Online-Schulungsvideos mit Bezug auf den Auftrieb gebenden Prozess entwickle, geht es mir nicht nur darum, den Prozess darzulegen, sondern vor allem möchte ich sicherstellen, dass Sie die eigentliche innere Erfahrung tatsächlich immer wieder durchlaufen, damit Sie mit dem Prozess gewissermaßen blind vertraut sind.

In dieser Geisteshaltung wollen wir nun das Kapitel mit einem erneuten Durchgang durch die ersten drei Leitsätze beenden. Gerne können Sie aber auch online gehen, um sich von meiner Stimme (auf Englisch) und den Bildern durch die Erfahrung führen zu lassen. Oder Sie legen sich die CD des Hörbuchs ein, mit den Erläuterungen in deutscher Sprache.

Machen Sie es sich bequem. Und vor allem: Beschließen

Sie, sich an diesem Augenblick zu erfreuen. Richten Sie das Augenmerk auf Ihre physische Präsenz hier und jetzt.

Fahren Sie, ohne eine Anstrengung zu unternehmen, weiter fort, indem Sie sich auf die Empfindung der jetzt in diesem Augenblick in Ihre Nase einströmenden und wieder ausströmenden Luft einstimmen. Erleben Sie, wie sich Ihre Gewahrseinsblase auf ganz natürliche Weise um eine weitere Stufe ausdehnt, wenn Sie sich sagen: »Ich fühle beim Atmen die Bewegungen meines Brustkorbs und meines Bauchs.«

Lassen Sie zu, während Sie weiteratmen, dass sich Ihr Gewahrsein im Solarplexus zentriert. Finden Sie heraus, wie es sich anfühlt, wenn dieser Bereich weiter im Blickpunkt Ihrer Aufmerksamkeit bleibt.

Die Zwerchfellregion wird deshalb als Ihr Solarplexus bezeichnet, weil sie das strahlende Kraftzentrum Ihres Lebens ist. Seit Ihrem ersten Atemzug bei der Geburt spielt die Zwerchfellregion mit ihrem zwischen Kontraktion und Entspannung pulsierenden Reflex die Rolle Gottes – Ihnen Leben einzuhauchen.

Mit jedem neuen Augenblick hier und jetzt hält Ihr vitales drittes Chakra, der Bereich des Solarplexus, Sie am Leben. Dort befindet sich Ihr Kraftzentrum, dort wird das Lebenslicht in Ihnen unablässig wieder angefacht. Unternehmen Sie, während Ihre Atemzüge kommen und gehen, absolut keine Anstrengung zu atmen. Vertrauen Sie darauf, dass Ihr Zwerchfellmuskel in Ihrem Körper die Lebensfreude und die Freude des Atmens aufrechterhält.

Richten Sie Ihre Aufmerksamkeit jeden Tag regelmäßig wieder so aus, dass Sie der einströmenden und der ausströmenden Luft von Neuem gewahr werden – und ebenso des tief in Ihnen mit diesem Atemstrom einhergehenden Erlebens. Erfreuen Sie sich an dem Gefühl von Ausgeglichenheit und Harmonie, das sich über den gesamten Körper ausbreitet.

Hier also für Sie erneut die drei Leitsätze zum Auswendiglernen:

*Ich beschließe, mich an diesem
Augenblick zu erfreuen.
Ich fühle, wie die Luft in meine
Nase ein- und wieder ausströmt.
Ich fühle beim Atmen die Bewegungen
meines Brustkorbs und meines Bauchs.*

Viertes Kapitel

Gewinnen Sie die Ganzkörperpräsenz zurück

Ohne eine Tür zu öffnen,
kann man der Welt
sein Herz öffnen.

Ohne aus dem Fenster zu schauen,
kann man die Essenz
des Weges sehen.

LAOTSE

Sie brauchen also in Gedanken lediglich die ersten drei Leitsätze auszusprechen, schon weitet sich Ihr Gewahrsein mühelos so aus, dass es das Atemerleben in Kopf und Rumpf vollständig umfasst. Das werden Sie mittlerweile selbst festgestellt haben. Sobald Sie innerhalb der Auftrieb gebenden Meditation diesen Punkt erreicht haben, ist die nächste Ausweitung – hin zu einem Ganzkörpergewahrsein des gegenwärtigen Augenblicks – durch nichts mehr aufzuhalten.

Aus der Perspektive der Zen-Meditation vervollständigen Sie mit diesem vierten Leitsatz den meditativen Kernprozess. Im Zen geht es darum, jetzt einfach hier zu sein: in ein und demselben Moment Ihres gesamten Organismus vollständig gewahr zu sein, die Sie umgebende Luft bewusst einzuatmen, während Sie, mit ruhigem und empfänglichem Geist, Aufmerksamkeit für all Ihre Sinne aufbringen.

Es wird Zeiten geben, in denen die ersten vier Leitsätze Ihnen ein Gefühl von Vollständigkeit vermitteln und Sie den Eindruck gewinnen, bereits alles zu haben, was Sie brauchen, um Ihre meditative Intention zu verwirklichen. Nirgends steht geschrieben, dass Sie jedes Mal, wenn Sie innehalten, um hier im gegenwärtigen Augenblick Ihre Seele wachzurufen, alle zwölf Leitsätze durchgehen müssen. Wenn Sie den vierten Leitsatz in Gedanken aussprechen, werden Sie intuitiv wissen, ob Sie mit den übrigen Leitsätzen fortfahren oder lieber still in diesem bemerkenswerten Zen-Bewusstseinszustand verweilen wollen, in dem es nichts zu tun und nirgendwo hinzugehen gibt und in dem alles möglich ist.

Der vierte Leitsatz spricht, wie die drei vorangegangenen, mit möglichst wenigen Worten Ihre Absicht aus:

*Ich bin mir meines ganzen Körpers
gleichzeitig bewusst,
jetzt in diesem Augenblick.*

Die ersten drei Leitsätze weiten Ihr Gewahrsein dahingehend aus, dass es alle auf die Atmung bezogenen Empfindungen in Ihrer Nase und im Rumpf umfasst. Dieser vierte Leitsatz entfaltet Ihr inneres Erleben so vollständig, dass es, vom Scheitel bis zur Sohle, absolut alles mit einbezieht. Ihr Gewahrsein reicht bis in Ihre Arme und Hände, bewegt sich nach unten durch Ihre Beine bis in die Zehenspitzen.

Wenn Sie beginnen, diesen vierten Auftrieb gebenden Schritt zu erkunden, werden Sie vielleicht zunächst einmal feststellen, dass Ihr Gewahrsein von einem Teil des Körpers zum anderen springt, in schneller Abfolge von Punkt zu Punkt fortschreitet, anstatt das Ganze auf einmal zu umfassen. Für den Anfang geht das vollkommen in Ordnung. Seien Sie versichert, dass Sie jedes Mal, wenn Sie sich sagen: »Ich bin mir meines ganzen Körpers gleichzeitig bewusst«, Ihr Gewahrsein dazu animieren werden, von der Punktfixierung zu einem Gesamterleben des Körpers in seiner räumlichen Dimension überzugehen. Das Wort »gleichzeitig« ist dabei die entscheidende Formulierung, der Schlüssel, der Ihrem Gewahrsein den Weg eröffnet, auf dem Sie Schritt für Schritt in die von Ihnen gewünschte Richtung gelangen werden.

An Räumlichkeit Gefallen finden

Sicherlich werden Sie es schon vermutet haben: Der vierte Leitsatz ist darauf angelegt, Ihre Aufmerksamkeit auf Ihren Körper in seiner räumlichen Ganzheit zu richten und nicht auf einzelne Teile oder Punkte. Würde ich Sie völlig unvorbereitet auffordern, Ihren ganzen Körper gleichzeitig wahrzunehmen, alles auf einmal, würden Sie das vermutlich fast für ein Ding der Unmöglichkeit halten. Doch der Auftrieb gebende Prozess ist eine schrittweise vorankommende Meditation, an deren Beginn Sie Ihr Augenmerk auf die Freude am gegenwärtigen Augenblick richten und anschließend auf die Freude an den im Körper wahrnehmbaren Atemempfindungen.

An diesem Punkt sind Sie dann so weit, alles auf einmal erleben zu können. Während Sie mit der Meditation immer besser umzugehen lernen, werden Sie feststellen, dass Sie häufig bereits in dem Moment, in dem Sie den ersten Leitsatz sprechen, in den Gewahrseinszustand von »alles auf einmal« übergehen. Und wenn Sie sich sagen: »Ich bin mir meines ganzen Körpers gleichzeitig bewusst, jetzt in diesem Augenblick«, werden Sie es als relativ leicht empfinden, der Ausdehnung Ihres Körpers in seiner räumlichen Ganzheit gewahr zu sein.

Vergegenwärtigen Sie sich bitte: Wir folgen hier einfach dem natürlichen Verlauf, den die Entfaltung des Bewusstseins nimmt, nicht einem willkürlich ausgetüftelten Prozess. Gäbe es da nicht den Umstand, dass unsere Gedanken uns mit sich fortreißen, uns vom Ganzkörpergewahrsein entfernen, befänden wir uns ohnehin die meiste Zeit in diesem Zen-Bewusstseinszustand.

Bewusstsein möchte gern an Weite gewinnen!
Meditation versetzt uns also nur wieder
in unseren natürlichen Zustand.

Ich befand mich in der glücklichen Lage, während der Kindheit die Kunst des Ganzkörpergewahrseins von den natürlichen Meistern auf diesem Planeten erlernen zu dürfen – von den Tieren, die auf der Rinderfarm meiner Eltern und der meiner Großeltern lebten. Tiere weilen meistens im Hier und Jetzt. Das ist vermutlich einer der Hauptgründe, weshalb Menschen gerne Haustiere haben. Mit Tieren zusammen zu sein hilft uns, im gegenwärtigen Augenblick zu bleiben, am Pulsschlag des Lebens, statt uns in Plänen, die auf dem Nährboden von Angst entstehen, in Sorgen, Schuld- und Schamgefühlen, Zweifeln und all den anderen negativen, durch Gedanken hervorgebrachten Stimmungen zu verlieren, die bewirken, dass wir uns schlecht fühlen, anstatt uns gut zu fühlen.

Als ich zum Beispiel heute Morgen nach dem Aufwachen meine alte Katze füttern wollte, war sie zum ersten Mal, seit ich mich erinnern kann, einfach nicht da. Stets habe ich bei ihr eine kleine Pause eingelegt, jeden Morgen vielleicht fünf Minuten damit verbracht, einfach mit meiner Katze zusammen zu sein. Und jetzt wurde mir klar, dass mir selbst ihre Abwesenheit half, mich auf den gegenwärtigen Augenblick einzustimmen und meine Freude an ihm zu haben. Vielleicht haben Sie mal ein ähnliches Verhältnis zu einem Tier gehabt. Sollte dies der Fall sein, werden Sie sich jenes besonderen Zustands ganzkörperlicher Präsenz im gegenwärtigen Augenblick entsinnen können, den Sie in Gemeinschaft mit Ihrem Freund aus dem Tierreich verbracht haben.

Ein interessantes, die Bewusstseinsentwicklung unserer Gesellschaft hier in den USA betreffendes Detail ist der Umstand, dass vor circa 50 bis 70 Jahren die überwiegende Mehrheit der Amerikaner noch auf Farmen gelebt hat, nicht in Städten oder Vorstädten. Mit anderen Worten: Früher wurden die meisten Menschen also im ganz alltäglichen Umgang mit natürlichen Zen-Meistern zu einem meditativen Zustand ganzkörperlicher Präsenz im gegenwärtigen Augenblick hingeführt. Und warum sind Programme zur Nutzung und Steuerung unserer geistigen Ressourcen wie dieses hier heutzutage so populär? Ein Grund könnte in der Tatsache zu finden sein, dass nur noch wenige von uns ein Leben führen, in dem diejenigen, die uns seit alters her beigebracht haben, wie man organisch in seinem Umfeld lebt, eine nennenswerte Rolle spielen – die Tiere auf dem Bauernhof.

Gestatten Sie mir, dass ich Sie, meinem geliebten alten Meister in Katzengestalt zu Ehren, durch den Ganzkörperprozess geleite, den ich hier in diesem Kapitel skizziere.

Erteilen Sie sich zunächst einmal, auch während Sie diese Worte lesen, die Erlaubnis, sich des gegenwärtigen Augenblicks zu erfreuen. Tun Sie sich keinen Zwang an und schnurren Sie ruhig, wenn Sie mögen.

Und weiten Sie nun Ihr Gewahrsein so, dass es die beim Atmen entstehenden Atemempfindungen in Ihrer Nase mit umfasst.

Setzen Sie diesen Prozess dann weiter fort, damit das Gewahrsein die Atembewegungen in Brust und Bauch ebenfalls miteinbezieht.

Sagen Sie jetzt zu sich selbst: »Ich bin mir meines ganzen Körpers gleichzeitig bewusst, jetzt in diesem Augenblick.«

DIE ZUSAMMENGEHÖRIGKEIT DER CHAKRAS

Gewöhnlich haben Menschen die Neigung, sich zu sehr auf ein oder zwei der sieben in Kopf und Rumpf angesiedelten Energiezentren auszurichten. Der vierte Leitsatz, das ist ein wichtiger Aspekt, führt Sie auf natürliche Weise zu einem gleichzeitigen, ganzheitlichen, ausgewogenen Erleben all Ihrer Energiezentren.

Um solch eine ganzkörperliche Chakra-Integration zu erreichen, brauchen Sie gar nichts Besonderes zu tun. Sobald Sie es verstehen, mit diesem Prozess umzugehen, werden Sie die Chakra-Integration mühelos anregen, wenn Sie in Gedanken zu sich sagen: »Ich bin mir meines ganzen Körpers gleichzeitig bewusst, jetzt in diesem Augenblick.«

Gesunde, ausgewogene, ganzheitliche Integration,
die sich auf das gesamte energetische
System erstreckt,
ist der natürliche energetische Zustand
Ihrer sieben Chakras.

Ihren gewohnheitsmäßig auftretenden Gedanken wohnt die Tendenz inne, durch zu starke Ausrichtung auf bestimmte Chakras Ihr energetisches System aus dem Gleichgewicht zu bringen. Falls Sie mit dem Thema nicht vertraut sein sollten, hier in aller Kürze eine Zusammenfassung meiner Überlegungen zu der Frage, wo sich diese Chakras befinden und worum es bei ihnen geht.

Das erste Chakra, gemeinhin Wurzel-Chakra genannt, befindet sich am unteren Ende Ihrer Wirbelsäule. Es ist das Zentrum der »Erdenergie« und hält Sie in der vergänglichen irdischen Realität. Meiner aus der Erfahrung bezogenen Einschätzung nach lässt sich die Position dieses Chakras dahingehend eingrenzen, dass es Ihr Becken, die Beine und die Füße umfasst. Wenn Sie Ihres ganzen Körpers auf einmal gewahr werden, dann werden Sie natürlicherweise Ihre Beine und Ihre Füße als Teil jener Ganzheit wahrnehmen, die wir als das erste Chakra bezeichnen. So scheint es am besten zu funktionieren.

Das zweite Chakra ist in Ihren Geschlechtsorganen und in deren unmittelbarem Umfeld zu lokalisieren. Bei Frauen zählen Gebärmutter und Eierstöcke mit dazu. Ohne sexuelle Zeugung würde unsere Spezies schlicht und einfach nicht existieren. Und jeder schöpferische Akt bezieht seine Kraft aus diesem verborgenen organischen Zentrum. Manche Menschen richten zu viel Aufmerksamkeit hierhin und sind sexuell überladen. Andere richten fast keine Aufmerksamkeit hierhin und verlieren einen Großteil ihrer schöpferischen Energie. Jedes Mal, wenn Sie den vierten Leitsatz sprechen, wird Ihre Aufmerksamkeit unter anderem auf Ihrem Wurzel-Chakra und dem Genital-Chakra ruhen. Dadurch kann sich, falls Sie in diesem schöpferischen Bereich Ihres Energiekörpers aus dem Gleichgewicht geraten sind, buchstäblich Ihr Leben verändern.

Das dritte Chakra, das Atemzentrum, liegt im Bereich Ihres Solarplexus. Es wird mit Macht, mit Lebenskraft, mit Ihrem Vermögen, sich in der Welt zu manifestieren, in Zusammenhang gebracht. Eigentümlicherweise lokalisiert man in den traditionellen Kampfsportarten das Kraftzentrum weiter unten im Bauch. Mein meditatives Erleben legt den Gedanken nahe, dass das dritte Chakra offenbar aus zwei verschiedenen Energiezentren besteht. In Ihrer Meditation werden Sie selbst herausfinden, wie es sich anfühlt, dieses dritte Chakra räumlich zu erleben und den Atem wie auch die Kraft in Ihr energetisches Gesamtsystem zu integrieren. Manche Menschen stimulieren dieses Kraft-Chakra permanent zu sehr, wohingegen andere ihm kaum Beachtung schenken. Hier gilt erneut: Ganzheitliche Integration und Ausgewogenheit sind unser Ziel. Und dieses kann man immer wieder erreichen, indem man mit Hilfe des vierten Leitsatzes sämtliche Chakras gleichzeitig erlebt.

Oberhalb des Solarplexus haben wir unser viertes Energiezentrum, das Herz(-Chakra). Viele Menschen machen von klein auf die Erfahrung, dass sich viel Schmerz und Leid in diesem Chakra konzentrieren. Und um den Schmerz nicht erleben zu müssen, schenken sie diesem Energiezentrum irgendwann so gut wie keine Aufmerksamkeit mehr. Im Unterschied dazu sind andere Menschen anscheinend dermaßen in ihre Herzensemotionen verstrickt, dass sie von diesem Energiezentrum geradezu überwältigt werden. Wenn Sie sich in der vierten Auftrieb gebenden Meditation üben, nutzen Sie die Kraft des Gewahrseins, um Ihr Energiesystem wieder in ein Gleichgewicht zu bringen.

Das fünfte, in Höhe des Kehlkopfes gelegene Chakra wird traditionell als das Kommunikations-Chakra verstanden, in dem uns Gedanken zu Bewusstsein kommen und dann zum Ausdruck gebracht werden. Wann immer Sie über die Stimme mit der Außenwelt kommunizieren, greifen Sie auf einen Energiestrom zurück, der tief in Ihrem schöpferischen Zentrum seinen Ausgangspunkt hat, dann über Ihr Kraftzentrum und Ihr Herz emporsteigt, um schließlich durch Ihre Kehle und den Mund in die Welt hinauszugelangen. Während ich hier sitze und sprechend dieses Buch zu Papier bringe, lasse ich meinen Worten Taten folgen, indem ich meines ganzen Körpers gewahr bin. Ein prima Gefühl! Wenn Sie sich regelmäßig in ein Ganzkörpergewahrsein hineinbegeben, optimieren Sie dadurch die Kraft, Klarheit und schöpferische Inspiration dessen, was Sie sagen.

Wir gehen nun weiter hinauf zum sechsten Energiezentrum, das Sie bereits bei der Einstimmung auf die durch Ihre Nase strömende Luft kennengelernt haben. Dieses Zentrum wird traditionell »zwischen den Augen« lokalisiert. Wie wir gesehen haben, handelt es sich jedoch keineswegs um einen Punkt im Raum, sondern um eine Körperregion. Um der mit diesem Chakra verbundenen Dimension gewahr zu werden, müssen Sie die mit dem fünften Chakra assoziierten Denkprozesse vorübergehend verstummen lassen, damit in Ihrem Geist Einsicht und Intuition aufblitzen können. Das fünfte Chakra steht für lineares logisches Denken. Demgegenüber dreht sich beim sechsten Chakra alles um nicht lineare schöpferische Einsicht und Erkenntnis. Dort verschmilzt auch, wie ich in *Das Erwachen der Kundalini*[6] ausführlich darlege, das Spirituelle mit dem Materiellen.

Zum siebten Chakra sage ich nicht viel. Gewiss, dieses »Kronen«-Chakra existiert und stellt, wie die yogische Überlieferung stets betont hat, auf eine bemerkenswerte Weise unsere unmittelbare Verbindung zum Göttlichen her. Meiner Erfahrung nach sollte man sich mit dem Kronen-Chakra indes nicht unabhängig von den übrigen Chakras befassen. In dem Auftrieb gebenden Meditationsprozess darf man keines der sieben Energiezentren isoliert betrachten und sich allein mit ihm befassen.

*Ihre Chakras lassen sich energetisch
nicht voneinander trennen.
Und es scheint ein Gebot der Klugheit zu sein,
sie als ein Ganzes zu betrachten,
nicht als isolierte Einheiten.*

Damit soll freilich nicht gesagt sein, es habe keinen Wert, von Zeit zu Zeit Ihre Aufmerksamkeit der Reihe nach auf jedes der Energiezentren zu richten. Dies einmal am Tag zu tun empfehle ich Ihnen. Indem Sie regelmäßig die Kraft Ihrer Aufmerksamkeit auf die Energiezentren richten, laden Sie diese auf, was insbesondere denjenigen Zentren sehr zugute kommt, denen Sie ansonsten eher selten Ihre Aufmerksamkeit schenken. Auf den letzten Seiten dieses Buches finden Sie Links zu Webseiten mit kurzen Videos, in denen Sie ebenso einfache wie angenehme und wirkungsvolle Übungen zur Ausrichtung auf die Chakras kennenlernen.

Nachdem Sie jedem einzelnen Chakra Ihre Aufmerksamkeit haben zuteil werden lassen, ist es wichtig, stets in Gedanken den vierten Leitsatz auszusprechen: »Ich bin mir meines ganzen Körpers gleichzeitig bewusst, jetzt in diesem Augenblick«, um auf diese Weise Ihre Energiezentren zu reintegrieren.

Dem vierten Leitsatz wohnt eine schlichte, klare Kraft inne – Sie führen Ihr »Aufmerksamkeitspferd« ans Wasser und lassen es einfach trinken. Der in Begriffen denkende Verstand hat wirklich keine Ahnung, was er mit Ihrem Chakra-System anfangen soll. Diesbezüglich verhält es sich nicht anders als bei Ihrem Immunsystem oder Ihrem parasympathischen System. Schenken Sie daher der höheren Weisheit von Körper und Geist Ihr Vertrauen, um mit Hilfe der Kraft des erhöhten und erweiterten Gewahrseins möglichst große innere Ausgeglichenheit zu erzielen.

Das ist ein guter Zeitpunkt, innezuhalten und sich auf die bisher in diesem Kapitel besprochenen Dinge zu besinnen. Bleiben Sie permanent Ihrer Atmung gewahr, und achten Sie darauf, welche Einsichten Ihnen kommen. Bedenken Sie eingehend die beiden folgenden Fragen:

- Vertrauen Sie darauf, dass die tiefer wurzelnde organische Weisheit Ihres Seins natürlicherweise die subtileren energetischen Aspekte all dessen zu regeln vermag, was Sie zu dem Menschen macht, der Sie sind, und Sie entsprechend »ticken« lässt?
- Wollen Sie sich jeden Tag die Zeit nehmen, diesen sich selbst im Gleichgewicht haltenden Prozess durch gerichtetes Gewahrsein zu reaktivieren?

Halten Sie nun inne, um sich zu besinnen.

HÖCHSTE VERTRAUTHEIT MIT DEN CHAKRAS

Unter Anleitung von mindestens einem halben Dutzend allgemein als weise erachteten Männern, die mir komplexe Vorstellungen über Meditation, Chakra-Harmonisierung und Kundalini-Erwachen vermittelten, ging ich weiter meinen Studien nach. Schließlich wollte ich ja herausfinden, was eigentlich die wahre Natur von Meditation ausmacht. Die tiefsten Einsichten in meine spirituelle Präsenz wurden mir jedoch nicht durch einen zertifizierten Guru zuteil, sondern durch eine bemerkenswerte junge Frau namens Rebecca.

Kennengelernt habe ich sie in der Zeit, als ich in meine Heimatstadt Ojai zurückgekehrt war, um meinen ersten

Roman zu schreiben. Rebecca hat als Masseurin gearbeitet. Zugleich war sie eine kraftvolle und erfolgreiche Geistheilerin, ich hingegen war damals körperlich und seelisch ein Wrack. Becky und ich verliebten uns ineinander. Daraus wurde eine leidenschaftliche, ein Jahr während Begegnung. In dieser Zeit habe ich unter ihrer Anleitung tief gehende emotionale und seelische Verletzungen geheilt.

Nach meiner ganzen Ausbildung zum Therapeuten und meiner inzwischen siebenjährigen Arbeit in der therapeutischen Tradition Wilhelm Reichs, bei der die Freisetzung von Emotionen an oberster Stelle stand, war ich eigentlich davon ausgegangen, den eigenen emotionalen Gesundungsprozess weitgehend abgeschlossen zu haben. Als ich dann jedoch jene tiefer liegenden Bereiche, in die Rebecca mich – in einer Verschmelzung von sexuellem und spirituellem Erwachen – hineingeleitete, zu erkunden begann, wurde mir klar, dass die Entdeckung der sexuellen Liebe und des spirituellen Erwachens für mich gerade erst begonnen hatte.

Wenn zwei Menschen sexuell wirklich verschmelzen,
läuft das letzten Endes darauf hinaus,
dass sie alle sieben Chakras
in eine potenziell explosive Zwiesprache bringen.
Das habe ich mit Rebecca entdeckt.

Wie Alexander Lowen, ebenfalls einer meiner Lehrer zu jener Zeit, in seinem wegweisenden Bioenergetik-Buch *Liebe und Orgasmus*[7] dargelegt hat, schienen (damals jedenfalls) die meisten Menschen, wenn sie Liebe machten, einen Orgasmus nur auf einer oberflächlichen Ebene zu erleben. Spirituell lässt sich ein echter Orgasmus am besten als die totale Einheit beschreiben, die entsteht, wenn alle sieben Chakras gemeinsam loslegen – in vollständiger Resonanz mit den Chakras des Sexualpartners. Schritt für Schritt hat Rebecca mich zu einem vollständigen und bedingungslosen Erleben des Chakra-Orgasmus geführt.

Meine offizielle therapeutische Ausbildung hatte ich von jemandem aus Wilhelm Reichs engstem Schülerkreis erhalten, einem Mann namens Chuck Kelly, der sich mit seinem Radix Institute im Ojai Valley niedergelassen hatte. Unsere Wege trennten sich allerdings unweigerlich, als ich mit Becky zusammen war. Denn Chuck duldete in der von ihm gelehrten Therapieform absolut keine Meditationsunterweisungen. Von einem psychologischen Standpunkt aus betrachtet war der emotionale Heilungsprozess, so wie er ihn uns vermittelt hat, wahrscheinlich der beste auf dem Planeten: Nach Abschluss der Therapie hatten sich die Klienten voll und ganz von negativen Emotionen befreit. Dann aber steckten sie in einer Art spirituellem Vakuum, in einem Nichts, welches meines Erachtens nach einem meditativen Abschluss des therapeutischen Prozesses verlangte.

Indem Rebecca sich über die konzeptuellen Beschränkungen der Psychologie hinwegsetzte, brachte sie mich dazu, etwas zu entdecken, das über diejenigen Dinge, die ich gelernt hatte, hinausging – die Realität meines energetischen Systems. Diese Realität wurde für mich während der gemeinsamen stillen Meditation wie auch im Verlauf der brisanten Einsichten deutlich, die mit dem vollständigen Chakra-Orgasmus einhergingen. Was Becky mir beigebracht hat, lässt sich eigentlich nicht in Worte fassen. Jedenfalls sind unsere Chakras nicht bloß ein Konzept, vielmehr eine energetische Realität in unserem Körper. Meine Rolle hier beschränkt sich demnach lediglich darauf, Ihre Aufmerksamkeit regelmäßig so zu lenken, dass Sie Ihren Körper als ganzheitlichen energetischen Organismus erleben. Gesagt, getan:

Ich bin mir meines ganzen Körpers gleichzeitig bewusst, jetzt in diesem Augenblick.

AUGENBLICKLICH AN AUSSTRAHLUNG GEWINNEN

Holen wir nun diese Chakra-Diskussion auf den Boden eines alltagsbezogenen Verständnisses und einer ebensolchen Anwendung. Ganzkörperliche Chakra-Meditation wird vielfach als etwas hochgradig Esoterisches angesehen. Doch sie ist genau das Gegenteil. Im Alltag agieren und funktionieren Sie auf der physischen wie auf der psychischen Ebene über die vibrierende Manifestation Ihrer unverwechselbaren Lebensenergie, die materiell und in Ihren Handlungen zum Ausdruck kommt. Und in dem Maß, in dem Ihr energetisches System ausbalanciert und zur Genüge aufgeladen ist, können Sie gesellschaftlich und geschäftlich in der Welt erfolgreich sein.

Wie ich in meinem Business-Buch *Executive Genius* ausführlich erläutere, lässt sich der hier dargelegte meditative Prozess – der Teil, den Sie bisher kennengelernt haben – am Arbeitsplatz wie auch in jeder anderen gesellschaftlichen Situation höchst pragmatisch anwenden. Wann immer Sie sich nervös, schwach, verwirrt oder in eine negative Emotion verstrickt fühlen, die Ihre Fähigkeit, mit anderen Menschen erfolgreich umzugehen, beeinträchtigen könnte, haben Sie die Möglichkeit, innerhalb von nur vier Atemzügen für Ihren energetischen Zustand selbst die Verantwortung zu übernehmen, um Ihr inneres Gleichgewicht und Ihre Kraft zurückzugewinnen. Dann können Sie die Ihnen innewohnende Kraft ausstrahlen und Ihr Vorhaben zum Erfolg führen.

Wir sprechen hier über jene schwer definierbare Qualität,

die man Charisma nennt – einen geweiteten Bewusstseinszustand, in dem Sie gleichzeitig Ihres ganzen Körpers vollständig gewahr, in Ihrem energetischen System ausgeglichen sowie aktiv in Harmonie mit denjenigen Menschen sind, mit denen Sie zu tun haben. Wenn Sie sich aller sieben Energiezentren bewusst sind und all das, was Sie emotional, intellektuell und sozial zum Ausdruck bringen, einen harmonischen Wohlklang ergibt, werden Sie mit hoher Wahrscheinlichkeit erfolgreich sein in der Welt.

Mit Beziehungen auf einer romantischen oder sexuellen Ebene verhält es sich ebenso. Falls Sie gewohnheitsmäßig in einem oder zwei Ihrer Energiezentren hängen bleiben und nicht in der Lage sind, sich Ihren Mitmenschen auf anderen energetischen Ebenen mitzuteilen, dann wird der Umgang mit anderen Menschen generell schwierig. Was kann man da tun? Ganz einfach. Experimentieren Sie beim nächsten Mal, wenn Sie zur Arbeit gehen oder anderweitigen persönlichen oder gesellschaftlichen Verpflichtungen nachkommen, mit einem Schnelldurchgang durch die ersten vier Leitsätze, und zwar bevor – oder auch während – Sie einer einzelnen Person oder einer Gruppe von Menschen gegenübertreten. Machen Sie sich folgende Routine zu eigen, um eine deutlich stärkere charismatische Ausstrahlung zu gewinnen:

1. Ganz gleich, was gerade geschieht, treffen Sie bewusst die Entscheidung, sich am gegenwärtigen Augenblick zu erfreuen. Denn mit jemandem zusammen zu sein, der sich des Lebens freut, ist auch für andere erfreulich. Behalten Sie darum den ersten Leitsatz im Sinn: »Ich beschließe, mich an diesem Augenblick zu erfreuen.«
2. Falls Sie sich just in dem Moment, in dem es darauf ankommt, mit Ihrer ganzen Aufmerksamkeit bei den Menschen zu sein, mit denen Sie zusammen sind, in

Gedanken verlieren, dann kehren Sie ganz rasch mit Ihrer vollen Präsenz an den Ort zurück, an dem Sie sich gerade aufhalten, indem Sie sich sagen: »Ich fühle, wie die Luft in meine Nase ein- und wieder ausströmt.«
3. Gesellschaftliche Situationen oder solche am Arbeitsplatz können es mit sich bringen, dass Ihre Atmung angespannt und flach wird. Das hat eine reduzierte Sauerstoffaufnahme zur Folge, wodurch Sie benommen werden und die Konzentration nachlässt. Sagen Sie sich, damit Sie sich entspannen und die Atmung sich vertieft: »Ich fühle beim Atmen die Bewegungen meines Brustkorbs und meines Bauchs.«
4. Und um sich vollständig in einen positiven, charismatischen Zustand zu versetzen, in dem all Ihre Chakras gleichermaßen ausbalanciert sind, sagen Sie sich: »Ich bin mir meines ganzen Körpers gleichzeitig bewusst, jetzt in diesem Augenblick.«

Vor – oder bei – einem Geschäftstermin oder einem gesellschaftlichen Anlass können Sie jederzeit, ohne dass irgendjemand etwas davon mitbekommt, in Gedanken die vier Leitsätze sprechen. Nehmen Sie also diesen Prozess zur Stärkung Ihres Charismas mit auf den Weg zur Arbeit und zu gesellschaftlichen Verpflichtungen. So sorgen Sie dafür, dass Sie nicht nur mehr Freude, sondern auch mehr Erfolg im Leben haben.

GEIST BEWUSST EINSTRÖMEN LASSEN

Zum Abschluss des Kapitels möchte ich Sie mit einer speziellen Anwendung der ersten vier Leitsätze bekannt machen, durch die sich Ihre Fähigkeit, guter Dinge und in der Welt erfolgreich zu sein, erhöhen wird. In nationalen Meinungsumfragen erklären die meisten Amerikaner, sie glaubten an einen Gott, der sich auf irgendeine Weise in ihrem Leben bemerkbar mache. Was aber heißt das eigentlich? Wie kann Gott, Allah, der göttliche Geist des Universums, der große Geist, Buddha oder Krishna tatsächlich für unsere innere Erfahrung und unsere Entscheidungen von Belang sein und diese beeinflussen? Wie gelangen *Geist,* mit welchem Namen auch immer Sie ihn bezeichnen mögen, spirituelle Weisheit, Kraft, Einsicht und Führung in unser persönliches Gewahrsein, wie können sie direkten Einfluss auf unser Leben nehmen?

Zu dem Thema, wie *Geist* auf individuelles Leben Einfluss nimmt, haben wir uns während meiner Ausbildung am Seminar vielfach hitzige Diskussionen geliefert. Für manche Christen ist der Heilige Geist eine Vorstellung, kein wirkliches Geschehen. Für andere ist *Geist,* oder der Heilige Geist, das aktive und lebendige Element der göttlichen Präsenz in der Welt. Insbesondere Professor Mylenberg hat großen Wert auf die Feststellung gelegt, er sei in der Lebensmitte gerade deshalb Christ geworden, weil er eines späten Abends erlebt habe, wie der Heilige Geist in sein Herz und seinen Geist einströmte. Zuvor hatte er nicht einmal daran geglaubt, dass es möglich sein könnte, solch eine Erfahrung des *Geistes* zu machen. Entsprechend hegte er diesbezüglich keine Vorstellungen und hatte sich auch nichts vorgemacht. Doch dann, peng – hat er etwas erlebt, das für ihn auf einer subtilen, sinnfälligen, fühlbaren Wahrnehmungsebene absolut real war. Was er erlebte, stand im Widerspruch zu seinen Überzeugungen. So war er mutig genug, seine Überzeugungen über Bord zu werfen, und konzentrierte sich auf seine Erfahrung.

Auf meiner Suche nach echter spiritueller Erfahrung anstelle großer Konzepte, die das Produkt von Theologie und religiös beflügelter Phantasie sind, habe ich mich seit jenen Tagen im Theologischen Seminar nach besten Kräften kontinuierlich bemüht, mich meiner Überzeugungen zu entledigen, einer nach der anderen. Am tatsächlichen Erfahrungsprozess – für welche Modalitäten auch immer wir uns dabei entscheiden mögen –, durch den wir uns öffnen sowie spirituelle Einsicht und Befähigung gewinnen, bin ich hochgradig interessiert.

Lassen Sie mich kurz zusammenfassen, was sich für mich persönlich bewahrheitet hat. Schauen Sie selbst, inwieweit Sie etwas damit anfangen können.

ERSTE EINSICHT ZUM THEMA GEIST: *Geist* fließt offenbar nur im gegenwärtigen Augenblick. Unsere spirituelle Erfahrung findet weder in der Vergangenheit statt noch in der Zukunft, sondern immer nur genau hier, genau jetzt. Mit anderen Worten: Je stärker Sie Ihre Aufmerksamkeit auf das Hier und Jetzt ausrichten, umso eher erfüllen Sie die Voraussetzungen dafür, dass der *Geist* in Ihr Leben Eingang finden kann. Wahrscheinlich konzentrieren sich aus diesem Grund viele meditative Traditionen (im Unterschied zu theologischen Glaubenssystemen) darauf, all das zu fördern, was uns – anstelle eines Nachdenkens über die Vergangenheit und die Zukunft – in das Gewahrsein des gegenwärtigen Augenblicks eintreten lässt.

Die ersten vier Leitsätze sind ein kraftvolles Hilfsmittel, das Sie mit Ihrer Aufmerksamkeit schnell wieder in den gegenwärtigen Augenblick zurückkehren lässt. Jedes Mal, wenn Sie sich diese Leitsätze vorsprechen, bringen Sie Ihr Bewusstsein in eine optimale Lage, um Ihrem Leben *Geist* zuströmen zu lassen. Man kann das Pferd nicht zum Trinken zwingen. Man kann den Zustrom von *Geist* nicht erzwingen. Man kann nichts weiter tun, als denjenigen Bewusstseinszustand aufrechtzuerhalten, der für die *Communio*, die Zwiesprache mit dem Göttlichen, bestmögliche Voraussetzungen schafft.

ZWEITE EINSICHT ZUM THEMA GEIST: *Geist* strömt offenbar nicht als zweidimensionaler Gedanke, sondern nur als ausgewachsene dreidimensionale Erfahrung in unser Leben ein. Wenn Sie sich in Gedanken verlieren, vermögen Sie jenen *Geist,* der in Sie einströmen könnte, gar nicht in sich aufzunehmen. Erst wenn Sie den Ego-Geist, dieses Plappermaul, verstummen lassen, sind Sie aufnahme- und empfangsbereit für eine den spirituellen Tiefen Ihres Seins entspringende Kommunikation. Die ersten vier Leitsätze lassen Ihren Geist zur Ruhe kommen, sodass Sie empfangsbereit sein können.

DRITTE EINSICHT ZUM THEMA GEIST: Nach meiner Erfahrung strömt *Geist* keineswegs in ein bestimmtes Chakra oder Energiezentrum. Viele traditionelle Lehrer teilen diese Auffassung nicht. Aber wenn ich mich von *Geist* berührt fühle, wenn ich unvermittelt Einheit mit Gott verspüre, wenn spirituelle Einsicht mich zeitweilig überwältigt, handelt es sich um eine Ganzkörpererfahrung, bei der alle sieben Energiezentren gleichermaßen einbezogen sind und transformiert werden.

Die ersten vier Leitsätze sind für mich zu einer Hauptlebensader für die spirituelle Erkundung, Entdeckung und Unterstützung geworden. Verschiedene weitere Leitsätze erhöhen und mehren noch den Zustrom von *Geist*. Aber wie Sie in Kürze selbst sehen werden, wohnt den nachfolgend vorgestellten Leitsätzen nur dann Kraft inne, wenn Sie vollständig in denjenigen Bewusstseinszustand eingetaucht sind, der durch die ersten vier Leitsätze hervorgerufen wird.

Insbesondere müssen Sie, damit die übrigen Leitsätze ihre Kraft entfalten können, Ihrer Atmung und der Ganzkörperpräsenz im Hier und Jetzt gewahr sein. So ist es nun mal – für alles, was sich hier abspielt, müssen Sie auch tatsächlich hier sein. Seien Sie daher, wann immer Sie die komplette Abfolge der zwölf Leitsätze durchgehen, stets Ihres Ganzkörper-Atemerlebens gewahr. Und kehren Sie, wann immer Sie den Kontakt zum Atemgewahrsein verlieren, wieder an den Ausgangspunkt zurück, um von vorne zu beginnen. Denn wozu sollten Sie schließlich den ganzen Prozess durchlaufen, wenn Sie nicht im Hier und Jetzt präsent sind und ihn erleben können?

Auf den letzten paar Seiten haben wir uns mit vielen Dingen befasst. Ein guter Zeitpunkt, um nun innezuhalten, das Buch beiseitezulegen, sich auf die Atmung einzustimmen und zu sehen, welche Einsichten Ihnen in den Sinn kommen.

Die grossen Vier

Die vier essenziellen Leitsätze möchte ich Ihnen nun ein weiteres Mal präsentieren, damit Sie mit Ihnen bald schon wie im Schlaf vertraut sind. Ich hoffe, Ihnen wird jetzt begreiflich, zu welch tiefgründigen Erfahrungen diese vier Absichtserklärungen Sie führen können, wenn sie wie ein bei Ihnen im Hinterkopf stets mitschwingendes Mantra eingesetzt werden.

Sprechen Sie sich während des Ausatmens die Leitsätze in Gedanken vor. Spüren Sie, wie Sie mit den Muskeln von Zunge und Lippen die Worte auf subtile Weise artikulieren, ohne sie stimmlich vernehmbar werden zu lassen. Erleben

Sie dann beim Einatmen, was in Reaktion auf diese Schlüsselworte in Ihnen geschieht. Stets wird es eine neue Erfahrung sein. Bleiben Sie also offen dafür.

*Ich beschließe, mich an diesem
Augenblick zu erfreuen.
Ich fühle, wie die Luft in meine Nase ein-
und wieder ausströmt.
Ich fühle beim Atmen die Bewegungen
meines Brustkorbs und meines Bauchs.
Ich bin mir meines ganzen Körpers gleichzeitig
bewusst, jetzt in diesem Augenblick.*

Fünftes Kapitel

Erleben Sie Ihr Herz

Keine größere Illusion als Angst gibt es,
und man kann keine größere Torheit begehen,
als sich auf Selbstverteidigung vorzubereiten.

Wer alle Angst zu durchschauen vermag,
wird stets sicher sein.

Laotse

Wir kommen nun auf das zu sprechen, was viele Menschen für das eigentliche Kernstück aller Meditation halten: jenen Prozess, in dem Sie die Aufmerksamkeit unmittelbar darauf ausrichten, in tiefgehender Weise mit dem Zentrum der Liebe im eigenen Körper in Berührung zu kommen – mit dem Bereich Ihres physischen Herzens. Ram Dass, einer meiner Lehrer zu jener Zeit, als er noch Richard Alpert hieß, hat die spirituelle Beziehung zwischen Herz und Geist folgendermaßen beschrieben:

Mit offenem Herzen
lässt sich der Geist leichter Gott zuwenden.

Sich auf das Herz zu konzentrieren und sich von Herzen zu öffnen ist ein dramatischer Bewusstseinsakt, der uns viel abverlangt. Seien Sie daher nicht überrascht, falls Sie sich unsicher fühlen oder Ihnen gar ein wenig beklommen zumute ist, während wir den fünften Schritt der Auftrieb gebenden Meditation angehen. Die Aufmerksamkeit auf die im Innern vorhandenen Gefühle zu richten bereitet vielen Menschen außerordentliche Schwierigkeiten. Wer den Wagemut aufzubringen vermochte, sich auf die Herzensmeditation einzulassen, hatte im Lauf der Jahre immer, und zwar immer mehr, mein tiefes Mitgefühl – und ich versichere Ihnen, wir werden in diesem Kapitel ganz behutsam vorgehen.

Über dieses Herzensthema habe ich ein ganzes Buch geschrieben, *Die Liebe finden*.[8] Hier in diesem Kapitel habe ich meine diesbezüglichen Überlegungen zusammengefasst und um neue Dimensionen erweitert, die es Ihnen erleichtern werden, rasch in ein intensives meditatives Zwiegespräch mit dem eigenen Herzen einzutreten. Ich hoffe, Sie nehmen sich reichlich Zeit für eine vollständige Erkundung dieses fünften Leitsatzes und jener bemerkenswerten Pforte, die sich jedes Mal, wenn Sie den Satz in Gedanken aussprechen, für Sie auftun wird.

Machen wir vorab einen kleinen Testdurchgang, um herauszufinden, wie es derzeit um Ihre Beziehung zu den Gefühlen im Herzen steht. Entspannen Sie sich zuerst wie gewohnt, und erteilen Sie sich die Erlaubnis, sich gleich jetzt wohlzufühlen. Stimmen Sie sich ein auf die Empfindung der in die Nase ein- und anschließend wieder ausströmenden Luft. Weiten Sie Ihr Gewahrsein so, dass es die beim Atmen in Brust und Bauch auftretenden Bewegungen mit einbezieht. Und weiten Sie Ihr Gewahrsein dann erneut, sodass es, hier in diesem gegenwärtigen Augenblick, Ihren ganzen Körper gleichzeitig umfasst. Sagen Sie sich nun, während Sie in diesem Ganzkörperbewusstsein verweilen, den folgenden Leitsatz:

Ich bin bereit, die Gefühle in meinem Herzen zu erfahren.

Sind Sie wirklich bereit?

Diesem Leitsatz wohnt große Kraft inne. Lassen Sie uns, indem Sie beim Lesen dieser Worte Ihrer Atmung gewahr bleiben, seine drei aktiven Bestandteile eingehend betrachten:

1. Wenn Sie sagen: »Ich bin bereit«, dann stellen Sie sich unmissverständlich darauf ein zu handeln – Sie machen sich bereit, innerlich den entsprechenden Schritt zu vollziehen.
2. Mit den beiden Worten: »zu erfahren« stellen Sie klar, dass Sie hier nicht bloß über das hinduistische Herz-Chakra oder über christliche Barmherzigkeit herumphilosophieren. Vielmehr stehen Sie im Begriff, sich zu öffnen und etwas unmittelbar zu erfahren.
3. Dieses »Etwas« ist nichts anderes als »die Gefühle in meinem Herzen« – eine Begegnung mit den Emotionen, die Sie hegen oder in denen Sie feststecken, wie auch immer diese beschaffen sein mögen.

Indem Sie den Leitsatz sprechen, wird eine von zwei Möglichkeiten eintreten: Entweder werden Sie sich öffnen und die in Ihrem Herzen vorhandenen Gefühle erleben, oder Sie werden ihnen ausweichen. Falls Sie sich gut fühlen, wird es angenehm für Sie sein, sich auf die Gefühle einzustimmen. Sind hingegen, aus dem einen oder anderen Grund, Ihre Empfindungen schmerzlich oder anderweitig negativ besetzt, werden Sie den belastenden Emotionen, von denen Ihr Herz ergriffen wird, eher aus dem Weg gehen wollen.

In diesem Kapitel werde ich Ihnen eine unfehlbare Methode zeigen, wie Sie diese Herzensmeditation angehen können, ganz gleich welche Emotionen Sie in die Meditation mit hineinbringen.

Emotionale Wandlung

Zunächst einmal sollten wir uns über ein paar psychologische Fakten Klarheit verschaffen. Die Empfindungen im Bereich Ihres Herzens – die guten wie die schlechten – mögen den Eindruck erwecken, hier handele es sich um eine rein emotionale Angelegenheit. Nichtsdestoweniger haben sie eine bestimmte physiologische Ursache. Wenn Sie ein »gebrochenes« Herz haben und einen entsetzlichen Schmerz in der Brustgegend verspüren, dann sind, so hat die Forschung gezeigt, in der Tat Ihre Herzmuskeln in schmerzlicher Weise angespannt. Infolgedessen leiden sie unter eingeschränkter Durchblutung und einer entsprechend eingeschränkten Sauerstoffzufuhr. Ohne Frage ist Herzschmerz ein waschechter physiologischer Schmerz.

Ebenso gilt umgekehrt: Fühlen Sie sich von ganzem Herzen wohl, dann sind die Muskeln im Herzen selbst wie auch diejenigen, die es umgeben, entspannt und fühlen sich gut an. Das Emotionale lässt sich vom Physiologischen nicht trennen, weil Emotion ein komplexes kognitiv-biologisches Phänomen ist, das im ganzen Körper zum Ausdruck kommt und erlebt wird.

Bitte beachten Sie, dass ich Sie niemals auffordern werde, das Augenmerk auf Ihren physischen Herzschlag zu richten. Denn das könnte für die meditative Erfahrung kontraproduktiv sein. Vielmehr hilft Ihnen der Wortlaut des fünften Leitsatzes, die tiefer gehenden – emotionalen wie physischen – Empfindungen, die Sie aktuell in der Herzgegend vorfinden, zu erleben. Und Ihnen fällt dabei folgende Aufgabe zu: Bleiben Sie auf Ihre Atmung eingestimmt. Weiten Sie zugleich Ihr Gewahrsein so, dass es alle erdenklichen physisch-emotionalen Empfindungen, die Sie im Bereich Ihres Herzens verspüren, miteinbezieht.

Viele Menschen, das ist Ihnen gewiss nicht entgangen, sind in schmerzliche Emotionen, die ihr Herz ergriffen haben, verstrickt, wenn nicht gar regelrecht darin gefangen. Diese Auftrieb gebende Meditation soll Sie nicht zuletzt darin unterstützen, Ihren emotionalen Schmerz zu erkennen und anzuerkennen, um negative Gefühle in positive umzuwandeln. Solch eine Transformation erfolgt spontan. Wenn Sie nämlich Ihre Aufmerksamkeit liebevoll auf eine bestimmte Region im Innern richten, setzt schon allein diese Geisteshandlung, wie bereits an anderer Stelle erwähnt, in dem betreffenden Bereich einen Heilungs- und Reharmonisierungsprozess in Gang. Das ist eine der grundlegenden »Aufmerksamkeitswahrheiten« im Kontext dieses Meditationsprozesses, die selbstverständlich mit den meditativen Überlieferungen aus aller Welt in Einklang steht: Eine positive, liebevolle Aufmerksamkeit, die unmittelbar dorthin gerichtet wird, wo es uns schmerzt, löst spontan Heilung aus.

Falls Sie hingegen Ihr Augenmerk ständig abwenden, um dem Schmerz in Ihrem Herzen zu entgehen, beeinträchtigt dies in gravierender Weise die Möglichkeit, sich von dem Schmerz zu erholen. Das ist einer der Hauptgründe, warum viele Menschen ein emotionales Trauma nicht so leicht überwinden.

Jedes Mal, wenn Sie zu diesem fünften Leitsatz kommen, bietet sich Ihnen eine wunderbare Gelegenheit, diese Entscheidung zu treffen – die Entscheidung, sich zu öffnen und sich aktiv der in Ihrem Herzen vorhandenen negativen Empfindungen zu entledigen. Indem Sie die heilende Kraft Ihrer spirituellen Aufmerksamkeit dort mobilisieren, wo sie besonders dringlich benötigt wird, können Sie sich jeden Tag aufs Neue immer weitergehend befreien und heilen.

Die Lösung eines Paradoxons

Wenn wir in einem spirituellen Zusammenhang Dinge zu ergründen versuchen, erhebt sehr häufig ein Paradoxon sein in Würde ergrautes Haupt. Auf diesen Umstand hat Alan Watts, mein früher Lehrer und Wegbegleiter in San Francisco, außerdem Anhänger der Zen-Tradition (und darüber hinaus ein Beinahe-Genie im Reich der Philosophie), regelmäßig hingewiesen. Dieses Paradoxon verlangt von uns, dass wir über die Logik des schlussfolgernden Geistes hinausgehen und eine weiter gefasste spirituelle Logik in Betracht ziehen. Ram Dass war ebenfalls dieser Auffassung:

Gegensätzliche Dinge
können gleichzeitig wahr sein –
die Bewusstseinsebenen übergreifend,
müssen wir mit diesem Paradoxon leben.

Ein solch grundlegendes Paradoxon ist das psychologische Faktum, wonach man eine Situation zunächst einmal voll und ganz so akzeptieren muss, wie sie ist, um eine positive Veränderung herbeizuführen. Falls Sie eine bestehende negative Situation, ein gebrochenes Herz beispielsweise, in Abrede stellen, haben Sie sich per definitionem von der Realität der betreffenden Situation abgekoppelt und sind daher außerstande, sie zu verändern.

Besonders dramatisch deutlich wird das im Umgang mit negativen Emotionen, die Sie während der Meditation im eigenen Herzen antreffen. Wer schmerzliche negative Emotionen verleugnet oder sie wegdiskutiert, wird niemals aktiv über sie hinausgelangen können.

Deshalb besteht für Sie der erste Schritt stets darin, sich aufrichtig anzuschauen, welche Gefühle – seien sie positiver oder negativer Art – Sie in Ihrem Herzen vorfinden, und diese anzuerkennen. Geben Sie kein Urteil über sie ab. Versuchen Sie nicht zu bewirken, dass sie verschwinden. Gehen Sie genauso vor, wie der fünfte Leitsatz es Ihnen nahelegt: Seien Sie offen, und bringen Sie schlicht in Erfahrung, was Sie im Herzen empfinden.

Hiermit gebe ich Ihnen ein Versprechen: Wenn Sie sich, während Sie das Augenmerk aufs Herz richten, auf Ihren gegenwärtigen emotionalen und seelischen Zustand einstimmen und ihn akzeptieren, werden sich durch die Kraft Ihrer gerichteten Aufmerksamkeit erste Anzeichen einer emotionalen Heilung und eines spirituellen Erwachens bemerkbar machen.

Die positive Wirkung des Auftrieb gebenden Meditationsprozesses ergibt sich in hohem Maß aus der eben angesprochenen paradoxen Wahrheit: Um die Wirklichkeit verändern zu können, müssen Sie sie zuerst annehmen.

Nehmen Sie sich nun eine Auszeit von der Lektüre, sprechen Sie erneut den fünften Leitsatz. Stellen Sie sicher, dass Sie Ihrer Atmung in der Nase wie auch im Rumpf gewahr bleiben. Sagen Sie sich mehrere Male den Leitsatz vor. Achten Sie darauf, was geschieht, wenn Sie sich jetzt in diesem Augenblick öffnen und, frei von aller Beurteilung, Ihren gegenwärtigen emotionalen Zustand erfahren: »Ich bin bereit, die Gefühle in meinem Herzen zu erfahren.«

BESTIMMEN SIE JENES GEFÜHL

Vermutlich werden Sie, während Sie sich mit dem fünften Leitsatz vertraut machen, drei Phasen durchlaufen:

1. Mehr oder weniger im Verlauf der ersten Woche, in der Sie diese Übung durchführen, werden Sie während der Meditation häufig den Wunsch verspüren, ein paar Minuten, und nicht nur ein paar Atemzüge, mit dem fünften Leitsatz zu verbringen. Sie werden sich Zeit nehmen wollen, die in Ihrem Herzen vorgefundenen Emotionen aktiv zu bestimmen.
2. Sobald Sie diesen Prozess gut zu handhaben wissen, werden Sie bemerken, dass Sie innerhalb von ein paar Atemzügen bestimmen können, welche Emotionen gerade bei Ihnen vorherrschen.
3. Haben Sie sich dann ein paar Wochen lang darin geübt, werden Sie innerhalb von nur einem oder zwei Atemzügen Ihre emotionale Verfassung im jeweiligen Augenblick in Erfahrung bringen und anerkennen können (und sie, sofern Sie dies wollen, loslassen).

Wenn Sie sagen: »Ich bin bereit, die Gefühle in meinem Herzen zu erfahren«, werden Sie es am Anfang nützlich finden, die in Ihrem Herzen vorherrschenden Emotionen mit den Mitteln des rationalen Verstandes zu benennen. Ein einfacher »Entweder-oder«-Klassifizierungsprozess wie derjenige, den ich Ihnen gleich vorstellen werde, eignet sich da besonders gut. Ihnen fällt dabei die Aufgabe zu, jeweils die Alternativen zu lesen und rasch ein Gefühl dafür zu bekommen, welches Wort am besten zum Ausdruck bringt, wie Ihnen in dem Moment im Herzen zumute ist.

Gehen Sie die ersten fünf Leitsätze während der nächsten

ein oder zwei Wochen mindestens einmal pro Tag Schritt für Schritt durch. Wenn Sie sagen: »Ich bin bereit, die Gefühle in meinem Herzen zu erfahren«, schauen Sie sich bitte die Liste mit den Entweder-oder-Optionen an. Bestimmen Sie die bei Ihnen vorherrschenden Empfindungen und akzeptieren Sie diese.

Probieren Sie das gleich aus. Denken Sie daran, im Verlauf dieses Prozesses weiterhin Ihrer Atmung gewahr zu sein und so tatsächlich auf die hier benannte Erfahrung zu achten, statt lediglich an das Gefühl zu denken.

Entscheiden Sie, welche der nachfolgend aufgeführten Optionen die in Ihrem Herzen gerade vorherrschenden Empfindungen widerspiegeln:

beengt ... oder ... weit
besorgt ... oder ... vertrauensvoll
schwer ... oder ... leicht
schlecht ... oder ... gut
frustriert ... oder ... zufrieden
dumpf ... oder ... empfänglich
wütend ... oder ... liebevoll
niedergeschlagen ... oder ... freudig
zurückweisend ... oder ... aufgeschlossen
sehnsüchtig ... oder ... ausgefüllt
isoliert ... oder ... verbunden
unglücklich ... oder ... glücklich

DAS ALLZEIT UNVERÄNDERLICHE

Während Sie meditieren, erleben Sie vielleicht irgendwann in Ihrem Herzen ganz unerwartet reine Glückseligkeit und einen euphorischen, ja geradezu mystisch anmutenden Zustand inneren Friedens. Und in diesem Zustand kommen tief in Ihnen auf einen Schlag alle positiven Gefühle hervor.

Wunderbar. Aber stellen Sie sicher, dass Sie anschließend nicht versuchen, diese Erfahrung zu wiederholen!

Wie bereits angesprochen, hören viele Menschen deshalb auf zu meditieren, weil sie in der Meditation etwas Außergewöhnliches erleben und danach – ohne Erfolg (denn das ist unmöglich) – immer wieder den Versuch unternehmen, dieses noch einmal zu erleben. Infolgedessen versäumen sie es, sich auf den gegenwärtig gerade aufkommenden Moment einzustimmen. Und so fühlen sie sich frustriert und haben es irgendwann satt zu meditieren.

Vor allem über *eine* psychische Dynamik sollten wir uns unbedingt im Klaren sein, da sie in der Meditation, und im Leben überhaupt, von alles entscheidender Bedeutung für Sie sein kann. Ihr Erleben im gegenwärtigen Augenblick unterliegt – definitionsgemäß – unablässig der Entwicklung und dem Wandel.

*Nie machen Sie ein und dieselbe Erfahrung
ein zweites Mal,
denn jeder Augenblick ist für Sie immer
ein neuer Augenblick,
den es noch nie zuvor gegeben hat.*

Ganz im Gegensatz dazu verfügt Ihr rationaler Verstand über die Fähigkeit, zu einer Erinnerung oder Vorstellung, Einstellung oder Überzeugung, Phantasie oder Projektion zurückzukehren, um dann ohne jede Abwandlung ein und denselben kognitiven Prozess beliebig oft zu wiederholen. Viele Menschen fixieren sich oft ganz arg auf ihre gewohnheitsmäßig auftretenden Ego-Gedanken und selbst hervorgebrachten Imaginationen, statt ihr Augenmerk auf die Neuartigkeit des gerade in Erscheinung tretenden gegenwärtigen Augenblicks zu richten. Angesichts ihrer inneren Empfindungen überkommt sie daraufhin Langeweile. Denn diese Empfindungen werden durch die gewohnheitsmäßig aufkommenden Gedanken und Einstellungen hervorgerufen. Und ein Mensch, der immer weiter dieselben Gedanken und Einstellungen hegt, bleibt unweigerlich in denselben alten Emotionen stecken.

In diesem Licht betrachtet können wir den radikalen Unterschied zwischen einer theologisch geprägten Religiosität und einer meditativen Spiritualität erkennen. Erstgenannte basiert auf fest gefügten Gedanken und Glaubensinhalten, auf religiösen Geschehnissen der Vergangenheit sowie auf Phantasien und Projektionen, die sich auf künftig bevorstehende religiöse Erfahrungen beziehen. Meditative Spiritualität hingegen geht regelmäßig über alle Gedanken hinaus und richtet sich auf die Neuartigkeit des gerade in Erscheinung tretenden Augenblicks aus. Glaube erweist sich so, von einem psychologischen Standpunkt aus gesprochen, als eine an der Vergangenheit und der Zukunft orientierte Geistesfunktion, wohingegen spirituelle Erfahrung sich auf den gegenwärtigen Augenblick bezieht.

Jeder neue Augenblick in Gottes Schöpfung bringt der Welt unermesslich viel Veränderung. Nichtsdestoweniger verfolgt Religion definitionsgemäß die Absicht, ein für alle Mal ein bestimmtes kognitives Glaubenssystem zu etablieren – außerdem für die Aufrechterhaltung solch eines statischen Glaubens zu kämpfen (manchmal bis zum Tod) und ihm weiter den Weg zu ebnen. Von einer objektiven Analyse ausgehend betrachtet, beruht Religion auf Verehrung der Vergangenheit. Außerdem tritt häufig noch eine in die Zukunft gerichtete Phantasieprojektion hinzu.

Demgegenüber verfolgen wir bei der Meditation und der

spirituellen Erkundung die Intention, all die Konzepte, Glaubensinhalte und Überzeugungen abzulegen, die – gewissermaßen in der Zeit erstarrt – unverrückbar an einem »Status quo« festhalten. Stattdessen will Meditation unverfälschte spirituelle Erfahrung willkommen heißen und annehmen. Und die ist definitionsgemäß stets neu und im Wandel begriffen.

Mir darüber klar zu werden hat Jahre gebraucht. Nachdem ich mir diese Klarheit allerdings verschafft hatte und sah, dass ich eine Wahl hatte, gab es für mich im Grunde keine Wahl. Die Freiheit, die Zwiesprache mit dem Göttlichen und die Kraft, die einem aus dem Leben im *Geist* (einer stets im gegenwärtigen Augenblick sich vollziehenden Erfahrung) zuteil wird – all das hatte ich mir immer schon ganz besonders gewünscht.

Ich entsinne mich meiner Bestrebungen, mich an die religiöse Tradition meiner presbyterianischen Familie anzupassen und, wie bereits erwähnt, ein Geistlicher dieser Glaubensrichtung zu werden. Kaum hatte ich jedoch meine Studien am Theologischen Seminar abgeschlossen und meine Tätigkeit in einer Kirchengemeinde aufgenommen, geriet ich auch schon mit gewissen Angehörigen der presbyterianischen »Führungsebene« in Konflikt, weil diese mein Interesse an Meditation als eine ernstliche Bedrohung ihrer Religion betrachteten.

Im Unterschied dazu hatte die Verwaltung des Theologischen Seminars von San Francisco den jugendlichen Elan, mit dem ich die presbyterianische Gemeinschaft um eine meditative Dimension bereichern wollte, noch weitestgehend unterstützt. Für die Einrichtung eines Meditationsraums im Seminar hatte man mir dort eigens einen Etat zur Verfügung gestellt. Auf meinen Vorschlag, Alan Watts am Seminar einen Kurs mit dem Schwerpunkt »christliche Kontemplation« durchführen zu lassen, war man bereitwillig eingegangen. Ja, man gestattete uns sogar, einmal die Woche einen Kurs abzuhalten, in dem der hinduistische Lehrer Kriyananda Yoga-Unterricht gab.

Probleme mit der etablierten Religion bekam ich erst, als ich in der presbyterianischen Kirchengemeinde San Rafael, gerade mal ein paar Kilometer vom Seminar entfernt, eine offizielle Stelle in der kirchlichen Jugendarbeit antrat. Zu Beginn meiner Tätigkeit zählte die dortige Jugendgruppe lediglich vier Schüler einer Highschool. Sechs Monate später, als ich in meiner Jugendgruppe Yoga und Meditation unterrichtete, war sie auf 42 Teilnehmer angewachsen.

Plötzlich geriet ich dann aber theologisch unter Beschuss: Öffentlich hat man mir Ketzerei vorgeworfen, mich von all meinen Aufgaben entbunden, mir die Kommunion verweigert und mich aus der Kirchengemeinschaft ausgestoßen. Freilich stand mein Unterricht keineswegs in Widerspruch zu all dem, was ich als die Lehren Jesu erachte. Ich hatte nur einige Christen ermutigt, von den intellektuellen Annahmen in Hinblick auf jene Religion, für die sie sich entschieden hatten, einmal abzusehen und ihr Herz unmittelbar für den Zustrom spiritueller Einsicht und für eine unmittelbare Führung durch Jesus zu öffnen.

Mit einer säkularen Meditationsstruktur, von der Angehörige sämtlicher religiöser Glaubenssysteme ohne Weiteres Gebrauch machen können, lege ich Ihnen heute im Grunde genommen nach wie vor das Gleiche nahe. Liebe, so hat Jesus gelehrt, ist die höchste spirituelle Wahrheit. Alle Religionen nehmen für sich in Anspruch, ihr Augenmerk in ganz hohem Maß auf die Liebe als Gottes vornehmlichste irdische Manifestation in unserem Herzen zu richten. Fast alle Religionen werden indes von theologischen Glaubenssystemen bestimmt, die nur begrenzte intellektuelle Schöpfungen eines kognitiven Denkens sind, nicht jedoch Ausdruck einer von Herzen kommenden spontanen Inspiration.

Würden Christen, Juden und Moslems sich weniger auf ihre religiösen Überzeugungen und stattdessen mehr auf die spirituelle Zwiesprache mit dem Göttlichen konzentrieren, dann würde die Welt sich im Handumdrehen in einen liebevolleren, friedlicheren und erfreulicheren Ort verwandeln. Die Zurückweisung der aus dem Herzen kommenden Führung hat, emotional wie körperlich, Schmerz und Leid zur Folge. Und die einzig wahre Heilung – für jeden Einzelnen von uns, für eine Nation oder eine Religion – kommt dadurch zustande, dass wir aufrichtig auf unser Herz schauen und all diejenigen Einstellungen und Überzeugungen, die der Entfaltung wahrer Liebe auf diesem Planeten im Weg stehen, durch den *Geist* heilen lassen.

Nun habe ich gerade einige ziemlich kontroverse Dinge ausgesprochen; sie spiegeln meine persönliche Auffassung wider. Nehmen Sie sich gleich jetzt Zeit, um innezuhalten, das Buch auf die Seite zu legen und sich darauf zu besinnen, welche Gefühle zum Thema Religion kontra Spiritualität Sie in sich tragen.

Halten Sie nun inne, um sich zu besinnen.

ZWEI HERZEN IN UNSERER BRUST?

Unter all den spirituellen Lehrern, die ich kennengelernt habe, hat mir ein junger Burmese namens Thakin Kung die wohl tiefgründigste Anleitung für meinen persönlichen Weg gegeben. In den frühen Siebzigerjahren ist er irgendwann aus heiterem Himmel in San Francisco aufgetaucht – ganz auf sich allein gestellt, ohne Geld, ohne Freunde, ohne eine

Gruppe, die ihn unterstützt hätte. Er tat nichts weiter, als mit leiser Stimme seine inspirierte und inspirierende Wahrheit auszusprechen. Innerhalb von Wochen umgab ihn ein Kreis von Anhängern und Menschen, die ihn unterstützten. In einem großen, alten Haus, das man ihm unentgeltlich zur Verfügung gestellt hatte, unterrichtete er nun Schüler in stetig zunehmender Zahl.

Einer jener Schüler war ich. Und jeder Augenblick, den ich in seiner Gegenwart verbrachte, bot eine außergewöhnliche Inspiration und wirkte erweckend. Eines Morgens im Frühling, ungefähr drei Monate nach seinem Auftauchen, war er dann wieder verschwunden. Soweit ich weiß, hat man nie wieder etwas von ihm gehört.

Seiner Erfahrung zufolge, das hob Thakin, während er uns Anleitung zur Meditation gab, viele Male hervor, sei das wahre Herz-Chakra keineswegs tief in der Herzregion angesiedelt, wo uns im Alltag die Emotionen des Ego immer wieder packen. Jeder Mensch, darauf wies er uns behutsam hin, habe ein »niederes Herz« und ein »hohes Herz« in seiner Brust. Im gegebenen Moment könnten wir uns dann jeweils entscheiden, ob wir den verwirrten Ego-Emotionen, die andauernd durch unsere gewohnheitsmäßig zutage tretenden Befürchtungen und inneren Konflikte hervorgerufen werden (das »niedere Herz«), unsere Aufmerksamkeit schenken, oder ob wir weiter oben leben möchten, wo die Liebe wahrhaft ihren Platz hat und uns das Spirituelle zuströmt – an der Stelle also, die er als das »hohe Herz« bezeichnete.

Uns gleichzeitig auf Angst und auf Liebe ausrichten, das können wir nicht, hat Thakin uns gelehrt. Jesus, der Buddha und viele scharfsinnige Psychologen haben diesbezüglich alle das Gleiche gesagt: Angst und Liebe sind zwei grundverschiedene Geistesfunktionen. Das zeigen auch Computertomographien des Schädels. Beachten Sie bitte, dass alle zwölf negativen Emotionen, die ich auf S. 139 (im Rahmen der Entweder-oder-Optionen) aufgeführt habe, tatsächlich in jener Angst wurzeln, die das Ego durch besorgniserregende Gedanken schürt. Alle zwölf von mir aufgeführten positiven Emotionen sind demgegenüber auf Liebe beruhende Gefühle, die man im »hohen Herzen« erlebt. Sich schlecht zu fühlen bedeutet, in Angst verstrickt zu sein. Sich gut zu fühlen bedeutet, in Liebe zu leben.

Mit Gott in Berührung zu kommen hat eine heilende Wirkung. Immer wieder hat Thakin uns ermuntert, das anzuerkennen, diese heilsame Berührung alten Angstzuständen zugutekommen zu lassen – und dann zu beschließen, unsere Aufmerksamkeit von dem nicht enden wollenden emotionalen Aufruhr im »niederen Herzen« abzukehren, um sie stattdessen zu dem auf Liebe beruhenden Erleben im spirituellen Bereich hinaufzuleiten.

Der fünfte Leitsatz, das sollten Sie sich vor Augen halten, baut auf jener Erfahrung auf, die Sie erst unlängst gemacht haben, als Sie sich die ersten vier Leitsätze gesagt haben. Sie beginnen die Meditation mit dem Satz: »Ich beschließe, mich an diesem Augenblick zu erfreuen.« Wenn Sie dann beim fünften Leitsatz angelangt sind und sich sagen: »Ich bin bereit, die Gefühle in meinem Herzen zu erfahren«, werden Sie vielleicht schon begonnen haben, Ihre Aufmerksamkeit dem »hohen Herzen« zuzuwenden, und zuinnerst ein Gefühl von Weite, Vertrauen, Leichtigkeit, Wohlbefinden, Zufriedenheit, Empfänglichkeit, Liebe, Freude, Aufgeschlossenheit, Erfüllung, Verbundenheit und Glück verspüren.

All diese Gefühle sind, ebenso wie die negativen Gefühle, in Ihrem Herzen stets verfügbar – die Entscheidung liegt bei Ihnen. Ihre höchste innere Kraft besteht in der Fähigkeit, die Aufmerksamkeit den auf Liebe beruhenden Empfindungen des »hohen Herzens« zuwenden zu können, wann immer Sie wollen.

Finden Sie, indem Sie Ihre Aufmerksamkeit regelmäßig wieder auf Ihr Herz ausrichten, den Geist zur Ruhe kommen lassen und sich für neue Erfahrungen öffnen, durch diesen meditativen Prozess selbst heraus, was für Sie zutrifft.

Abermals – sagen Sie's. Tun Sie's. Halten Sie inne, stimmen Sie sich auf die Atmung ein und sagen Sie sich:

*Ich bin bereit, die Gefühle in meinem
Herzen zu erfahren.*

DEN ABSCHWUNG ÜBERWINDEN

Bevor wir weitergehen, möchte ich unumwunden die Tatsache ansprechen, dass die zwölf Leitsätze niemals als ein Allheilmittel angesehen werden sollten, mit dem man bei jeder Anwendung wahre Wunder vollbringt. Dem Bewusstsein der meisten Menschen, das können wir guten Gewissens voraussagen, wird dieser Prozess – die von Ihnen selbst geleitete Meditation zu durchlaufen – die meiste Zeit über emotional und spirituell Auftrieb geben. Allerdings gibt es im Leben fast eines jeden von uns Zeiten, in denen wir emotional und spirituell eine Bruchlandung erleben und nicht erwarten können, dass es mit uns, wodurch auch immer, sofort wieder aufwärtsgeht.

Es wird, das habe ich bereits angesprochen, vermutlich Zeiten geben, in denen Sie sich zwar sagen: »Ich beschließe, mich an diesem Augenblick zu erfreuen«, der positive Schub jedoch einfach ausbleibt. Ich jedenfalls erlebe so etwas mindestens ein paarmal pro Monat, wenn ich in extreme Situationen verstrickt bin und erst einmal abwarten muss, bis der

Abschwung vorüber ist, bevor ich vom nächsten Aufwind profitieren kann.

Einem der großartigsten spirituellen Bücher aller Zeiten, dem *I Ging*, können wir entnehmen, dass wir Menschen uns in 64 Grundsituationen wiederfinden. Leben ist gleichbedeutend mit unablässigem Wandel. Für uns gilt es also zu lernen, dass wir den Abschwung ebenso akzeptieren wie den Aufschwung. Falls Sie mit dem *I Ging* nicht vertraut sein sollten, lege ich Ihnen dringend ans Herz, es zu lesen, um ein tiefer gehendes Gefühl für diese von alters her überlieferte chinesische Weisheit zu entwickeln. Sie lehrt uns, wie wir mit jeder der 64 Situationen umgehen können, mit denen das Leben uns offenbar regelmäßig konfrontiert – oder beglückt.

Wenn Sie sich derart niedergeschlagen fühlen, dass Sie im gegenwärtigen Augenblick keinerlei Freude oder Vergnügen finden können, sollten Sie keinesfalls versuchen, sich aus solch einem emotionalen und spirituellen Tiefstand trickreich hinauszumanövrieren. Vielmehr tun Sie gut daran, wenn Sie voll und ganz zur Kenntnis nehmen und akzeptieren, wie Ihnen zumute ist, und ganz einfach diese Erfahrung durchlaufen. Ram Dass gibt uns hier folgenden Rat:

Die nächste Botschaft, die Sie benötigen,
erhalten Sie stets genau da, wo Sie gerade stehen.
Alles ist bereits vorhanden in Ihrem Leben –
als Medium für die Transformation.

Wenn die Arbeit mit den Leitsätzen Ihnen dabei hilft, über eine emotional entkräftende Erfahrung hinauszugelangen, wunderbar! Andernfalls bleiben Ihnen zwei Möglichkeiten. Einfach abzuwarten, bis Sie es durchgestanden haben, ist die eine. Denn auch das geht vorüber. Verweilen Sie einfach bei

Ihren Gefühlen. Respektieren Sie die Tatsache, dass das Leben auch solche bedrückte Emotionen für uns bereithält. Bleiben Sie auf die Atmung eingestimmt, und achten Sie darauf, ob der natürliche Heilungsprozess Sie, Schritt für Schritt, aus Ihren mit Besorgnis und Niedergeschlagenheit beladenen Gefühlen hinausführt. Die nächsten drei Leitsätze, mit denen ich Sie bekannt machen werde, sollen Ihnen helfen, sich rasch von negativen Gefühlen zu lösen und den Übergang in eine lichtere, freundlichere Innenwelt zu vollziehen.

Für den Fall, dass Sie ernstlich in Gefühlen von Besorgnis und Niedergeschlagenheit feststecken sollten, lege ich Ihnen dringend nahe, auch einen Freund zurate zu ziehen, der Ihnen zuhört, ohne zu werten und zu urteilen. Suchen Sie Kontakt zu anderen. Und sollte dieser Zustand weiter anhalten, könnte es natürlich ratsam sein, sich professionelle Unterstützung zu suchen.

HEILENDE MEDITATION

In diesem Kapitel habe ich ziemlich viel über ein allenthalben anzutreffendes menschliches Dilemma gesprochen – in jenen Bereichen des Herzens festzustecken, in denen man sich niedergeschlagen, wütend, schuldig, verängstigt fühlt oder sonstige negative Emotionen durchlebt. Lassen Sie uns nun den Blick in die Gegenrichtung wenden. Ein vordringliches Ziel aller Meditation besteht ja schließlich darin, das Herz zu erhellen und zu heilen.

Die Menschen meditieren, weil ihnen
dadurch wohler zumute ist.
Je mehr Sie meditieren,
umso stärker wird das Wohlgefühl in Ihrem Herzen.

Traumatische Erinnerungen löschen wir niemals vollständig aus unserem Gedächtnis. Wir alle haben jede Menge negative Erinnerungen, die von unserer Aufmerksamkeit Besitz ergreifen und uns runterziehen können. Andererseits können wir aber auch Verantwortung für den eigenen Geist übernehmen und unsere Aufmerksamkeit immer wieder in eine positivere Richtung lenken. Emotionale Heilung bedeutet: unsere Erfahrungen der Vergangenheit vollständig akzeptieren, anderen ebenso wie uns selbst vergeben, liebevolle Aufmerksamkeit aufbringen, wenn ein alter emotionaler Schmerz geheilt werden muss – und sich nicht auf Erinnerungen an Vergangenes und auf emotionale Unstimmigkeiten fixieren.

Die zwölf Leitsätze, so sind sie aufgebaut, helfen Ihnen, sich aktiv dafür zu entscheiden, Ihre Aufmerksamkeit in der Weise zu lenken, dass mehr heilende Liebe und *Geist* in Ihr Herz strömen. Der fünfte Leitsatz setzt den Heilungsprozess in Gang, indem er Sie befähigt, uneingeschränkt und liebevoll anzuerkennen, wie Sie sich derzeit fühlen. Der sechste Leitsatz hilft Ihnen, Angst und Sorgen loszulassen und so den inneren Frieden zu mehren. Der siebte Leitsatz hilft Ihnen, negative Haltungen zu zwischenmenschlichen Beziehungen in zunehmendem Maß aufzugeben, damit Sie mit anderen Menschen auf liebevolle Weise interagieren können. Und der achte Leitsatz verhilft Ihnen mehr und mehr dazu, sich selbst bedingungslos lieben zu können.

Diese Leitsätze werden Ihnen als tägliches Selbsttherapie-Programm auf lange Sicht sehr gute Dienste erweisen. Sie erstrecken sich auf alle vier Hauptbereiche eines therapeutischen Prozesses. Denn sie lenken Ihre Aufmerksamkeit unmittelbar darauf, dass Sie die allenthalben verbreiteten neurotischen Geistesmuster, die auf Angst zurückzuführen sind und uns allen zu schaffen machen, auflösen und transzendieren. Ein Schnelldurchgang durch Phase zwei der zwölf

Leitsätze fördert Ihr emotionales Wohlbefinden und bereitet Sie auf die Leitsätze Nummer neun und zehn vor, die Ihnen tiefe Meditation und spirituelles Erwachen ermöglichen – wodurch wiederum die innere Heilung gefördert wird.

Sie in die Lage zu versetzen, sich den ganzen Tag eines liebevollen, aufgeschlossenen, meditativen Bewusstseinszustands zu erfreuen, darin besteht letztlich das Ziel dieses Auftrieb gebenden Prozesses. Ihre Herzregion bildet das Zentrum dieser Erfahrung. Denn hier strömt *Geist* in Ihr persönliches Dasein und strahlt von dort nach außen. Nehmen Sie sich darum jeden Tag Zeit, Ihren Meditationsmuskel zu kräftigen. Machen Sie sich diese geistigen Hilfsmittel zunutze, um kraftvolle neue Gewohnheiten zu entwickeln, die Ihnen Freiheit schenken.

Gehen Sie zum Abschluss dieses Kapitels ein weiteres Mal die Sätze durch, die Sie bislang im Rahmen der Auftrieb gebenden Meditation gelernt haben:

Ich beschließe, mich an diesem
Augenblick zu erfreuen.
Ich fühle, wie die Luft in meine Nase
ein- und wieder ausströmt.
Ich fühle beim Atmen die Bewegungen
meines Brustkorbs und meines Bauchs.
Ich bin mir meines ganzen Körpers
gleichzeitig bewusst, jetzt in diesem Augenblick.
Ich bin bereit, die Gefühle in meinem
Herzen zu erfahren.

Sechstes Kapitel

Lassen Sie die Besorgnis hinter sich

*Wer die Wirklichkeit nicht annimmt,
lehnt sie ab.
Lehnt man aber die Wirklichkeit ab,
was bleibt einem dann?*

*Vor diese Entscheidung sind wir gestellt –
entweder in einer Welt der Illusion und
Selbsttäuschung zu leben
oder uns, indem wir unablässig akzeptieren,
in die Welt des Gewahrseins hineinzubegeben.*

Charles MacInerney

In früheren Büchern habe ich ausführlich beschrieben, wie man mit den Mitteln des therapeutischen Prozesses Angst und Besorgnis am besten überwinden kann. In diesem Buch biete ich Ihnen nun einen positiveren, stärker spirituell ausgerichteten Ansatz an, damit Sie zu Anspannung und Besorgnis »einfach Nein sagen können«. Wenn man über die geeigneten kognitiven Mittel verfügt und sich die entsprechenden Meditationsgewohnheiten zu eigen gemacht hat, braucht man gewohnheitsmäßige Besorgnis im Allgemeinen nicht in aller Form mit therapeutischen Methoden anzugehen.

Wenn Sie wenigstens einmal am Tag den gesamten Leitsatzprozess durchlaufen, stärken Sie dadurch die persönliche

Fähigkeit, Ihre Aufmerksamkeit von besorgniserregenden Gedanken, die Sie unnötig belasten, zu einem friedvolleren, erbaulicheren Bewusstseinszustand hinüberzugeleiten.

Damit spirituelle Entfaltung überhaupt möglich wird, diesen Punkt hat Krishnamurti bei vielen Gelegenheiten angesprochen, kommt es für uns unbedingt darauf an, die Angst abzustreifen. Außerdem hat er klargestellt, welch entscheidende Vorteile es für uns hat, frei von Angst zu leben:

Ein Mensch, der sich nicht fürchtet, ist nicht aggressiv.
Ein Mensch ohne jegliches Angstgefühl
ist ein freier, friedlicher Mensch.

Der sechste Leitsatz lässt keinen Raum, hin und her zu überlegen, wie man mit Anspannung und Besorgnis umgehen sollte. Sie müssen einfach nur erklären, dass Sie die Absicht haben, aus dem Angstzustand komplett auszusteigen – und dieses Vorhaben dann nach besten Kräften in die Tat umsetzen.

Wenden wir uns also gleich dem neuen Leitsatz zu. Sprechen Sie ihn, um einen Vorgeschmack davon zu erhalten, welche Kraft diesen Worten innewohnt, einfach ein paarmal für sich selbst aus:

Ich lasse all meine Anspannung
und meine Sorgen los
und fühle Frieden in mir.

Die Angst durchschauen

Ob es Ihnen gefällt oder nicht, zur Grundausstattung, mit der Sie auf die Welt gekommen sind, gehört ein reflexartig funktionierendes Nervensystem. Und dieses schaltet, sobald

Sie Gefahr wahrnehmen, augenblicklich auf Alarmbereitschaft. Schlagartig tritt Ihr System dann in Aktion, um die Gefahr abzuwenden oder sie zu überwinden.

Die Entwicklung der Mandelkernregion (Amygdala) des Gehirns, die man auch als das primitive Angstzentrum bezeichnet, geht auf eine Frühphase der Menschheitsevolution zurück. Begonnen hat diese Entwicklung bei unseren »Vorfahren« im Reich der Reptilien. Jener urtümliche, von Angst gesteuerte, automatisch reagierende Teil des menschlichen Gehirns hat in unserem heutigen Dasein indes nach wie vor eine gewisse, wenn auch sehr begrenzte Aufgabe zu erfüllen.

Zugleich bereitet er uns allerdings ständig Ärger. Warum? Weil die Amygdala zwischen einer realen Gefahrensituation, mit der Sie im gegenwärtigen Augenblick tatsächlich konfrontiert sind, und einer entsprechenden Einbildung, einer nur im Geist »existierenden« Gefahr, nicht zu unterscheiden weiß.

Vielfach beschwört unser Vorstellungsvermögen – ebenjene Geistesfunktion, die den Menschen dazu befähigt, ungemein schöpferisch und produktiv zu sein – mit Angst besetzte, auf die Zukunft bezogene Phantasieszenarien herauf. In der Folge sitzt Ihnen die Angst dann unnötigerweise im Nacken, Sie fühlen sich angespannt und besorgt. Allerdings habe ich (wie die meisten Therapeuten) die Beobachtung gemacht, dass Sie mit Hilfe geeigneter kognitiver Mittel sehr wohl in der Lage sind, solche besorgniserregenden Gedanken zum Verstummen zu bringen, um sich stattdessen in einen friedvolleren, angenehmeren und produktiveren Bewusstseinszustand hineinzubegeben.

Darum geht es bei der Meditation: Indem Sie Ihre Perspektive verändern, ändern Sie Ihr Leben. Unser sechster Leitsatz steht mit diesem Ansatz völlig in Einklang.

*Haben Sie die Kraft, zu sich selbst zu sagen:
»Ich lasse all meine Anspannung und meine Sorgen los«,
und dann tatsächlich sogleich loszulassen?
Können Sie zur Angst einfach Nein sagen?*

Die meisten Menschen, diese Erfahrung habe ich gemacht, sind mit ein klein wenig Übung durchaus in der Lage, einfach Nein zu sagen zu ihrer Angst und ihren Sorgen. Letztlich ist das eine Frage der persönlichen Entscheidung – und ihrer Umsetzung.

Aber bitte beachten Sie: Ich fordere Sie hier keineswegs auf, Ihr primitives Angstzentrum komplett außer Betrieb zu setzen. Denn auf den Weckruf der Angst zu reagieren ist tagtäglich bei vielen Gelegenheiten völlig unverzichtbar, im wahrsten Sinne des Wortes (über)lebensnotwendig. Und wenn man einen gewissen Teil der Zeit damit verbringt, sich Situationen vorzustellen, in denen einem womöglich Gefahr droht, kann einen das davor bewahren, sich zu verletzen und sich wehzutun. Sich gewohnheitsmäßig Zukunftssorgen zu machen gefährdet hingegen fast immer Ihre Gesundheit, und zwar aus vier Gründen:

1. Jeder Moment, den Sie damit verbringen, die Kraft der Aufmerksamkeit auf ein in Ihrer Vorstellung sich abspielendes Zukunftsgeschehen zu richten, ist ein Moment, in dem Sie nicht hier in der Gegenwart weilen, um mit Gefahren umzugehen, die unter Umständen jetzt gleich eintreten werden.
2. Wenn Sie sich in Angst und Sorge verstricken, reagiert das neurologische und hormonelle System im Körper darauf mit der Ausschüttung eines ganzen Spektrums von Botenstoffen, die Sie, sofern keine sofortige Umsetzung in Handlungsaktivität erfolgt, in einen Stresszu-

stand versetzen. Derartige Stressfaktoren aber schwächen und verwirren, ja vernebeln Ihnen regelrecht den Verstand und machen Sie unfähig, eine im gegenwärtigen Augenblick drohende Gefahr zu bewältigen.
3. Im Zustand der Besorgnis lässt Ihr generelles Leistungsvermögen am Arbeitsplatz nach, die Fähigkeit, auf Ihre Mitmenschen ein- und mit ihnen umzugehen, verringert sich, und die Bereitschaft, Mitgefühl zu empfinden, geht Ihnen verloren. Ihre Firma leidet darunter ebenso wie die Familie – und nicht zuletzt Sie selbst.
4. Auf tieferen Ebenen hindert Besorgnis Sie daran, spirituelle Einsicht, Liebe, Kraft und Führung aus Ihrem Innersten zu erhalten. Ihr Bewusstsein zieht sich zusammen. Und Sie sind mutterseelenallein – was seinerseits wieder dazu führt, dass Sie sich besorgt und niedergeschlagen fühlen.

Diese Tatsachen klar zu erkennen bedeutet, eine Veränderung zum Positiven herbeizuführen. Allein schon diejenige Geisteshandlung, die uns etwas klar erkennen lässt, löst innerlich genau dort, wo es notwendig ist, eine Reaktion aus. Als Erster auf diesen Umstand aufmerksam gemacht hat mich ein Yoga-Lehrer und spiritueller Ratgeber, den ich besonders ins Herz geschlossen habe, ein Amerikaner namens Joel Kramer.

Wenn Sie wahrnehmen, dass Ihnen ein Baum auf den Kopf zu fallen droht, veranlasst diese Wahrnehmung Sie, sich ganz schnell aus der Gefahrenzone zu bewegen. In ähnlicher Weise wird die schlichte Erkenntnis, dass Sie sich gewohnheitsmäßig Sorgen machen, eine dementsprechende Aktivität in Gang setzen, die Sie letztlich dazu bringt, Ihre Sorgen loszulassen.

Aus all diesen Gründen möchte ich Sie hiermit ermutigen,

den sechsten Leitsatz für den Rest des Lebens zu Ihrem Antisorgen-Mantra zu machen. Deshalb lege ich Ihnen nun erneut nahe: Sagen Sie es. Tun Sie es. »Ich lasse all meine Anspannung und meine Sorgen los und fühle Frieden in mir.«

Worauf wir die Aufmerksamkeit richten

Kommen wir zunächst ein weiteres Mal darauf zu sprechen, ob und inwieweit Sie, wie durchgängig angestrebt, beim Lesen dieses Buches auf die Atmung achtgegeben haben – klappt das gut? Haben Sie bemerkt, dass die Atmung sich in puncto Tiefe, Geschwindigkeit und so weiter verändert, je nachdem welche Emotionen meine Worte und Gedanken bei der Lektüre in Ihnen hervorrufen?

Lassen Sie uns nun, während Sie weiterhin die in die Nase ein- und wieder ausströmende Luft wie auch die beim Atmen spürbaren Bewegungen in Brust und Bauch fühlen, der Frage nachgehen, wie der neue Leitsatz Sie von gewohnheitsmäßig auftretender Anspannung und Besorgnis befreien kann. Meiner Erfahrung nach ist es durchaus nicht damit getan, sich lediglich die erste Hälfte des Satzes zu sagen: »Ich lasse all meine Anspannung und meine Sorgen los.« Zu etwas Negativem Nein zu sagen reicht nicht aus, um einen Umschwung zum Positiven herbeizuführen. Zugleich muss man etwas anderes, einen alternativen, positiv sich abhebenden Bewusstseinsbereich in den Blickpunkt rücken: »... und fühle Frieden in mir.«

Ähnlich wie bei *Liebe* und allen vergleichbaren Worten von ähnlicher Kraft könnte bei *Frieden* womöglich der Eindruck entstehen, dieses Wort sei zu einem Klischee erstarrt und habe seine besondere Kraft ein für alle Mal eingebüßt.

Das aber akzeptiere ich nicht. Bloß weil durch Werbeträger und religiöse Bewegungen ein Wort, dem derart viel Kraft innewohnt, in ein banales Klischee umgemünzt wurde, brauchen wir uns nicht darin beirren und davon abhalten zu lassen, ihm einen angemessenen Stellenwert zurückzugeben.

Wir sollten, so mein Vorschlag, das Wort *Frieden* in spiritueller wie psychologischer Hinsicht wieder in den Rang erheben, der ihm gebührt, also eindeutig in eine Spitzenposition. Denn wir benötigen einfach einen klaren, starken Begriff, der jenes universelle innere Gefühl zum Ausdruck bringt. Wozu sonst, wenn nicht um uns inneren Frieden zu schenken, sollte Meditation denn gut sein? Und Liebe wirklich empfinden können wir erst, nachdem ein gewisses Maß an Frieden Einkehr gehalten hat in unser Herz. Das erklärt die Reihenfolge: Erst kommt der jetzt eingeführte Leitsatz, ehe es anschließend im siebten und im achten Leitsatz darum geht, zu akzeptieren und zu lieben.

Beachten Sie, dass die Worte: »Ich lasse all meine Anspannung und meine Sorgen los und fühle Frieden in mir« nicht die philosophische und die gesellschaftliche Qualität von Frieden zum Gegenstand haben. Wir sprechen hier über das tatsächliche körperliche und seelische Gefühl selbst. Nicht um eine Besinnung auf die hehre Idee von Frieden geht es. Mit dem vorigen Leitsatz habe ich Sie ermutigt, sich einfach auf die Gefühle in Ihrem Innern einzustimmen. Mit diesem neuen Leitsatz ermutige ich Sie jetzt zu einer klaren Wende: Nun sollen Sie den inneren Frieden erfahren können.

Erneut führen Sie also Ihr Pferd zum Wasser – leiten die Aufmerksamkeit in eine von Ihnen gewünschte Richtung. Ich kenne niemanden, der sich nicht größeren inneren Frieden wünscht. So jemanden müsste ich erst noch finden. Allerdings leben wir in einer schwer stressgeplagten globalen Gesellschaft. Und selbst in Situationen, in denen wir eigentlich Zeit haben, einfach in Ruhe und Frieden zu verweilen, legen wir eine dazu genau konträre Tendenz an den Tag: Unsere Abhängigkeit von ständig neuen Sinnesreizen ist nicht minder schwer als diejenige eines Junkies von seiner Droge. Und damit spreche ich ein offenes Geheimnis aus. Nur deshalb haben Fernseher, Computer und andere Zerstreuungen so ein leichtes Spiel, jeden freien Moment, in dem wir uns eigentlich entspannen könnten, zu verschlingen.

Vermeiden Sie einen derartigen Zustand unentwegter Sinnesreizung. Das kann ich Ihnen nur empfehlen. Denn sobald im Fernsehen dramatische Szenen gezeigt werden, hat das zur Folge, dass Ihre Atmung angespannt wird. Und auch Nachrichtensendungen rufen in Ihnen das Gegenteil von Ruhe und Wohlgefühl hervor. Wer sich um die Zukunft sorgt, macht den inneren Frieden zunichte. Entsprechendes gilt, wenn Sie alten Erinnerungen nachhängen, die dazu führen, dass Sie wütend werden, Schuldgefühle haben oder niedergeschlagen sind.

»Ich beschließe, Frieden in mir zu fühlen.«

Wie oft treffen Sie diese Entscheidung?
Wo genau im Innern fühlen Sie Frieden?
Verschafft Ihnen das Einströmen von *Geist* Frieden?
Warum soll man überhaupt beschließen,
inneren Frieden zu empfinden?
Wie fühlt sich friedvolles Atmen an?
Können Sie den Übergang zu friedvollem
Atmen vollziehen? Jetzt auf der Stelle?

Letzte Galgenfrist oder Zustrom neuer Lebenskraft?

Unser Stress, so hat es den Anschein, wird großenteils durch Fristen, Stichtage oder Abgabetermine hervorgerufen, durch sogenannte Deadlines: Der Zeitdruck bringt uns förmlich um. »Und wir rennen«, so hätte mein Großvater das ausgedrückt, »durch die Gegend wie ein Huhn, dem man den Kopf abgeschlagen hat.«

*Wir leben in einer hoch technisierten Gesellschaft:
Tausendfach sollen zeitsparende Hilfsmittel
uns zu freier Zeit verhelfen.
Aber hat tatsächlich jemand freie Zeit?*

In einer Phase meiner psychologischen Arbeit habe ich zu Forschungszwecken als Hypnotiseur Studien durchgeführt. Hypnose, meinen die meisten Menschen, funktioniere lediglich in der Weise, dass bei dem oder der Betreffenden alles gedämpft und verlangsamt wird, man ihn oder sie in einen Trancezustand versetzt und dadurch hochgradig für Suggestionen empfänglich macht. Aber ebenso gut wie diese Zeitlupenvariante funktioniert die Hyperhypnose. Hitler hat uns das unabweislich vor Augen geführt. Wenn man Menschen antreibt, wenn man ihnen Angst einjagt und sie einer chronischen Reizüberflutung aussetzt, verlieren sie die Fähigkeit, eigenständig und klar zu denken, sie lassen sich dann leicht manipulieren. Diesen Zustand der Hyperhypnose haben wir in unserer manischen Gesellschaft offenbar erreicht.

Und wir spielen offenbar, darauf deutet alles hin, bereitwillig mit und übernehmen eine dementsprechende Rolle in der Tretmühle: eine Rolle, die darin besteht, in eingeschränkter Bewusstheit ein abgestumpftes Dasein zu verbringen. Das ist das besonders Betrübliche daran. Und dies tun wir, obgleich es bedeutet, dass unser seelisches Wohlbefinden dabei auf der Strecke bleibt und wir die reine Lebensfreude preisgeben.

Sobald aber das Erwachen einsetzt, wir also beginnen, diese Dinge klar zu erkennen, und begreifen, in welcher Gefahr wir schweben, werden wir uns einer andauernden Stimulierung verweigern und stattdessen inneren Frieden und seelische Erdung anstreben. Da bin ich ganz zuversichtlich. (Die dafür erforderlichen Hilfsmittel wollte ich all denjenigen, die sie sich für das eigene Leben zunutze machen möchten, öffentlich und ohne große Kosten zur Verfügung stellen. Das war einer der Gründe, weshalb ich dieses Buch geschrieben und parallel dazu eine Reihe von Meditations-Übungsprogrammen produziert habe.)

Die meisten Berufstätigen, das habe ich bei meiner Zusammenarbeit mit Unternehmen festgestellt,[9] sind durchaus imstande, am Arbeitsplatz Entlastung und Wohlbefinden zu erleben, mehr Freude an ihrer Arbeit zu haben und höheren Profit zu erzielen. Dazu reicht es, wenn sie die Arbeit bloß um 10 bis 15 Prozent langsamer angehen und sich entspannen. Selbst solch eine kleine Reduzierung des Arbeitstempos kann schon den Unterschied ausmachen zwischen blindem, gestresstem Vorwärtshasten und einem bewussteren, vergnüglicheren Vorankommen im Lauf eines Arbeitstages.

Ich möchte Sie ermuntern, damit zu experimentieren, indem Sie, wann immer Sie bei der Arbeit sind, den nachfolgend beschriebenen Prozess für sich nutzen:

1. Achten Sie darauf, wie häufig Sie sich wie ein Wahnsinniger beeilen, um voranzukommen, und dabei tatsächlich jedoch die Aufmerksamkeit vielleicht bloß jeweils

fünf oder zehn Sekunden in die Zukunft gerichtet haben, anstatt voll und ganz hier in diesem gegenwärtigen Augenblick zu *sein*.
2. *Stimmen Sie sich einfach auf Ihre Atmung ein,* ebenso auf Ihre Ganzkörperpräsenz. Daran sollten Sie immer denken, wenn Sie feststellen, dass Sie in Eile sind. Sagen Sie sich dann in Gedanken: »Ich lasse all meine Anspannung und meine Sorgen los und fühle Frieden in mir.«
3. Vergewissern Sie sich, dass Sie weiterhin des Atemerlebens gewahr sind, während Sie mit der Arbeit fortfahren – und behalten Sie die Worte: »Ich fühle Frieden in mir« im Sinn. Verbreiten Sie so einfach Ruhe und Frieden überall an Ihrem Arbeitsplatz.

Indem Sie sich daran erinnern, sich so weit zu entspannen, dass Sie der eigenen körperlichen und emotionalen Präsenz gewahr sind, werden Sie feststellen: Sie können dennoch schnell arbeiten, ja sogar bessere Arbeit leisten – und sich von all dem Stress und dem Termindruck frei machen, der ansonsten diese Qualität des inneren Friedens in Herz und Seele zerstört.

Wo Sie gerade auch sein mögen, denken Sie einfach regelmäßig daran, diese Maxime im Sinn zu behalten: »Ich lasse all meine Anspannung und meine Sorgen los und fühle Frieden in mir.«

Stets Ihre Entscheidung ... Stress oder innerer Frieden.
Stets die Möglichkeit, sich dem Licht zuzuwenden.
Stets die Freiheit, sich für Wohlbefinden zu entscheiden.
Innerer Frieden fühlt sich gut an!

JETZT ALLE GEMEINSAM

Unlängst hatte ich ein interessantes Projekt, bei dem es um die Anwendung der Leitsätze für Krankenhausmitarbeiter in ihrem unmittelbaren Arbeitsumfeld ging. Krankenschwestern und andere Klinikmitarbeiter, die sich doch dem Dienst am Patienten verschrieben haben, stehen bei ihrer Arbeit im Allgemeinen unwahrscheinlich unter Druck. So sehr, dass ihnen Fehler und Irrtümer unterlaufen und sie den Patienten dadurch mitunter Leid und Schaden zufügen, wenn nicht gar ihren Tod verursachen. Welch eine Tragödie!

Um dieser Situation abzuhelfen, finden nun im Rahmen einer Achtsamkeitsschulung für Mitarbeiter solcher Einrichtungen im ganzen Land mehrere meiner Leitsätze Verwendung. Denn genau eine derartige Achtsamkeitsschulung ist für Klinikmitarbeiter unbedingt notwendig, damit sie ihrer Arbeit nachgehen können, ohne dass ihnen dabei Fehler und Irrtümer unterlaufen. Achtsamkeit beinhaltet einfach, wie das Wort schon besagt, dass man achtgibt, aufmerksam ist. Und benötigt wird mehr Aufmerksamkeit für alles, was sich im gegenwärtigen Augenblick abspielt.

Im Grunde läuft diese neue Achtsamkeitsschulung auf Folgendes hinaus: Man ermutigt die Angestellten, die Dinge gerade um so viel langsamer anzugehen, dass sie sich gewissermaßen nicht selbst überholen und infolgedessen dann das unbedingt notwendige, in diesem Fall wahrlich lebensnotwendige Gewahrsein für das Geschehen verlieren, das sich gerade im Hier und Jetzt abspielt. Dies erreicht man, wie Sie sicherlich bereits vermutet haben, indem man ihnen beibringt, der beim Atmen in die Nase ein- und aus ihr ausströmenden Luft wie auch der damit einhergehenden Bewegungen im Brust- und Bauchbereich gewahr zu sein, und sie darin bestärkt, während sie ihren Verpflichtungen in der Klinik nachgehen, stets ein erhöhtes Gewahrsein ihrer Ganzkörperpräsenz aufrechtzuerhalten.

Und für *Ihr* Arbeitsleben gilt: Wann immer Sie – aufgrund von Anforderungen, die Ihr Arbeitgeber an Sie richtet, oder aufgrund von Gruppenzwängen – bei der Arbeit so sehr Gas geben, dass der Kontakt zur eigenen spirituellen Präsenz abreißt, versagen Sie sich in der Tat selbst den Zugang zu Ihrer Seele.

Niemandem aber, darauf hat Krishnamurti bei vielerlei Gelegenheit hingewiesen, steht das Recht zu, Ihnen das Empfinden Ihrer inneren spirituellen Präsenz zu versagen. Und wenn es dennoch jemand tut, ist es an der Zeit für eine Revolution.

Ich finde es schon reichlich seltsam, dass wir eine Revolution brauchen, um wieder zu Sinnen zu kommen und unser Empfinden zurückzugewinnen. Aber wenn wir ständig zu sehr in Eile sind und andauernd gedrängt werden, über unsere natürlichen Bewusstseinsgrenzen hinauszugehen, geschieht genau das: Wir verlieren den Sinneskontakt und die Aufgeschlossenheit für den gegenwärtigen Augenblick und die eigene Mitte. In der Tat ist es unser gutes Recht, eine Revolution am Arbeitsplatz zu vollziehen, wenn uns dort das Grundrecht genommen wird, an der Erfahrung des gegenwärtigen Augenblicks unsere Freude zu haben.

Die Revolution, von der ich hier spreche, ist eine stille, eine friedliche Revolution, ein zur Gänze von Wohlwollen getragener innerer Prozess – freilich ein Prozess, der die Welt, jeweils von *einem* Menschen ausgehend, wirkungsvoll und nachhaltig zum Vorteil verändern wird. Daraus wird sich eine schnelle, zielstrebige Evolution des menschlichen Geistes ergeben, die unter anderem beinhaltet, dass wir bewusster von ihm Gebrauch machen, um auf eine friedlichere, liebevollere und schöpferischere Stufe unseres Leistungsvermögens zu gelangen. Die Aktivierung jener Fähigkeit, die es uns erlaubt, diese bewusste Evolution in uns selbst in Gang zu bringen, ist an diesem Punkt offenbar unsere größte gemeinsame Hoffnung.

Wenn Sie das nächste Mal zur Arbeit gehen, sich in einer Gruppe anderer Menschen aufhalten, mit Ihrer Familie oder Ihren Freunden zusammen sind, sollten Sie daher nach besten Kräften bestrebt sein, Ihre Bewusstheit zu wahren und mit sich selbst – in Herz und Seele – im Reinen zu bleiben, auch wenn Sie gerade aktiv Ihrer Arbeit nachgehen, wenn Sie in eine gesellschaftliche oder sonstige zwischenmenschliche Situation eingebunden sind.

Beschließen Sie, wann immer das Tempo, das in einer Situation angeschlagen wird, oder die mit ihr verbundene Anspannung Ihrem inneren Frieden Abbruch tut beziehungsweise Sie aus der inneren Mitte zu bringen droht, den Blick nach innen zu richten und sich zu sagen: »Ich lasse all meine Anspannung und meine Sorgen los und fühle Frieden in mir.«

Ein guter Tag zum Sterben

Vielleicht haben Sie mal einen alten Western gesehen, in dem ein furchtloser Indianer alle Angst vor dem Tod abstreift. Mutig fasst er den Entschluss, sich wacker zu schlagen, und spricht die berühmten Worte: »Das ist ein guter Tag zum Sterben!« In der Tat könnte für jeden von uns am heutigen Tag das letzte Stündlein schlagen. In jedem Leben ist es völlig ungewiss, wie lang die bis zum Tod verbleibende Zeitspanne währt. Doch obgleich also jeder Tag unser letzter auf dem Planeten Erde sein könnte, verdrängen die meisten von uns diese Tatsache gründlich – und infolgedessen sind wir ständig in Angst und Sorge.

Dem vorigen Kapitel habe ich ein starkes Zitat aus einem sehr alten Text vorangestellt. Es entstammt dem *Tao-te-ching*, das man Laotse zuschreibt: »Wer alle Angst zu durchschauen vermag, wird stets sicher sein.«

Ebenso hätte ich auch Franklin Delano Roosevelt zitieren können: »Vor nichts brauchen wir Angst zu haben«, heißt es bei ihm, »außer vor der Angst selbst.«

Wenn wir emotional leiden, hat das so gut wie nie ein uns in Zukunft tatsächlich bevorstehendes Geschehen, das unweigerlich unser Ende bedeuten wird, zur Ursache. Vielmehr leiden wir, weil wir uns selbst in Angst und Besorgnis versetzen, indem wir uns die Zukunft in düsteren Farben ausmalen. Unser uraltes Reptilienhirn ist derart programmiert, dass es in bestimmten Situationen reagiert wie dasjenige einer sich bedroht fühlenden Klapperschlange – genau solch ein Prozess läuft bei Angst und Aggression ab. Mit einer scheinbar lebensgefährlichen Bedrohung konfrontiert, lassen wir uns von der in Panik geratenen Amygdala allzu leicht unsere Reaktion diktieren: Entweder gehen wir zum Angriff über oder wir nehmen Reißaus oder wir fallen in Ohnmacht.

Allerdings haben wir es wahrhaftig nicht nötig, uns von antiquierten Angstreaktionsmustern vorschreiben zu lassen, wie unser Leben abläuft. Stattdessen können wir die Angst durchschauen und uns so selbst die Freiheit schenken: Wir können uns bewusst als spirituelle Wesen verhalten, die nicht zulassen, dass ihre Angst vor dem Sterben sie zu ängstlichen oder gewalttätigen Kreaturen macht. Sterben werden wir mit Sicherheit – das ist lediglich eine Frage der Zeit. Warum sollten wir uns daher durch die Angst vor dem letztlich unabwendbar auf uns zukommenden Ableben jetzt im gegenwärtigen Augenblick das Leben verderben lassen? Sollten wir nicht vielmehr, solange wir am Leben sind, darauf achten, wie viel Liebe und schöpferischen Ausdruck wir in die Welt bringen können?

Immer gibt es Gefahr auf der Welt,
und immer gibt es Liebe.
Werden Sie sich im gegebenen Moment dafür entscheiden,
Ihr Augenmerk auf die Gefahr oder auf
die Liebe zu richten?
Das ist die drängende, sich uns unablässig stellende Frage
und die immer wieder aufs Neue anstehende
essenzielle Entscheidung.

Gewiss ist Ihnen nicht entgangen, dass Sie auf Situationen vielfach so reagieren, als gehe es dabei um Leben oder Tod, selbst wenn Sie nur kurz zu überlegen brauchen, um zu wissen, dass dies nicht zutrifft. So wird es Ihnen vielleicht in Zusammenhang mit finanziellen Schwierigkeiten ergehen. Oder wenn Sie in Beziehungsproblemen stecken. Oder wenn Sie krank werden: »O mein Gott, muss ich jetzt sterben?«, werden Sie sich dann womöglich fragen. Sobald Sie stark überreagieren, durchleben Sie Verwirrung und emotionales Leid. Beides beeinträchtigt wiederum Ihre Fähigkeit, aufzublühen und sich zu entfalten.

Nur wenn Sie sich immer wieder dazu entschließen,
beim eigenen Geist die Zügel
in die Hand zu nehmen
und ein relativ offenes Gewahrsein aufrechtzuerhalten,
bringen Sie die nötige Kraft auf und haben die Freiheit,
über Ihre reptilienhaften Reaktionsmuster
hinauszugelangen,
um vermehrt in Vertrauen, Liebe, Anerkennung
und Frieden leben zu können.

Jenseits von Ego-Unsterblichkeit

Ihr Ego-Geist, das ist wohl wahr, hat per definitionem ständig Angst vor dem Tod. Denn biologisch betrachtet wird Ihre vergängliche Persönlichkeit, wenn Körper und Geist den irdischen Tod sterben und ihre Arbeit einstellen, vermutlich nicht länger fortdauern. Aber es besteht durchaus die Möglichkeit, dass Ihre persönliche Identität in einer viel tiefer gehenden immerwährenden Bewusstseinsqualität gründet, die über den irdischen Tod hinausreicht. Dieser Frage gehen wir hier in diesem Buch mit den Mitteln der Meditation nach. Dessen ungeachtet wird Ihre biologische Ego-Identität, die auf im Gehirn gespeicherten Erinnerungen und vom Gehirn hervorgebrachten Vorstellungen beruht, natürlich ausflippen, wenn jemand sie an ihr unabwendbares körperliches Ableben erinnert.

Und jetzt die gute Nachricht: Ihr Ego kann reifen, seinen Horizont erweitern, sich eine spirituelle Perspektive zu eigen machen und anfangen, Nein zu sagen, wenn Ihre Amygdala in Panik gerät!

Ungefähr während meiner ersten 20 Lebensjahre habe ich mich als praktizierender Christ großenteils sehr ängstlich an den Glauben geklammert, niemals sterben zu müssen, weil Jesus für mich gestorben sei und so den körperlichen und persönlichen Tod ein für alle Mal überwunden habe. Mehr als zwei Milliarden Menschen auf dem Planeten teilen diesen Glauben an Jesus und halten inständig an ihm fest. Keinesfalls aber kann ich im Namen einer nach Wahrheit strebenden Forschung über Angst sprechen, ohne zugleich angstbesetzte religiöse Vorstellungen zu thematisieren. Insbesondere gilt das für den schweren Zweifel und die große Sorge, welche zum Christentum sich bekennende Menschen empfinden, weil sie nicht sicher wissen, ob sie in den Himmel oder in die Hölle kommen werden beziehungsweise ob es derartige Orte überhaupt gibt.

Würde der christliche Glauben nicht vom irdischen Ego definiert, von ihm ausgeübt und aufrechterhalten, wäre ja alles in Butter. Doch angestoßen durch die Frage, was mit der Ego-Persönlichkeit zum Zeitpunkt des Todes geschehen wird, liegt da für das Ego stets dieser Zweifel in der Luft – selbst wenn das Leben ansonsten gut, sicher und friedlich ist und Freude bereitet. Und so müssen die Gläubigen mit einer unterschwelligen, nicht genau festzumachenden Angst und Besorgnis umgehen: Fast unmerklich sind ihre wachen Momente von Zweifel und Verdrängung getrübt.

*Da es seinen nachweislich bevorstehenden
irdischen Tod nicht akzeptiert,
ist das Ego eines Gläubigen
jeden Augenblick von Neuem
in unsägliche Ungewissheit verstrickt,
was die eigene Zukunft anbelangt.*

Schritt für Schritt konnte ich mich von der Notwendigkeit lösen, diesen Glauben zu haben, und deshalb bezeichne ich mich heute als einen Postchristen. Ich erlebe mich nicht länger als Sünder, als jemanden, der seiner Natur nach schlecht ist: Die Notwendigkeit, erlöst werden zu müssen, ergibt darum für mich keinen Sinn mehr. Dessen ungeachtet akzeptiere ich nach wie vor einen Großteil der Lehren Jesu, weil ihr Wahrheitsgehalt für mich unmittelbar erfahrbar geworden ist.

Durch Meditation habe ich entdeckt, dass ich, so wie ich bin, völlig in Ordnung bin. Es ist eine große Erleichterung, meine *Communio*, die Zwiesprache mit Jesus und mit Gott in seiner Unendlichkeit als dem allliebenden Schöpfer unserer materiellen Welt, fortführen zu können, ohne noch länger die Erwartung zu hegen, als Ego-Persönlichkeit auf immerdar weiterzuleben.

Wer weiß, was auf den tieferen spirituellen Ebenen geschehen wird? Ich bin weit offen, dies herauszufinden, nachdem ich gestorben bin. Für die bis dahin verbleibende Zeit habe ich mich jedenfalls von der Annahme gelöst, dass meine persönliche Ego-Identität, die auf biochemisch im Gehirn gespeicherten Erinnerungen basiert, den physischen Tod überdauern wird.

Häufig spreche ich davon, dass man die spirituelle Bildung des Ego unterstützen sollte. Diesem Prozess kommt große Bedeutung zu, weil die Egofunktion des Geistes ausschlaggebend dafür ist, worauf wir in jedem neuen Augenblick die Aufmerksamkeit richten. Richtet diese sich aber auf Zweifel, Angst und Sorgen, so kann sie sich nicht auf Mitgefühl und das Einströmen des *Geistes* richten. Das Ego bedarf eines behutsamen Bildungsprozesses. Und es braucht die unmittelbare Erfahrung spiritueller Wahrheiten, damit es sich darüber klar werden kann, wie wichtig und wertvoll es ist, das Augenmerk regelmäßig auf die unendliche Wirklichkeit des allzeit vorhandenen gegenwärtigen Augenblicks zu richten, statt sich auf den wackeligen Glauben an ein möglicherweise perfektes Himmelreich weit weg irgendwo in der überirdischen theologischen Zukunft zu fixieren.

Einmal mehr handelt es sich hier einfach um die Erfahrung, die ich gemacht habe, als ich schließlich die mit Angst besetzten Vorstellungen, die mir durch meine religiöse Tradition des Christentums einprogrammiert worden waren, größtenteils loszulassen vermochte. Betrachten Sie bitte *Ihre* Erfahrung als ebenso wahr und wertvoll wie meine. Falls Sie gern an religiösen Überzeugungen festhalten möchten, die Ihnen in der Zukunft ewige Erlösung versprechen, fordere ich Sie nicht dazu auf, sich von solchen Glaubensinhalten zu lösen. Jeder von uns muss selbst entscheiden, an welchen Überzeugungen es festzuhalten gilt und welche man mit Bedacht verwerfen sollte, je nachdem, ob sie uns in spiritueller Hinsicht weiterbringen oder nicht. Entscheidend ist, sich darüber im Klaren zu sein, dass wir religiöse Glaubensinhalte, die spirituell für uns nicht hilfreich sind, selbstverständlich ablegen können.

Innerer Frieden ist für das spirituelle Leben absolut unverzichtbar. Diese Aussage markiert einen Kernpunkt nicht nur der Lehren Jesu, sondern auch derjenigen des Buddha, des Propheten Mohammed und des Laotse. Innerer Frieden aber wird denjenigen zuteil, die zu tiefgründiger meditativer Wahrheit gefunden haben.

*Frieden
findet man im Innern,
und er entsteht nur,
wenn man die Angst loslässt.
Darum lassen Sie uns das tun!*

Vielleicht werden Sie es hilfreich finden, jetzt am Ende dieses Kapitels das Buch beiseitezulegen: Stimmen Sie sich einfach auf die Atmung und die Empfindungen in Ihrem Herzen ein, um zu sehen, welche Einsichten Ihnen in den nächsten Momenten mit Blick auf Leben und Tod in den Sinn kommen – gefolgt von der meditativen Erfahrung vollkommenen Annehmens und inneren Friedens:

*Ich lasse all meine Anspannung
und meine Sorgen los
und fühle Frieden in mir.*

Siebtes Kapitel

Akzeptieren Sie jeden Menschen

*Die nicht urteilende Selbstbetrachtung
ist die höchste Form menschlicher Intelligenz.
Um die Welt zu verwandeln, beginnen Sie bei sich selbst.*

*Wenn Sie verstehen, was Sie sind,
und nicht versuchen, sich selbst zu ändern,
dann durchläuft, was Sie sind, eine Verwandlung.*

*In dem Augenblick, in dem Sie
dies bemerkenswerte Etwas namens Liebe
in Ihrem Herzen haben, werden Sie feststellen,
dass sich für Sie die ganze Welt verwandelt hat.*

KRISHNAMURTI

Die Meditation mit den Leitsätzen gibt Ihnen in jedem neuen Augenblick die Kraft, die Evolution des menschlichen Bewusstseins weiter voranzubringen. Denn nun arbeiten Sie mit dem Geist auf eine Art und Weise, durch die Sie für Inspiration und für eine aus Ihrer höheren Quelle kommende Führung empfänglicher werden. Durch bewusste Wiederausrichtung und eine Ausweitung Ihres Aufmerksamkeitshorizonts kann Ihre menschliche Präsenz auf Erden intelligenter, mitfühlender und schöpferischer werden. Nirgends zeigt sich diese Möglichkeit deutlicher als bei der jeden Augenblick neu zu treffenden Entscheidung, ob Sie Ihr Augenmerk darauf richten, die Sie umgebende Welt zu beurteilen oder aber Gottes unablässig neu in Erscheinung tretende Schöpfung einfach willkommen zu heißen, sie anzunehmen und an ihr teilzuhaben.

Das gesamte Universum, darin sind sich die meisten Menschen einig, ist irgendwann einmal von einer unendlich intelligenten Kraft aus dem Nichts erschaffen worden. Absolut alles in diesem Universum ist demzufolge Gottes Schöpfung. Trotzdem verbringen die meisten von uns einen Großteil der Zeit damit, über Teile von Gottes Schöpfung ein Urteil abzugeben, indem sie sagen, etwas sei schlecht, falsch, hässlich, negativ, sündig, böse und dergleichen mehr.

Jedes Mal, wenn wir eine Person oder Situation negativ beurteilen, läuft es im Grunde darauf hinaus, dass wir Gott sagen: »He, das da hast du aber nun wahrhaftig vermasselt. Dieser spezielle Teil deiner Schöpfung ist einfach zum Kotzen!«

Welch eine Äußerung unserem Schöpfer gegenüber. Was für eine erstaunliche Anmaßung legt unser Ego doch dem Schöpfer gegenüber an den Tag, indem es über die Schöpfung ein Urteil fällt. Irgendetwas in diesem Universum zu verurteilen mutet, aus meiner Perspektive jedenfalls, höchst vermessen an, um es gelinde auszudrücken.

Darüber hinaus richten wir aufgrund unserer tief verwurzelten Gewohnheit, zu werten und zu urteilen, anstatt uns selbst und andere einfach zu akzeptieren und zu lieben, andauernd Schaden an. Deshalb möchte ich in diesem Kapitel auch darauf eingehend zu sprechen kommen, was es in spiritueller und in psychologischer Hinsicht bedeutet, das Urteilsvermögen verstummen zu lassen, sooft wir können, und in einen liebenden Zustand hinüberzuwechseln. Krishnamurti fasst dies in folgende Worte:

Kann man einander lieben,
ohne emotional, körperlich oder
auf welche Weise auch immer
irgendetwas haben zu wollen?
Angesichts von Beurteilung oder Anhaftung
kann Liebe nicht existieren.
Haben Sie jedoch Liebe im Herzen,
dann ist all Ihr Tun von Schönheit beseelt,
dann hat es Anmut, dann erweist
es sich als ein richtiges Handeln.
Das Aufblühen der Liebe
ist Meditation.

Entweder-oder-Entscheidungen

Der psychologischen Forschung, lange meine größte Leidenschaft im Leben, habe ich vor Jahren den Rücken gekehrt. Regelmäßig schaue ich mir jedoch an, was meine früheren Kollegen in Erfahrung bringen, insbesondere wenn es darum geht, wie durch das Zusammenwirken der unterschiedlichen Hirnpartien jenes Phänomen entsteht, das wir gemeinhin als Bewusstsein bezeichnen. Die Bewusstseinsforschung steckt zwar noch in den Kinderschuhen, nichtsdestoweniger haben wir dank der computertomographischen Untersuchungen des Kopfes einen bedeutenden Einblick gewonnen: Bei einem im Zustand von Beurteilung und Analyse befindlichen Gehirn sind in ganz anderen Arealen Signale neuronaler Aktivität zu verzeichnen als bei einem Gehirn mit Aktivitäten im Modus von Anerkennung und Liebe.

Stets sind wir entweder in jenen Assoziationsprozess verstrickt, in dem wir uns und die Welt nach einem der unzähligen Kriterien von Annehmen und Ablehnen beurteilen, oder wir aktivieren einen ganz anderen Teil des Gehirns, indem wir uns selbst und die Welt eben so akzeptieren, wie wir sind, und Zugang zu solchen nicht von Vorurteilen belasteten Emotionen wie Mitgefühl und Kooperationsbereitschaft gewinnen.

Psychisch sind wir offenbar nicht in der Lage, in beiden Zuständen gleichzeitig zu funktionieren. Unentwegt entscheiden wir uns für den einen oder für den anderen Zustand: entweder Liebe oder Beurteilung. Und dieser nicht enden wollende Entscheidungsprozess hat nicht nur auf unser persönliches Leben tiefgreifende Auswirkungen, sondern auch auf die Welt um uns herum.

Jeder Moment, den wir mit Beurteilung verbringen, ist ein Moment, in dem wir von Mitgefühl und Kooperationsbereitschaft getrennt sind.

Auf gar keinen Fall, das sollte unbedingt klar sein, möchte ich den urteilenden Geisteszustand in Misskredit bringen. Auch für das Beurteilen gilt: alles zu seiner Zeit. So viele von uns aber, darin besteht das Problem, sind gewohnheitsmäßig in dem urteilenden Geisteszustand regelrecht gefangen. Und von dieser auf Angst zurückgehenden Geistesfunktion aus den Übergang zu erhebenden, schöpferischen, von Herzen kommenden Bewusstseinszuständen zu bewerkstelligen bereitet uns Schwierigkeiten.

All die positiven inneren Eigenschaften, die wir in der Meditation zum Vorschein bringen möchten, setzen voraus, dass die voreingenommenen Gedanken, die im Geist so leicht die Oberhand gewinnen, vorübergehend zur Ruhe kommen. Uns in der Weise zu öffnen, dass uns spirituelle Einsicht, Heilung, Liebe und Freude zuteil werden, vermögen wir nach meinem Verständnis der psychischen wie auch der spirituellen Dynamik nur, wenn wir den urteilenden Geistesprozess bewusst zurückstellen.

Der nun folgende Leitsatz wird Sie aktiv darin unterstützen, den Übergang vom Urteilen zum Akzeptieren vorzunehmen. Und haben Sie erst einmal gelernt, mit dem Leitsatz umzugehen, wird dieser Übergang fast augenblicklich stattfinden:

 *Ich akzeptiere jeden Menschen, den ich kenne, so wie er ist.*

Je nach Ihrer aktuellen Situation können Sie stattdessen auch auf eine der beiden anderen Varianten des Leitsatzes zurückgreifen:

Ich akzeptiere die Welt, so wie sie jetzt gerade ist.
oder:
Ich akzeptiere diesen Augenblick, so wie er ist.

Das Beurteilen ist eine defensive Geistesgewohnheit, an der das Ego festhält, weil es meint, für *sein* Überleben sei diese Gewohnheit unverzichtbar. Sich mit einer gewissen Regelmäßigkeit von fest gefügten Urteilen zu lösen, um Liebe und Vertrauen an deren Stelle treten zu lassen, ist eine immer wieder anstehende spirituelle Entscheidung.

WANN MAN GUT DARAN TUT ZU BEURTEILEN

Meine persönliche Erfahrung mit dem Thema sieht so aus: Selbst nachdem ich jetzt mit diesem Leitsatz »von der Beurteilung zur Anerkennung« schon jahrelang gearbeitet habe, ertappe ich mich immer noch dabei, dass ich in voreingenommenen Gedanken über einen Menschen, eine Situation oder eine Überzeugung feststecke. Jederzeit besteht für jeden von uns durchaus eine hohe Wahrscheinlichkeit, dass ein mit Gefahr verknüpftes Reaktionsmuster ausgelöst wird – es sei denn, wir würden zu einem im wahrsten Sinne des Wortes einschneidenden hirnchirurgischen Eingriff wie einer Frontallappen-Lobotomie Zuflucht nehmen.

Sofern wir uns nicht auf die eine oder andere Weise durch eine Person, eine Idee oder eine Situation bedroht fühlen – mag die »Bedrohung« auch noch so subtil sein –, geraten wir nur selten in einen Beurteilungsmodus. Zuerst nehmen wir einfach etwas wahr. Ist nun die im gegenwärtigen Augenblick zustande kommende Wahrnehmung mit angstbesetzten Erfahrungen der Vergangenheit verknüpft, dann urteilen wir negativ, reagieren dementsprechend und versuchen, uns zu schützen.

In zahlreichen Situationen ist dieser Beurteilungsprozess eindeutig ein angemessenes Verhalten. Ein neutraler Begriff für »beurteilen« ist *unterscheiden:* Wir stellen den Unterschied zwischen der einen Sache und einer anderen oder zwischen einer Person und einer anderen fest und richten uns in unserem Handeln danach. Wenn wir beim Autofahren sehen, dass eine Ampel von Grün auf Rot umgeschaltet hat, so unterscheiden wir zwischen diesen beiden Farben, bringen sie mit ihrer symbolischen Bedeutung in Zusammenhang und halten an.

Ebenso rufen wir uns, wenn wir jemanden negativ beurteilen, dazu auf, wachsam zu sein angesichts der Möglichkeit, dass die oder der Betreffende – aufgrund einer Verbindung, die wir zwischen diesem und einem anderen Menschen aus unserer Vergangenheit herstellen – uns in irgendeiner Weise verletzen oder bedrohlich für uns sein könnte. Wenn wir uns sagen: »Diesen Menschen mag ich nicht«, trifft unser Ego die Entscheidung: Es will der betreffenden Person aus dem Weg gehen, um das Risiko eines Problems oder einer Verletzung zu vermeiden, das Risiko von emotionalem Schmerz und Leid beispielsweise.

Das könnte ein kluger Schritt sein. Aus Erfahrung zu lernen ist wichtig, damit wir Fehler, durch die wir uns in der Vergangenheit selbst Probleme bereitet haben, nicht wiederholen. Ebenso treffen wir zum Beispiel fortwährend die Entscheidung, welchen Dingen wir uns in den Medien aussetzen, welchen hingegen nicht; und das ist eine Ermessenssache. Selbst die Entscheidung, dass wir vom Urteilen dazu übergehen zu akzeptieren, ist die Konsequenz einer Beurteilung.

Zu wissen, wann es darauf ankommt, sich aktiv ein Urteil zu bilden, und wann man aufhören sollte zu urteilen, um sich spontan auf etwas einzulassen, Spaß zu haben und Liebe zu empfinden, das ist der Knackpunkt. Urteilen, wenn eine Situation dies erforderlich macht, ist durchaus etwas Positives. Nicht von der Gewohnheit loszukommen, permanent alles zu beurteilen, ist hingegen die Hölle. Denn das hält Sie davon ab, sich unmittelbar auf die Welt einzulassen.

Ist der Schaden erst angerichtet

Wenn Sie, anstatt jemanden im gegenwärtigen Augenblick wahrzunehmen, die betreffende Person beurteilen, aktivieren Sie die assoziative, auf Vergangenheit und Zukunft bezogene Verstandestätigkeit. Psychologisch betrachtet entziehen Sie sich in dem Moment, in dem Sie eine Erfahrung bewerten und beurteilen, vorübergehend der Teilhabe am gegenwärtigen Augenblick. Falls Sie unablässig alles beurteilen, was um Sie herum geschieht, nehmen Sie an diesem Geschehen nicht aktiv teil, sondern bleiben auf das Nachdenken über potenziell für Sie zugängliche Erfahrungen beschränkt.

Wer die meiste Zeit nur denkt und denkt und denkt, dem entgehen all der Spaß, das Geheimnis und die Leidenschaft, die man erlebt, wenn man sich im gegenwärtigen Augenblick mit der Welt befasst. Und dies gilt – mag es auch merkwürdig erscheinen – bei einer positiven Beurteilung ebenso wie bei einer negativen. Wenn Sie zum Beispiel auf dem Land ein Sträßchen entlangschlendern und an einer wunderschönen Rose vorbeikommen, genießen Sie die Sinneseindrücke, die mit ihrem Anblick und dem herrlichen Duft verbunden sind. Sobald Ihnen indes der Gedanke in den Sinn kommt: »Was für eine wunderschöne Rose«, gleiten Sie ins Denken ab und verlieren den unmittelbaren Sinneskontakt zu der Rose. Fürs Liebemachen gilt das Gleiche. Falls Sie beurteilen, was Sie da tun, sind Sie nicht mit dem Herzen bei der Sache – und dann macht's keinen Spaß.

Die gleiche Situation haben Sie, wenn Sie jemanden treffen. Entweder gehen Sie im gegenwärtigen Augenblick ziemlich spontan auf die betreffende Person ein, oder Sie beginnen, über sie nachzudenken und sie zu beurteilen – und dabei geht Ihnen die Unmittelbarkeit der jeweils einzigartigen Ganzkörperbegegnung verloren. (Etwas Ähnliches kann beim Eintritt in die Meditation geschehen. Solange Sie über Ihre innere Erfahrung nachdenken und sie beurteilen, untergraben Sie das eigene Potenzial für ein unmittelbares Erleben des Göttlichen.)

Achten Sie mal darauf: In dem Moment, in dem Sie damit beschäftigt sind, jemanden zu beurteilen, begegnen Sie der betreffenden Person nicht mit von Herzen kommender Offenheit. Denn Sie widmen sich einer nicht liebenden, analytischen Geistestätigkeit. In jenem Augenblick des Urteilens ereignet sich eine echte menschliche (und spirituelle) Katastrophe: Durch Ihr Verharren im Beurteilungsmodus haben Sie soeben die in der Gesamtliebesbilanz des Universums vorhandene Menge an Liebe verringert. Aber indem Sie dies klar erkennen, rücken Sie auch schon von der gewohnheitsmäßigen Beurteilung etwas ab und entwickeln sich ein Stück weit in Richtung akzeptieren können. Nach meinem Verständnis spiegelt sich darin wider, was Jesus mit seinem berühmten Ausspruch: »Richtet nicht« zum Ausdruck bringt. Beobachten Sie sich selbst dabei, wie Sie urteilen. Dann werden Sie natürlicherweise damit aufhören.

Ich empfehle Ihnen, auf den siebten Leitsatz in einer der drei Fassungen jeden Tag viele Male zurückzugreifen. Behalten Sie dieses »Mantra des Anerkennens und Akzeptierens« im Sinn. So kann es Ihnen immer wieder aufs Neue in Erinnerung rufen, dass Sie stets die Wahl haben – entweder über die Welt zu urteilen oder sich auf jede neue Erfahrung von ganzem Herzen und mit ganzer Seele einzulassen.

Halten Sie, wenn Sie mögen, für einen Moment inne, stimmen Sie sich auf die Atmung und auf Ihr Herz ein, und richten Sie dann diese befreienden Äußerungen an sich selbst:

Ich akzeptiere jeden Menschen, den ich kenne,
so wie er ist.
Ich akzeptiere die Welt, so wie sie jetzt gerade ist.
Ich akzeptiere diesen Augenblick, so wie er ist.

SIE UND ICH SIND EINANDER GLEICHGESTELLT

Die Unabhängigkeitserklärung der Vereinigten Staaten von Amerika geht, wie Ihnen bekannt sein dürfte, von der Annahme aus, dass wir alle, mögen wir uns auch noch so sehr voneinander unterscheiden, nichtsdestoweniger einander gleichgestellte Geschöpfe sind. Trotzdem hat jeder von uns eine unverwechselbare Sicht auf die Welt. Und unser Ego neigt zu der Annahme, unsere Sicht sei die richtige und jeder, der eine andere Sicht der Dinge hat, befinde sich im Unrecht und könne uns nicht das Wasser reichen.

Ein solchermaßen reaktives Funktionieren liegt in der Natur des Ego-Geistes. Aber wir brauchen nicht zuzulassen, dass diese Funktion Oberhand über uns gewinnt. Wir können uns die Kraft des geweiteten Bewusstseins zunutze machen, um unsere gewohnheitsmäßigen und in vielen Fällen von anderen übernommenen Urteile zu überwinden, damit wir auf einer höheren, vergnüglicheren, mitfühlenderen und einsichtsvolleren Gewahrseinsebene interagieren.

Insbesondere ermuntere ich Sie dazu, alle Menschen als Ihresgleichen anzusehen und entsprechend mit ihnen umzugehen. Obgleich unsere Mitmenschen die Welt anders wahrnehmen als Sie oder ich, können wir ihren Standpunkt ebenso respektieren wie unseren eigenen. Und das können wir einseitig tun.

Wahre Gemeinschaft besteht
in wechselseitigem Respekt
vor den unterschiedlichen Ansichten
ihrer Mitglieder über dieselbe Wirklichkeit.

Solange wir andere Menschen nicht respektieren, sind wir weiterhin von Angst und Vorurteilen Getriebene. Von Angst und Vorurteilen getrieben, mindern wir aber Liebe und menschliches Entgegenkommen in unserer Weltgemeinschaft. Im Lauf ihrer Geschichte hat die menschliche Gemeinschaft Kastensysteme entwickelt – starre, auf Vorurteilen basierende Hierarchien bestimmter Menschengruppen. An den eigenen kulturellen Hierarchien orientiert, schaute man auf manche Menschen herab, während man zu anderen aufschaute. Wir können jedoch bewusst den Entschluss fassen, selbst die Zügel in die Hand zu nehmen beim eigenen Geist und unser Augenmerk mehr auf Liebe und weniger auf Beurteilung zu richten.

Ich erinnere mich an eine meiner längeren Begegnungen mit Osho, damals in den Achtzigerjahren in Westberlin. Nach Jahren der Kurzsichtigkeit hatte ich mein volles Sehvermögen zurückgewonnen und brachte den Leuten nun bei, wie auch sie einen vergleichbaren Genesungsprozess durchlaufen konnten. Ich war eingeladen worden, die entsprechenden Unterweisungen in Oshos florierendem, mehr als 5000 Mitglieder zählendem Westberliner Zentrum zu geben. Die Leiter des Zentrums übten freilich Kritik an mir, weil ich lehrte, man dürfe, um Normalsichtigkeit zu erreichen und wieder klar sehen zu können, zu niemandem aufschauen, andererseits aber auch auf niemanden herabblicken, sondern man müsse jedermann als seinesgleichen betrachten und ihm oder ihr geradewegs in die Augen blicken.

In Oshos Ashram wurde indes von jedem erwartet, dass man zu ihm, dem großen Meister, aufschaute. Indem ich jedoch darauf pochte, jeder solle Osho als seinesgleichen geradewegs in die Augen blicken, verstieß ich gegen einen kardinalen Grundsatz des Ashrams.

Akzeptieren Sie jeden Menschen

Eines Tages traf Osho, aus Indien kommend, in Berlin ein. Und bei der ersten Begegnung mit mir wollte er wissen, ob ich dieser dreiste Häretiker sei, der die Osho-Schüler aufforderte, nicht zu ihm als ihrem großen spirituellen Meister aufzuschauen. Ich konnte ihm nur lächelnd in die Augen blicken und sagen: »Ja, so seh ich das.«

Und was hat er gemacht? Er brach in Gelächter aus und forderte mich auf, ihn gleich an jenem Abend später noch einmal aufzusuchen. Das tat ich und war von dem, was er mir unter vier Augen erzählte, tief beeindruckt. Es gebe Tausende junger Menschen, erklärte er mir, zumal hier in Deutschland, die keine positive Vaterfigur hätten, zu der sie aufschauen könnten. Er sehe sich in der Rolle von jemandem, der an einer bestimmten Phase im Leben dieser jungen Leute beteiligt sei und ihnen helfe, jenen Prozess des Erwachsenwerdens zu durchlaufen, in dem man zu einer idealisierten Vaterfigur aufschaut – zu jemandem, den sie lieben konnten und der sie bedingungslos liebte, wie das ein guter Vater tun sollte. An einem bestimmten Punkt, so erklärte er, werde dann die Zeit für sie gekommen sein, zu entdecken, dass sie ihm sehr wohl direkt in die Augen blicken können, und zu begreifen, dass auch sie eins mit dem Göttlichen sind.

Wenn wir zu anderen aufschauen, als seien sie großartiger, heiliger, schöner oder erleuchteter als wir, verleugnen wir die eigene Göttlichkeit. Und wenn wir auf andere Menschen herabschauen, fügen wir ihnen in der Seele Schaden zu. Nur wenn wir andere als unseresgleichen behandeln und sie akzeptieren, wie sie sind, schaffen wir die Möglichkeit, dass die Kraft der Liebe in unserem Leben Oberhand gewinnen und unsere Welt verwandeln kann. »Ich akzeptiere jeden Menschen, den ich kenne, so wie er ist.«

Die PEAR-Aussage

Bei diversen Gelegenheiten habe ich schon über die PEAR-Studie geschrieben (PEAR = Princeton Engineering Anomalies Research), in welcher die Kraft der Absicht belegt wird. Und unweigerlich komme ich hier wieder auf diese Studie zu sprechen. Sollten Sie mit ihr bereits vertraut sein, können Sie diesen kurzen Abschnitt einfach überspringen. Ansonsten lesen Sie bitte weiter. Über diese seriöse und schlüssige wissenschaftliche Untersuchung sollte man auf jeden Fall Bescheid wissen. In ihr wird nachgewiesen, dass das menschliche Gehirn – durch eine nach wie vor rätselhafte Kraft – tatsächlich Gedanken, Symbole und Emotionen ausstrahlt und dass diese Kraft die Arbeit empfindlicher elektronischer Geräte beeinflusst. (Um etwas über die wissenschaftlichen Details und die Analyse dieser über zehn Jahre sich erstreckenden Studie zu erfahren, brauchen Sie nur bei einer entsprechenden Internet-Suchmaschine »PEAR Princeton« einzugeben.)

In den Achtzigerjahren wollte Prof. G. Jahn am Technischen Institut der Princeton University mit seinem Team den Nachweis erbringen, Einstein habe sich mit seinem berühmten Ausspruch, »die Absicht des Experimentators beeinflusst den Ausgang des Experiments«, geirrt. Zu ihrer Überraschung, ja Bestürzung stellten sie freilich fest, dass Einstein recht hatte. Im Verlauf Tausender experimenteller Tests vermochten die Probanden die Kraft ihrer Absicht auf einen Zufallszahlengenerator zu richten und diesen dahingehend zu beeinflussen, dass er regelmäßig mehr Einsen als Nullen produzierte.

In Doppelblindstudien zur Frage nach außersinnlichen Wahrnehmungen wurde außerdem Folgendes nachgewiesen: Strahlt eine Person ein bestimmtes Symbol oder eine

Zahl geistig aus, während sie sich auf eine andere, in einem gewissen Abstand von ihr befindliche Person konzentriert, wird die letztgenannte Person eine durch die Ausstrahlung beeinflusste Wahl treffen. Die Entfernung zwischen der sendenden und der empfangenden Person spielt dabei keine Rolle: Wurde die Entfernung vergrößert, sogar bis auf Tausende von Kilometern, blieb der Effekt weiter bestehen. Die gleichen bemerkenswerten Ergebnisse hat die Studie auch mit dem Zufallszahlengenerator belegt und dadurch gezeigt, dass die Kraft des Bewusstseins, wie Einstein es vorhergesagt hatte, außerhalb des Raum-Zeit-Kontinuums wirksam wird – auf welche Weise auch immer dies geschehen mag. Für das Thema, über das wir hier sprechen, hat das weitreichende Konsequenzen.

Wenn Sie über jemanden
etwas Negatives denken, senden Sie,
das hat das PEAR-Forschungsprojekt bewiesen,
diesen negativen Gedanken aus,
treffen mit ihm jene Person
und setzen sie dadurch
auf einer subtilen inneren Ebene herab.

Glauben Sie nicht mir, was dies anbelangt – gehen Sie auf die PEAR-Website und lesen Sie, was dort über diese Untersuchungen und mit ihnen zusammenhängende Experimente geschrieben steht, damit Ihnen die Tatsache völlig klar wird, dass es eine schädliche Handlung ist, wenn man negative und voreingenommene Gedanken hegt.

Diese Forschungsergebnisse eröffnen uns eine Möglichkeit zu verstehen, worüber Jesus und der Buddha gesprochen haben, als sie allergrößten Wert auf die Feststellung legten, ein angemessenes spirituelles Verhalten bestehe darin, zu lieben und zu akzeptieren, nicht jedoch darin, andere zu beurteilen. Die buddhistische Vorstellung von einer Lebensführung, die unter der Maxime steht, niemandem Leid und Schaden zuzufügen, gründet in der tiefen Einsicht, dass nicht nur unsere körperlichen, sondern auch unsere geistigen Handlungen die Welt zum Vor- oder Nachteil beeinflussen.

Wie sehen Sie das? Verfügen Sie über die geistige Kraft, Ihre Gedanken und Gefühle in die Welt auszustrahlen und dadurch auf subtile Weise die Gedanken und Gefühle anderer Menschen zu beeinflussen? Halten Sie für ein paar Momente inne, wenn Sie mögen, und stimmen Sie sich auf Ihre Atmung ein. Schauen Sie, welche Einsichten Ihnen aus der Mitte Ihres Daseins zufließen.

Anerkennen und verändern

Wenn ich die drei Fassungen des »Anerkennungsleitsatzes« den Menschen in Kursen und Seminaren vorgestellt habe, erhoben merkwürdigerweise circa drei Viertel der Teilnehmer zunächst einmal lautstark Einwände dagegen. Daher brauchen Sie keineswegs das Gefühl zu haben, auf verlorenem Posten zu stehen, wenn eine Stimme im Hinterkopf Ihnen sagt: »Also hier liegt John wirklich schief. Ich werde die Welt bestimmt nicht akzeptieren, wie sie ist – das ist doch hirnrissig! Ich will die Welt verändern, all der Gewalt ein Ende setzen, Seuchen und Hungersnöte vermindern, den Not leidenden Armen helfen, will mein Möglichstes tun, damit alle in Liebe und Wohlstand leben können. Aber nun kommt John daher und fordert mich auf, ich solle nicht länger versuchen, die Welt zum Besseren zu verändern, sondern jenes entsetzliche Durcheinander, in dem sie sich jetzt befindet, einfach akzeptieren. Das ist eine gefährliche und defätistische Einstellung, die den Kräften des Bösen auf der Welt zum Sieg verhelfen würde. Ich denke gar nicht dran!«

Diesen Gedankengang kann ich komplett nachvollziehen. Nichtsdestoweniger ist er psychologisch schlicht und einfach falsch. Wie ich bereits deutlich gemacht habe, sind unsere notorisch voreingenommenen/ablehnenden/feindseligen Gedanken keineswegs hilfreich für die Welt. Im Gegenteil, unablässig tragen sie ihr Scherflein dazu bei, die Welt herunterzuwirtschaften. Was die Welt meiner Einschätzung nach jetzt am allerwenigsten braucht, ist mehr negative Beurteilung und Konflikt.

Vielmehr ist es notwendig, uns an dieser Stelle erneut über Alan Watts' Paradoxon Gedanken zu machen: Nur indem wir die Wirklichkeit so akzeptieren, wie sie ist, können wir uns im gegenwärtigen Augenblick voll und ganz auf ebenjene Wirklichkeit einlassen, um dann durch spontanes Handeln eine vorteilhafte Veränderung herbeizuführen. Beurteilung führt definitionsgemäß zu einer Abkoppelung von dieser Wirklichkeit. Von genau der Situation, die wir verändern wollen, rücken wir also ab.

Jedes Mal, wenn wir die Realität des Augenblicks
zurückweisen, statt sie zu akzeptieren,
entmachten wir uns selbst.
Cowboys kennen das schmerzlich aus eigener Erfahrung:
Wer gegen die Wirklichkeit ankämpft,
kann niemals den Sieg davontragen.

Denken Sie an eine Mutter und ihr Kind. Hilft eine Mutter, die dauernd ihr Urteil abgibt zu dem, was das Kind tut, es kritisiert und an dem armen Kleinen herumnörgelt, weil es aus diesem oder jenem Grund seine Sache nicht besser macht, damit ihrem Kind, sich zum Vorteil zu verändern? Offensichtlich nicht. In einer Liebesbeziehung verhält es sich nicht anders. Die meisten Paare akzeptieren einander nicht einfach so, wie sie sind. Stattdessen wollen sie, dass der Partner sich ändert – netter wird, mehr Sexappeal oder mehr Erfolg hat, und so weiter.

Aber all diese Beurteilungen sind tödlich für die Liebe. Wenn ich von dem ausgehe, was ich als Eheberater beobachtet habe, lässt sich sagen, dass immer wiederkehrende Beurteilung und Zurückweisung die Liebe verdorren lassen und sie letztlich zerstören. Indem wir andere Menschen nicht so akzeptieren, wie sie sind, versagen wir ihnen Liebe und die Freiheit, im gegenwärtigen Augenblick voll und ganz sie selbst zu sein und sich auf natürliche Weise in gesunde und heilsame Richtungen zu entwickeln. »Ich akzeptiere dich so, wie du bist« – könnten Sie Ihrer Frau oder Ihrem Mann überhaupt etwas Liebevolleres sagen?

Dieselbe Dynamik kommt bei der Arbeit zum Tragen. In dem Maß, in dem wir die Realität eines Mitarbeiters kritisieren oder anderweitig zurückweisen, behindern wir dessen Fähigkeit, sich zum Vorteil zu verändern, anstatt solch eine Veränderung zu fördern. Liebe und Anerkennung rufen Mitgefühl und positive Veränderung hervor. Kritische Beurteilung hingegen blockiert eine Veränderung zum Positiven. Mitarbeiter blühen auf, wenn sie akzeptiert, geliebt und geschätzt werden. Firmen erstarken, werden kreativ und sind einfach nicht unterzukriegen, wenn in ihnen wechselseitiger Respekt und Mitgefühl vorherrschen.

Russland das »Reich des Bösen« zu nennen war den dort lebenden Menschen gegenüber auch keine liebevolle Handlung. Und entweder die Demokraten oder die Republikaner als, aus welchen Gründen auch immer, schlecht, dumm, verantwortungslos, gierig oder dergleichen mehr zu bezeichnen – solch eine Geistesprojektion ist den positiven Zielen, die wir alle anstreben, ebenso wenig förderlich.

Meditation fungiert als innerer Provokateur,
der nicht nur die Fähigkeit zu akzeptieren,
sondern auch Mitgefühl und auf Liebe
beruhendes Handeln fördert
und einen revolutionären Prozess zum Positiven
hin in Gang setzt.

Wenn Sie jede im Wachzustand verbrachte Minute Ihres Lebens meditieren und diese revolutionären Leitsätze stets im Sinn behalten, während Sie mit der Welt interagieren, dann strahlen Sie den Forschungsergebnissen der PEAR-Studie zufolge nicht nur Liebe und Anerkennung aus, sondern unterstützen zugleich unablässig einen Wandel zum Besseren in der Welt.

Ich entsinne mich eines Selbsthilfe-Buches, das vor ungefähr 40 Jahren veröffentlicht und zum Bestseller wurde. Es hieß »*Ich bin o. k. – du bist o. k.*«. Dasselbe sage ich zu Ihnen – Sie sind in Ordnung, so wie Sie jetzt sind. Ich bin in Ordnung, so wie ich jetzt bin. Die Entscheidungen, die wir treffen, und die Handlungen, die wir ausführen, repräsentieren die Gesamtsumme dessen, wer wir sind, was wir durchlaufen haben und was wir in der Welt zu erreichen hoffen. Ihre Einstellungen und Handlungen als etwas Negatives, als schlecht, dumm, verantwortungslos, gierig oder was auch immer zu beurteilen halte ich für vollkommen kontraproduktiv.

Alles in allem tun Sie das Beste, zu dem Sie momentan in der Lage sind. Und um zu gedeihen und sich zu entfalten, benötigen Sie Liebe und Anerkennung, nicht Hass und Verurteilung. Bei mir sieht es genauso aus. Sollen wir also eine Vereinbarung treffen – einander so zu akzeptieren, wie wir sind, einander zu respektieren und nicht länger auf Weiterentwicklung und Wandlung zu pochen, bevor wir Anerkennung und Liebe »gewähren«?

Probieren Sie Folgendes: Rufen Sie sich jemanden, den Sie kennen, in Erinnerung, irgendjemanden. Behalten Sie die betreffende Person einen Moment lang im Sinn und im Herzen. Sagen Sie dann zu ihm oder ihr: »<u>Ich akzeptiere dich, wie du bist.</u>«

Ah, welch eine Erleichterung! Eine wahre Flut von Entspannung und Freude können Sie verspüren, wenn Ihnen klar wird, dass Sie andere so zu akzeptieren vermögen, wie sie sind. Diese Menschen sind in Ordnung! Belassen Sie sie so. Nicht Sie tragen die Verantwortung für die Betreffenden. Lassen Sie sie von Beurteilung unbeschadet ihr Dasein führen. So geben Sie ihnen die Freiheit, aufzublühen und zu gedeihen, und befreien zugleich sich selbst.

Gehen Sie jeden Tag die Liste der Menschen in Ihrem Leben durch. Sagen Sie in Gedanken zu jedem von ihnen: »<u>Ich akzeptiere und liebe dich, wie du bist</u>«, und erleben Sie, wie viel Mitgefühl, Energie und spontane Heilung Sie auf diese Weise freisetzen. Gesagt, getan. Unternehmen Sie gleich jetzt einen Versuch, wenn Sie mögen:

*[Name einer Freundin oder eines Freundes],
ich akzeptiere und liebe dich, wie du bist.*

Immer behält die Wirklichkeit die Oberhand

Haben Sie sich jemals gefragt, warum so viele gute und tüchtige Menschen auf der Welt zwar die Sehnsucht haben, bei Missständen und unfairen Situationen für Abhilfe zu sorgen, ihnen offenbar jedoch so wenig Erfolg darin beschieden ist, tatsächlich eine Veränderung zum Positiven herbeizuführen? Das ist so, weil sie gegen die Realität ankämpfen, statt an ihr teilzuhaben. Wenn ich Ihnen nahelege, dass Sie die Welt akzeptieren sollten, wie sie ist, um sie zu verändern, will ich Sie damit darauf aufmerksam machen, dass Sie eine Situation nur dann verändern können, wenn Sie voll und ganz die Tatsache akzeptieren, dass die betreffende Situation jetzt in diesem Augenblick so existiert, wie sie nun einmal ist. Diesen gegenwärtigen Augenblick können Sie nicht verändern. Sie können ihn lediglich willkommen heißen. Und im nächsten Augenblick können Sie dann reagieren.

Eine gegebene Situation oder die Einstellung oder das Verhalten einer bestimmten Person nicht zu akzeptieren bedeutet, die Augen vor der Wahrheit zu verschließen. Und die meisten von uns verschließen die Augen vor der Wahrheit, da der reaktive Teil des Geistes darauf programmiert ist, eine Gefahr entweder zu attackieren, vor ihr davonzulaufen oder, um ihr zu entgehen, in Ohnmacht zu fallen. In der von Angst bestimmten Gleichung ist kein Raum vorhanden, um anerkennen, um akzeptieren zu können. Denn in solch einem Fall lassen wir zu, dass die Sorge um die eigene Sicherheit für unsere Reaktion auf die vermeintliche Gefahr ausschlaggebend ist.

Spirituelle Lehrer haben stets großen Wert auf die Feststellung gelegt, dass es eine vierte Möglichkeit gibt, wie wir reagieren können: Wir haben die Möglichkeit, erhöhte Bewusstheit aufzubringen, eine gefährliche Situation vollständig zu erfassen und sie anzunehmen, um schließlich die Kraft der Liebe und der mitfühlenden Engagiertheit zum Tragen zu bringen. Für mich ist die vierte Option die meditative Option. Nur wenn wir bewusst die Angst aus der Gleichung nehmen, werden wir zu einem wirkmächtigen, positiven Wegbereiter der Veränderung.

Das ist die Judo-Bewegung, die den Kreislauf von Gewalt durchbricht und dem *Geist* Zugang zu einer Situation verschafft. Im nächsten Moment kann dann, sofern wir unser Herz geöffnet haben, alles geschehen. Für uns als Weltkultur ist es nach meinem Empfinden heutzutage unerlässlich, in aller Offenheit eingehend und ausführlich über diese vierte Option zu sprechen. Wir sollten Jesus und den Buddha und andere spirituelle Leitfiguren zu guter Letzt endlich ernst nehmen und uns entscheiden, im Sinn von Anerkennung, Mitgefühl und umfassendem spontanem Engagement vorzugehen. Dabei könnten wir, wer weiß das schon, verletzt werden, Geld oder sogar unser Leben verlieren. Doch sterben werden wir ohnehin früher oder später – und was könnte wertvoller sein, als für diese Herzensangelegenheit zu leben?

Die Zeit, den Sieg der Liebe über die Angst zu feiern, ist gekommen: »Ich akzeptiere jeden Menschen, den ich kenne, so wie er ist.«

Extreme Situationen
akzeptieren können

Am Abend bevor ich dieses Kapitel geschrieben habe, ereignete sich ein Vorfall, der auf dramatische Weise die dem siebten Leitsatz innewohnenden Möglichkeiten, Besorgnis und emotionales Leid in eine zutiefst positive Erfahrung zu verwandeln, deutlich gemacht hat. Mein Sohn war wie gewohnt zur Schule gefahren und sollte normalerweise gegen fünf Uhr wieder zu Hause sein. Mittlerweile ging es jedoch auf sechs Uhr zu, und er war weder nach Hause gekommen, noch hatte er angerufen. Es wurde sieben Uhr, die Dunkelheit brach herein, und er war immer noch nicht daheim. Alle

Eltern durchleben die qualvolle Ungewissheit, auf ihre Kinder zu warten, wenn diese sich verspäten und nichts haben von sich hören lassen. Gewöhnlich ist das eine Zeit großer Bangigkeit und Besorgnis – alle erdenklichen negativen Dinge, die einen fast um den Verstand bringen könnten, kommen einem da in den Sinn. Während ich so dasaß, aus dem Fenster schaute und darauf wartete, endlich den Lichtkegel zu erblicken, der das herannahende Auto meines Sohnes ankündigt, wurde mir klar, dass er durchaus im Krankenhaus gelandet sein könnte. Wenn nicht sogar Schlimmeres passiert war. Jeden Augenblick konnte das Telefon klingeln. Jemand könnte mir etwas Schreckliches mitteilen.

Ich schaute meinem Geist dabei zu, wie er alle möglichen Phantasien, von Angst und Besorgnis geprägte Projektionen, durchspielte. Immer war mein Sohn überaus pünktlich gewesen. Nie zuvor hatte es Derartiges gegeben. Daher konnte ich nur annehmen, ihm sei etwas Dramatisches zugestoßen. Fast mit Sicherheit würde es ein Autounfall sein. Doch da gab es nichts, was ich hätte tun können, erst recht als ich sah, dass er sein Handy nicht mitgenommen hatte.

Mein Geist lief auf Hochtouren, präsentierte mir die denkbar schlimmsten Szenarien und Unfallbilder. Ich ertappte mich dabei, wie ich in einen quälenden Angstzustand abzudriften drohte. Daraufhin beschloss ich, mir in Gedanken die Leitsätze zu sagen, damit ich nicht ausflippte, während die Minuten dahinglitten und mein Sohn nicht auftauchte.

Ich beobachtete das Kommen und Gehen meines Atems, brachte mich mit Hilfe der ersten vier Leitsätze voll und ganz in meinen Körper zurück, weilte im gegenwärtigen Augenblick. Ich sagte mir: »Ich lasse all meine Anspannung und meine Sorgen los und fühle Frieden in mir.« Und dann: »Ich akzeptiere diesen Augenblick, so wie er ist.«

Dieser Prozess nahm ein paar Minuten in Anspruch. Und

im Grunde war ich ein wenig überrascht, als ich feststellte, welch gute Dienste er in solch einer Extremsituation zu leisten vermochte.

Tatsächlich, mit einem Mal war mir richtig wohl zumute. Denn im Herzen fühlte ich mich mit meinem Sohn verbunden, wo auch immer er sein und was immer mit ihm geschehen mochte. Gleichgültig, was geschehen war, so wurde mir klar – es war geschehen. Ich hatte keinerlei Möglichkeit, gegen die Wirklichkeit anzukämpfen. Alles, was mir blieb, war Offenheit für die Realität des Augenblicks; um bereit zu sein, von Herzen reagieren und das tun zu können, was sich im nächsten Moment vielleicht als notwendig erweisen sollte.

Falls das Telefon klingeln und man mir mitteilen würde, dass er im Krankenhaus lag, würde ich unverzüglich dort hineilen, um bei ihm zu sein. Selbst wenn ich erfahren würde, er sei ums Leben gekommen, wäre dies ebenfalls eine Realität, an der ich nicht würde rütteln können. Daher würde ich sie akzeptieren. So läuft es im Leben. Bisweilen erwischt uns eine Tragödie. Und uns bleibt gar nichts anderes übrig, als dies zu akzeptieren.

Indem ich mich ganz und gar auf das Geschehene einließ, worin es auch bestehen mochte, fand ich mich schließlich in der Situation wieder, dass ich meine Atmung beobachtete, meine Präsenz im Zimmer erlebte und mich, während ich so dasaß, entspannt und mit mir selbst in Einklang fühlte. Einen Moment lang empfand ich sogar tatsächlich ein gewisses Schuldgefühl, weil es mir derart gut ging. Aber meinem Sohn, so wurde mir postwendend klar, würde es, ganz gleich was in seinem Leben geschah, absolut nichts bringen, falls ich emotional völlig am Boden läge.

Also blieb ich weiterhin auf den gegenwärtigen Augenblick und auf meine Atmung ausgerichtet, sagte mir in Gedanken erneut die Leitsätze, wodurch mein Geist noch weitergehend zur Ruhe gelangte. Ich saß einfach da, im gegenwärtigen Augenblick, hochgradig gewahr, in tiefem Zwiegespräch mit der Präsenz meines Sohnes, eingetaucht in meine Liebe zu ihm.

Die Zeit verstrich. Nichts geschah. Es ging auf halb acht zu, bald schon war halb acht vorüber. Ich saß weiterhin still im Wohnzimmer und blickte aus dem Fenster. Hin und wieder glitt ich in Zukunftsprojektionen ab, die von Angst und Besorgnis bestimmt wurden. Dann holte ich mich abermals in den gegenwärtigen Augenblick zurück und sagte mir: »Ich akzeptiere, was auch immer geschieht.«

Auf einmal waren die Lichter eines Autos zu sehen, das den Weg zu unserem Haus herauffuhr. Ich konnte allerdings nicht sagen, ob da mein Sohn kam oder die Polizei, die mir schreckliche Nachrichten überbringen würde. Die Autoscheinwerfer leuchteten auf. Schließlich nahm das Fahrzeug zu meiner großen Erleichterung den Weg, der zwischen den Rasenflächen hindurch in die Garage führte. Ah! Es war also unser Wagen. Mit meinem Sohn war alles in Ordnung. In der Schule hatte nur irgendwas länger gedauert. Welch eine Erleichterung!

Diese Geschichte aus meiner persönlichen Erfahrung erzähle ich Ihnen, weil ich Ihnen gern an einem Beispiel aus dem realen Leben zeigen möchte, wie man in Extremsituationen, mit denen wir alle hin und wieder konfrontiert werden, von den Leitsätzen Gebrauch machen kann. Außerdem habe ich Ihnen deshalb von dieser Erfahrung berichtet, weil sie mich Bescheidenheit gelehrt und mir in Erinnerung gerufen hat, dass wir alle, mögen wir in puncto Mind-Management noch so geübt sein, in extremen Situationen anfällig dafür sind, mental und emotional in angstbesetzte alte Reaktionsmuster abzugleiten.

Bereits an anderer Stelle habe ich erwähnt, dass ich hier nicht dafür plädiere, einen dauerhaften Erleuchtungszustand zu erreichen, in dem uns menschliche Schwächen nicht länger etwas anhaben können. Ich finde es wichtig, dass wir ganz und gar menschlich bleiben und uns nicht bemühen, Geist und Emotionen zu beherrschen, um dadurch über normale Reaktionen auf eine Situation hinauszugelangen. Gleichwohl, das habe ich herausgefunden, als ich auf die Heimkehr meines Sohnes wartete, versetzen die geistigen Hilfsmittel, über die ich hier in diesem Buch spreche, uns durchaus in die Lage, aus Angst entstandene Reaktionen außer Kraft zu setzen. Stattdessen können wir den gegenwärtigen Augenblick annehmen und Vertrauen haben.

Für die Anwendung dieser geistigen Hilfsmittel in Extremsituationen gibt es aber auch einen ganz praktischen Grund: Sich in ängstlich besorgte Projektionen zu verstricken bringt nichts Gutes, sondern hält uns vielmehr davon ab, für eine schwierige Situation eine positive Lösung zu finden. Wer ausflippt, ist damit nie gut beraten. Wenn wir die Realität des gegenwärtigen Augenblicks voll und ganz akzeptieren, versetzt uns dies – geistig und emotional – optimal in die Lage, mit allem, was auf uns zukommt, erfolgreich umzugehen.

Angst ist gleichbedeutend mit Kontraktion;
wer bereit ist zu akzeptieren, weitet sich.
Jeden Augenblick entscheiden wir uns
für das eine oder das andere.

Ich akzeptiere die Welt,
so wie sie jetzt gerade ist.

Achtes Kapitel

Lieben Sie sich selbst vollkommen vorbehaltlos

*Der wahre spirituelle Weg
erfordert keine Anstrengung.
Öffnet einfach euer Herz,
schon strömt Liebe hinein.*

Thakin Kung

Wenn Sie die Aufmerksamkeit liebevoll nach draußen in die Welt richten, das hat die PEAR-Studie gezeigt, üben Sie auf das Herz und den Geist Ihrer Mitmenschen einen positiven Einfluss aus. Was aber geschieht, wenn Sie die gleiche liebevolle Aufmerksamkeit nach innen wenden, ins Zentrum des eigenen Seins? Genau darum geht es bei dem Fortsetzungsdrama namens Meditation: Was geschieht, wenn Sie mit der liebevollen Aufmerksamkeit eine Drehung um 180 Grad vollziehen und sie sich selbst zuwenden?

Begonnen haben Sie diesen Prozess der Innenausrichtung mit den ersten vier Leitsätzen, die Ihr Wahrnehmungsvermögen mobilisiert haben. Mit dem achten Leitsatz erweitern Sie nun den in den Blick gefassten Bereich insoweit, dass Sie jene Dimensionen Ihres Verhältnisses zu sich selbst, die Ihre Gedanken und Einstellungen betreffen, mit einbeziehen. Um dies zu tun, gilt es einmal mehr, sich zu vergegenwärtigen, dass Ihr Ego darüber entscheidet, worauf Sie die Kraft Ihrer Aufmerksamkeit richten. Deshalb sage ich: »Sei aufs Neue gegrüßt, Ego! Was hältst du davon, dein Augenmerk nun direkt nach innen zu richten und dir den folgenden Leitsatz vorzusprechen?«

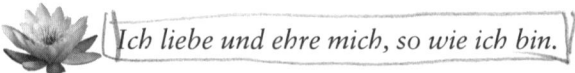
Ich liebe und ehre mich, so wie ich bin.

Lieben und ehren Sie sich tatsächlich ganz so, wie Sie sind? Stimmen Sie sich gleich hier und jetzt für ein paar Atemzüge auf Ihre Atmung ein. Sagen Sie sich dann erneut diese Schlüsselworte, um zu sehen, wie Sie allein schon gefühlsmäßig auf die Vorstellung reagieren, sich selbst vorbehaltlos zu lieben: »Ich liebe und ehre mich, so wie ich bin.«

Sich um Vergebung bemühen

In allen Kulturen der Welt ist Liebe allzeit etwas Geheiligtes, Unantastbares. Alle Menschen erleben das Gefühl der Liebe. Die Religionen betrachten Liebe als Gottes wichtigste Eigenschaft. Und die Kraft der Liebe sorgt für den Zusammenhalt der Familie. Alles, was man braucht, ist Liebe. Nur Liebe existiert. Liebet einander.

Wir haben allerdings die Neigung, genau das Gegenteil zu tun, zumal in der Beziehung zu uns selbst. Anstatt uns bedingungslos zu lieben, tendieren wir zu der Auffassung, nicht einmal die eigene Liebe hätten wir verdient. Dieser achte Leitsatz legt großen Nachdruck darauf, dass wir auf der Stelle bedingungslose Liebe zu uns selbst entwickeln.

Andere können wir nicht
mehr lieben als uns selbst –
daher ist es für uns eine von Natur
aus gegebene Verpflichtung,

*dass wir zunächst einmal lernen,
uns selbst zu lieben,
damit wir andere mehr lieben können.*

Als ich damals in den Siebzigerjahren das Theologische Seminar besuchte, habe ich fast ein Jahr lang zwei Nachmittage pro Woche damit verbracht, im Gefängnis von San Quentin mit einer aus vierzehn Lebenslänglichen bestehenden Gruppe zu arbeiten. Jeder von ihnen hatte mindestens einen Menschen umgebracht. Ich entsinne mich, wie ich durch all die hochgradig gesicherten Türen hindurch musste, um schließlich selbst mit diesen vierzehn Mördern und zwei mit Maschinenpistolen bewaffneten Wachleuten in einen Raum eingeschlossen zu werden. *Klong,* geräuschvoll fiel die schwere Metalltür ins Schloss. Und da waren wir also. Was für ein höllischer Einstieg in meine Arbeit als seelsorgerisch tätiger Psychologe, könnte man meinen. Im Rückblick betrachtet hätte ich jedoch unter gar keinen Umständen darauf verzichten mögen.

Anfangs hatte ich einen gehörigen Bammel vor den vierzehn Männern – und endlos viele Vorurteile. Aber nach und nach, als ich mir die Lebensgeschichten dieser Menschen erzählen ließ, wurde aus der urteilenden eine verstehende Haltung. Und nach drei oder vier Monaten erreichte ich einen Punkt, an dem die Gedanken und Gefühle über das Walten des Geschicks in unserem Leben, die damals in mir emporstiegen, sich am besten durch eine Zeile aus einem zu jener Zeit gerade populären Folksong beschreiben lassen: »There but for fortune, go you or I.« (»Nur mit Glück sind du oder ich nicht dort gelandet.« Anm. d. Übers.) Fünf dieser Männer waren ohne Frage durch und durch Psychopathen, die mit dem, was sie getan hatten, einfach keinerlei Gefühlsregung verbanden. Jeder von ihnen war in der frühen Kindheit derart gequält und missbraucht worden, dass sie heillos geschädigt waren. Die anderen durchlebten ein breites Spektrum von Emotionen und befanden sich in dem Prozess, sich selbst zu verstehen und, so hoffe ich, zu vergeben und zu einer Art innerer Absolution und Seelenfrieden zu finden. Zu jener Zeit grassierte in San Quentin der religiöse Eifer von Erweckungsbewegungen. Diese stachelten die Gefangenen an, Gott und Jesus um Vergebung zu bitten für das, was sie getan hatten, statt sich selbst zu vergeben. Bei den Häftlingen in meiner Gruppe schien das freilich nicht zu funktionieren. Diesen neun Männern war klar geworden, dass niemand anderes, nicht einmal Gott, ihnen würde vergeben können, falls sie sich nicht zunächst einmal selbst vergeben könnten.

Als Therapeut bin ich zu der Einsicht gelangt, dass dies für uns alle gilt. Die große Blockade zwischen unserem inneren Selbst und der heilenden Kraft des in uns einströmenden *Geistes* liegt in der Neigung des Ego begründet, uns selbst zu verurteilen. Auf die eine oder andere Weise gilt es den Punkt zu erreichen, an dem wir voll und ganz akzeptieren, wer wir sind und was wir getan haben – und uns selbst vergeben. Erst dann kann Liebe in unser Herz strömen, kann uns ganz und heil machen. Die Vergangenheit können Sie nicht verändern. Sie können lediglich das Geschehene akzeptieren und beschließen, des *Geistes* Liebe in sich einströmen zu lassen. Mehr können Sie nicht tun. Und anschließend können Sie weitermachen. So ist das menschliche Dasein, die menschliche Wirklichkeit beschaffen.

In den meisten Fällen setzt innere Heilung keine herkömmliche Therapie voraus. Sie brauchen bloß die Vergangenheit zu akzeptieren und sie loszulassen, sodann eine klare Absicht zu entwickeln, sich selbst so zu lieben und zu ehren, wie Sie sind – und diese Absicht immer wieder aufs

Neue zum Ausdruck zu bringen. Jedes Mal, wenn Sie den achten Leitsatz in Gedanken aussprechen, richten Sie Ihre Aufmerksamkeit genau darauf: sich zu akzeptieren und zu lieben. Und je häufiger Sie das tun, umso weiter werden Sie in dieser Richtung vorankommen. »Ich liebe und ehre mich, so wie ich bin.«

Befreien Sie sich

Gibt es einen Grund, sich nicht so zu lieben und zu ehren, wie Sie jetzt sind? Ich habe noch vor Augen, wie ich in Ojai viele Male unter den stattlichen Eichen saß, oder in Europa und an manch anderen Orten der Welt mitten im Publikum, und Krishnamurti zuhörte, während er uns geduldig durch einen logisch klaren Gedankengang führte und analysierte, warum die Fähigkeit, sich selbst zu beurteilen, eine völlig überflüssige Funktion des menschlichen Geistes darstellt, die Fähigkeit, sich selbst zu lieben, hingegen für unsere seelische Gesundheit und innere Erfüllung vollkommen unverzichtbar ist.

Viele unserer religiösen Leitfiguren, so Krishnamurti, hätten ihr Bestes getan, uns davon zu überzeugen, dass wir heillose Sünder seien, die nur durch die Intervention eines äußeren Gottes, oder einer unergründlichen Kraft, zu Ganzheit, zu ihrem Heil gelangen könnten. In aller Entschiedenheit pflegte er zu erklären, insbesondere dieser »du bist als heilloser Sünder zur Welt gekommen«-Glaube entspreche keineswegs der Wirklichkeit und solch ein Verdikt aus priesterlichem Mund zu akzeptieren komme einem seelischen Selbstmord gleich. Hier eine seiner schärferen Äußerungen zu diesem Thema:

*Religion ist der eingefrorene Gedanke
des Menschen,
aus dem man Tempel baut.
Wohlangepasst zu sein
an ein krankes Glaubenssystem
zeugt nicht von Gesundheit.*

Vielleicht klingt diese Feststellung ein wenig extrem. Jedenfalls hielt Krishnamurti den Glauben an jedes religiöse Machtwort für unklug. Offenbar kann es einfach nicht in Ordnung sein, dass Menschen es schwierig finden, sich selbst vorbehaltlos zu lieben und zu ehren, weil sie mit religiösen Einstellungen programmiert sind, die sie dauerhaft zu Gefangenen der eigenen Selbstbeurteilung machen.

Als Psychologe habe ich ebenfalls die Verpflichtung, die Fakten so darzustellen, wie ich sie wahrnehme, mag dies auch für Mitglieder der religiösen Rechten befremdlich sein. Immerhin besagt die Grundannahme des Christentums, dass wir alle – aufgrund einer schlechten Entscheidung, die unsere ersten Vorfahren getroffen haben – in einem absolut heillosen Zustand der Sünde geboren werden. Für die christliche Theologie ist, wie man mir im Theologischen Seminar mit großem Nachdruck beigebracht hat, die unerlöste menschliche Natur ganz unzweifelhaft schlecht. Und gegen diese Schlechtigkeit können wir, auf uns allein gestellt, überhaupt nichts ausrichten. Uns bleibt nur, unsere Seele einer religiösen Institution zu überantworten, die für sich in Anspruch nimmt, dass es, dank einer theologischen Vorstellung namens Jesus Christus, in ihrer Macht steht, uns zu läutern und uns von unseren Sünden zu erlösen.

Solange wir an diese zutiefst negative Beurteilung unserer menschlichen Seele glauben, bleiben wir ein Opfer dieses Glaubens und entäußern uns dadurch der Fähigkeit, uns so zu lieben und zu ehren, wie wir sind. Denn wie sollen wir schließlich in der Lage sein, uns selbst zu lieben, wenn wir unserem Wesen nach absolut verdorben, sündig, schlecht und lasterhaft sind?

Mit diesem achten Leitsatz, darüber bin ich mir durchaus im Klaren, rufe ich erneut zur Revolution auf. Allerdings sehe ich auch nicht den geringsten Grund, dies zu unterlassen. Selbst die zunehmend größer werdende Minderheit von Bürgern in unserer Zivilisation, die nicht in aller Form christlich erzogen wurde, ist durch die christliche Grundüberzeugung geprägt, dass wir irgendwie nicht gut sind, uns daher unablässig abmühen und abstrampeln müssen, um besser zu werden.

Sobald wir uns über diese Situation im Klaren sind, muss jeder von uns für sich selbst entscheiden: Bin ich bereit, ein religiöses Machtwort anzuerkennen, gemäß dessen Einschätzung wir unserer Natur nach schlecht sind? Oder will ich mich darüber erheben und mich, immer wieder aufs Neue, zu einem von diesem Glauben freien Menschen erklären, damit ich letztlich eine neue Auffassung von Liebe jenseits aller religiösen Schuldzuweisungen formulieren kann?

Abermals handelt es sich hier um meine persönliche Meinung, die darauf beruht, dass ich dieser Frage von meinem subjektiven Standpunkt aus nachgegangen bin. Ich kann Sie nur ermutigen, Ihrerseits aktiv zu werden. Finden Sie selbst heraus, wie es sich anfühlt, diese Schlüsselworte zu sprechen. Lassen Sie sie tief in Ihrem Herzen erklingen. Öffnen Sie sich für eine neue Erfahrung:

Ich liebe und ehre mich, so wie ich bin.

Die Kraft des Akzeptierens

Als ich in den Achtzigerjahren nach Westberlin zog, war ich ein spirituell orientierter Psychologe, der Wilhelm Reichs Methoden zur emotionalen Heilung mit Krishnamurtis pragmatischem Zugang zu einer säkularen Meditation verband. Damals kam, unter dem Siegel der Verschwiegenheit, ein älterer Herr zu mir in die Praxis – ein hochrangiger deutscher Politiker – und wollte in den Kreis meiner Klienten aufgenommen werden. Schnell stellte ich fest, dass er früher ein einflussreicher Nazi gewesen war, der es geschafft hatte, nach dem Krieg dafür nicht zur Rechenschaft gezogen zu werden. Jetzt, rund 40 Jahre nach Ende des Krieges und der Nazi-Herrschaft, ging es ihm darum, für das, was er getan hatte, innerlich Vergebung zu finden.

Anschließend tauchten, auf seine Empfehlung hin, innerhalb einiger Wochen sechs weitere ehemalige Nazis bei mir auf. Als junger amerikanischer Therapeut mit einer spirituellen Ader hatte ich den Eindruck, dieser Situation nicht wirklich gewachsen zu sein. Glücklicherweise hatte ich während meines Studiums in Princeton aber einen bemerkenswerten Therapeuten namens Carl Rogers kennengelernt. Er wurde zum Begründer eines therapeutischen Ansatzes, den man später als die »Rogers-Therapie« bezeichnete. Ich habe noch ganz klar und deutlich vor Augen, wie Carl in einem Vorlesungssaal der Princeton University einer Gruppe von etwa 200 Studentinnen und Studenten seinen therapeutischen Ansatz vorführte. Er betrat das Podium und setzte sich, mit Blickrichtung zum Auditorium, auf einen Stuhl. 50 Minuten lang saß er einfach, uns einfühlsam und teilnahmsvoll zugewandt, aufmerksam da – ohne irgendetwas zu sagen oder zu tun. Anschließend stand er auf, verabschiedete sich mit einem Kopfnicken und verließ das Podium.

Carl hörte einem Klienten einfach mit voller Aufmerksamkeit und null Erwartungen zu. Darin bestand primär sein therapeutischer Ansatz. Und währenddessen hat er ihn, oder sie, mit einem Gefühl unbedingter Liebe akzeptiert. Punkt! Er hat nicht analysiert, keine Ratschläge erteilt, keine Fragen gestellt, keine Techniken zur Verhaltensänderung angeboten. Und erst recht hat er keine Psychopharmaka verordnet oder seinen Klienten geraten, religiösen Aktivitäten nachzugehen. Er hat einfach nur zugehört – mit aufrichtiger Anteilnahme und der Bereitschaft, sein Gegenüber zu akzeptieren –, ohne über das Gehörte zu urteilen.

Mochte die praktische Umsetzung dieses Ansatzes für mich persönlich auch sehr schwierig sein, im vorliegenden Fall entschied ich mich genau dafür. Denn ich sah darin die beste Möglichkeit, mit den sieben ehemaligen Nazis umzugehen. Daher habe ich ihnen, während sie mir ihr Herz ausschütteten, einfach nur zugehört, ohne ein Urteil abzugeben. Ich bat sie lediglich, während der gesamten Sitzung nach Möglichkeit ihrer Atmung gewahr zu sein.

Zweimal pro Woche hatte ich nun also mit jedem von ihnen eine zweistündige Sitzung. Die begann jeweils mit einer 15-minütigen Massage. Anschließend saß ich still bei ihnen und ließ ihren Äußerungen den nötigen Raum. Wann immer Emotionen an die Oberfläche kamen, griff ich, damit die Emotionen vollständig herauskommen und sich entladen konnten, auf Reichs spezielle Freisetzungstechniken zurück. Und den Abschluss der Sitzung bildete eine circa 20-minütige gemeinsame Sitzmeditation. (Das halte ich, obgleich ich heutzutage selbst keine Therapie mehr durchführe, nach wie vor für den idealen Aufbau einer Therapiesitzung.)

Über die Resultate der Therapiesitzungen mit diesen alten Männern war ich verblüfft. Ausnahmslos kamen sie aus den Führungsetagen der deutschen Wirtschaft oder arbeiteten an maßgeblicher Stelle innerhalb des Regierungsapparats. In den führenden Gesellschafts- und Wirtschaftskreisen waren sie fest etabliert – und dennoch waren sie bereit, sich diese Blöße zu geben. Drei der Männer haben es zwar nie fertiggebracht, sich vollständig so zu lieben und zu akzeptieren, wie sie waren. Den vier anderen ist das freilich gelungen.

Indem sie sich ihre Erinnerungen, Einstellungen, Emotionen und Reaktionen immer wieder offen und ehrlich vor Augen führten, fingen sie an, ihre Selbstbeurteilung und die Beurteilung der anderen neu zu durchleben, um sie dann letztlich loslassen zu können. Als ich ihnen an irgendeiner Stelle im Verlauf dieses Therapie-/Selbsterkundungsprozesses grundlegende Meditationstechniken beibrachte, die sie auch zu Hause anwenden konnten, begannen sie ihr Herz zu öffnen. Und nun erlebten sie jenen erstaunlichen Funken spiritueller Liebe – letzten Endes der einzige Linderung bietende und die Selbstbeurteilung überwindende Balsam, der uns in die Lage versetzt, uns selbst zu vergeben ... und uns als den Menschen wahrzunehmen, der wir tatsächlich sind.

Wenn negative Einstellungen und Emotionen uns
immer wieder aus der Balance bringen, ist es nur natürlich,
dass wir einen Gleichgewichtszustand anstreben.
Ein natürlicher, die Emotionen und
die Einstellungen betreffender Heilungsprozess,
den jeder von uns aktivieren kann, ist die Meditation.
Meditation trägt dazu bei, dass sich regelmäßig
ein Gleichgewichtszustand einstellen kann.

Wovor haben wir Angst?

Folgende Frage stellt sich: Was würde geschehen, wenn Sie sich tatsächlich so, wie Sie sind, lieben würden? Die meisten Menschen scheinen regelrecht Angst davor zu haben, dies zu tun. Woher kommt diese Angst? Abgesehen von der christlichen Programmierung, die uns erklärt, wir seien schon als heillose Sünder geboren, spielt sich da noch etwas anderes ab. Das zuinnerst zu ergründen ist unsere Aufgabe.

Viele von uns haben offenbar Angst, dass wir nicht erfolgreich sein und überleben werden, falls wir uns entspannen und uns mitsamt all unseren Unzulänglichkeiten akzeptieren. Wir sind nun also wieder an einem Punkt angelangt, an dem wir sehen, dass die Angst vor dem Tod eine treibende Kraft für unser Leben ist. Die Gesellschaft, in der wir leben, verlangt von uns, unablässig nach Verbesserung zu streben. Und das unstillbare Bedürfnis, etwas erreichen zu wollen, gleicht einer Plage, von der unsere Gesellschaft befallen ist. Wir alle treiben unsere Kinder dazu an, besonders erfolgreich und stets unter den Klassenbesten zu sein – obgleich das unweigerlich darauf hinausläuft, dass letzten Endes die Mehrzahl von ihnen das Gefühl hat, den Anforderungen nicht zu genügen. In der Folge gelingt es ihnen nicht mehr, sich selbst zu akzeptieren. Und das führt wiederum dazu, dass sie als Erwachsene unglücklich sind, sich wertlos und niedergeschlagen fühlen.

Kinder einfach aus Angst derart zu bedrängen, wie wir das tun, ist wahrlich abartig. Weil sie den völlig unrealistischen Erwartungen ihrer Eltern und Lehrer nicht gerecht geworden sind, kommen sich die Menschen in unserer Zivilisation mehrheitlich so vor, als hätten sie im Leben versagt.

Wir haben also große Schwierigkeiten, uns so zu akzeptieren, wie wir sind, weil wir meinen, die Person, die wir jetzt sind, sei nicht gut genug. Auch nur vorübergehend den Gedanken zu hegen, dass wir uns so akzeptieren, wie wir jetzt sind, kann deshalb als bedrohlich empfunden werden. Die New-Age-Bewegung, die von der Voraussetzung ausging, so wie wir sind, seien wir nicht in Ordnung und müssten folglich unentwegt daran arbeiten, auf allen Ebenen besser zu werden, ist dafür ein hervorragendes Beispiel.

Schauen Sie sich das einmal genau an: Die Angst, dass wir die Motivation verlieren könnten, uns unablässig anzutreiben, um im Leben weiter voranzukommen – und zwar sobald wir uns dafür entscheiden, uns so, wie wir sind, zu ehren und zu lieben –, diese Angst ist uns regelrecht in Fleisch und Blut übergegangen und sie ist riesengroß. Den Erfolg und den Fortschritt himmeln wir an – und der gegenwärtige Augenblick ist uns, so unser Urteil, nicht gut genug. Aber stimmt das wirklich?

*Sind wir außerstande, das Leben,
wie es jetzt ist, zu genießen?
Müssen wir immer erst etwas an
unserer Situation verbessern,
bevor wir einen Gang runterschalten und
unseren Spaß haben können?*

Der achte Leitsatz ist speziell darauf ausgelegt, jene »Ich bin nicht gut genug«-Angst zu deaktivieren, die Sie davon abhält, sich so zu lieben, wie Sie sind. Wenn Sie sich nicht so lieben, wie Sie sind, wird das Leben zur Hölle. Lieben Sie sich hingegen, wie Sie sind, dann fehlt es Ihnen im Grunde an nichts. Machen wir also von unserer Vernunft Gebrauch, indem wir beschließen, uns an diesem – als dem goldrichtigen – Augenblick ebenso zu erfreuen wie an uns selbst: an dem Umstand, dass wir genau so sind, wie wir sein sollten.

Die Stimme der Vernunft

Für uns kommt es entscheidend darauf an – und auf diese Feststellung hat Krishnamurti großen Wert gelegt –, dass wir die dem menschlichen Leid zugrunde liegenden Dinge eingehend ergründen und ausfindig machen, welche Überzeugungen es abzulegen gilt. Nur dann können wir den gegenwärtigen Augenblick willkommen heißen. Bei einem Vortrag in Ojai, bei dem ich zugegen war, hat er 1966 Folgendes gesagt:

»Die richtige Frage zu stellen erfordert viel Intelligenz und Empfindsamkeit. Hier habe ich eine grundlegende Frage: Ist das Leben eine Qual? So wie es gewöhnlich gelebt wird, ist es das tatsächlich. Über ungezählte Jahrhunderte, von der Frühgeschichte bis auf den heutigen Tag, hat der Mensch in dieser Qual gelebt, in kaum erträglichem Leid, in Kummer, in Verzweiflung. Und daraus findet er keinen Ausweg. Darum denkt er sich Götter, Kirchen, all die Rituale und all den Unfug aus, oder er ergreift auf eine andere Art die Flucht.

Im Rahmen dieser Erörterungen und Gespräche hier versuchen wir nun zu erkennen, ob wir nicht auf radikale Weise eine geistige Transformation herbeiführen können: weder die Dinge so akzeptieren, wie sie sind, noch gegen sie revoltieren. Es gilt, die Situation zu verstehen, sich in sie hineinzugeben, sie zu untersuchen. Widmen Sie Ihr Herz und Ihren Geist mit allem, was Sie haben, dieser Aufgabe – zu einer anderen Lebensführung zu finden. Das hängt von Ihnen ab und nicht von jemand anderem. Denn diesbezüglich gibt es keinen Lehrer, keinen Schüler, niemanden, der Sie anleitet, keinen Guru; es gibt keinen Meister, keinen Erlöser. Sie sind selbst der Lehrer und der Schüler; Sie sind der Meister; Sie geben sich Anleitung; Sie sind alles. Verstehen bedeutet, das zu verwandeln, was ist.«

Krishnamurti hat uns nahegelegt, sämtliche Überzeugungen beiseitezulassen und einfach die Realität der Situation zu betrachten. Warum leiden wir emotional? Wie kommt es, dass unser Geist unablässig Angst und Besorgnis hervorbringt, wie auch das aus der Angst sich ergebende Chaos? Und vor allem: Wie können wir unseren Geist dahingehend transformieren, dass wir nicht länger leiden, sondern frei von Konflikt und Angst jeden neuen Augenblick genießen?

Meine persönliche Antwort darauf, die sich im Lauf der Jahre entwickelt hat, ist die Gesamtheit der zwölf Leitsätze, die ich Ihnen hier nahebringen möchte. Diese sorgen zuverlässig dafür, dass Ihre Aufmerksamkeit über vorprogrammierte Überzeugungen und Sorgen hinausgelangt, sich stattdessen einem tiefer gehenden Sinn für Wahrheit und Wirklichkeit zuwendet. Sind Sie liebenswert oder nicht? Sind Sie in Ordnung, so wie Sie sind? Oder sind Sie es nicht? Ich sage, Sie sind es. Doch Sie brauchen dabei keineswegs dem, was ich sage, Glauben zu schenken. Lassen Sie einfach zu, dass die acht Leitsätze Ihre Aufmerksamkeit ebenso sachte wie präzise neu ausrichten – und entdecken Sie selbst, welche Wahrheit Sie in sich tragen. »Ich liebe und ehre mich, so wie ich bin.«

Sind Sie es wert?

Schauen wir uns doch mit einem ähnlichen Blick für die Wahrheit, wie Krishnamurti ihn an den Tag gelegt hat, jene Annahme an, von der gemeinhin ausgegangen wird. Diese besagt, so wie Sie sind, seien Sie nicht völlig in Ordnung. Denken Sie, ausgehend von Ihrem individuellen Verständnis des Wortes *Gott,* bitte über die folgenden Aussagen nach:

- Gott (oder welche Bezeichnung auch immer Sie Gott geben mögen) hat dieses Universum erschaffen. Ich bin Teil dieses Universums. Also bin ich Gottes Geschöpf.
- Ich bin ein persönlicher Ausdruck des Schöpfers. Jeder Atemzug, den ich vollziehe, ist ein Geschenk Gottes.
- Ich bin Gottes Augen und Ohren. Was immer ich erfahre, wird zur Erfahrung des unendlichen *Geistes*.
- Von Natur aus habe ich den schöpferischen Funken des *Geistes* in mir, der mein Dasein in jedem Augenblick mit Leben erfüllt.
- Meine ureigenste Natur ist spirituell. Blicke ich direkt auf meinen Wesenskern, so finde ich dort keineswegs eine seltsame, seelenlose, dämonische Kreatur, der es spirituell an Einsicht und an Ausdrucksvermögen mangelt. Vielmehr bin ich ein persönlicher Ausdruck des Schöpfers.

Wenn Sie also wahrhaftig untrennbar mit dem *Geist* verbunden, wenn Sie eine Manifestation von Gottes unendlicher Liebe und Weisheit sind, warum sitzen Sie dann herum und hauen sich selbst derart negative Überzeugungen um die Ohren, die genau das Gegenteil behaupten?

Für mich ist es jetzt, glaube ich, an der Zeit, ein großes Bekenntnis abzulegen – ein Bekenntnis, über das sich gewiss viele Leute aufregen werden. Dessen ungeachtet bin ich nach besten Kräften bestrebt, die Dinge, die ich anderen gegenüber propagiere, selbst in die Tat umzusetzen. Aufgrund dessen lande ich unweigerlich bei folgendem Bekenntnis: Ich bin nicht länger bestrebt, an mir zu arbeiten. Ich versuche nicht, ein spirituellerer Mensch zu werden. Ich kümmere mich überhaupt nicht darum, erleuchtet zu werden.

Ich bin, das spüre ich in meinem Herzen, so in Ordnung,

wie ich jetzt bin. Nichts muss sich ändern, damit ich mich vorbehaltlos liebe und ehre. Das Ringen um Vollendung habe ich aufgegeben. Mir geht es ganz ausgezeichnet, so wie ich bin. Ob es Ihnen nun recht ist oder nicht – so bin ich eben.

An diesem Punkt angelangt zu sein ist, das muss ich schon sagen, eine außerordentliche Erleichterung. Ich bin einverstanden mit mir und verspüre keinerlei Druck, an dem, wer oder was ich tief im Innern bin, etwas zu verbessern. Das Gefühl, mich zu lieben und wertzuschätzen, wie ich bin, ist so wunderbar, dass ich vollkommen zufrieden bin.

Nirgendwo hingehen müssen, nichts tun müssen. Darum dreht es sich, aus meiner Sicht, bei innerem Frieden. »Ich liebe und ehre mich, so wie ich bin.«

Warum der Aspekt des »Ehrens«?

Gute Frage – warum müssen wir in dieser Gleichung überhaupt von »ehren« reden? Reicht es denn nicht etwa aus, uns selbst zu lieben? Auf der Verstandesebene kann ich Ihnen nicht erklären, warum es hier unverzichtbar ist, uns zugleich zu ehren. Für die meisten Menschen, so viel kann ich dazu nur sagen, verringert sich jedoch die Wirksamkeit des Leitsatzes in hohem Maß, sobald wir den Aspekt des »Ehrens« weglassen.

Das Wort *Ehre* ist ein Schlüsselbegriff, der natürlicherweise eine tiefgehende Reaktion in uns auslöst. Bei Ehre geht es um Respekt und Gleichberechtigung. Wechselseitig unsere persönliche Integrität zu ehren und zu respektieren ist eine verbindende, die zwischenmenschliche Beziehung stützende und tragende Anschauung. Aus der Verbindung von Ehre und Liebe entsteht ein einheitliches Ganzes. Dadurch wird der Wechsel von der Selbstbeurteilung hin zu der Bereitschaft und der Fähigkeit, sich selbst zu akzeptieren, ermöglicht.

Indem wir den Begriff *Ehre* in diesen Leitsatz mit hineinbringen, wird der Begriff *Liebe* klarer definiert und gewinnt an Kraft. Rufen Sie sich bitte einmal mehr in Erinnerung, dass Ihr Ego diese Aussage formuliert: »Ich liebe und ehre mich, so wie ich bin.« In gewisser Weise klärt das Wort *Ehre* für das beurteilende Ego, worum genau es bei dieser neuen Beziehung zu sich selbst geht. Für das Ego ist Ehre von Bedeutung.

Gehen Sie bitte auch hier wieder experimentierfreudig mit den Schlüsselworten um, und finden Sie selbst heraus, welche Kraft ihnen innewohnt. Sprechen Sie diesen Leitsatz während der nächsten Wochen viele Male in Gedanken aus. Seien Sie offen für die Reaktionen und Einsichten, die diese innere Handlung, sich selbst zu ehren und zu lieben, bei Ihnen auslöst.

Einige Fragestellungen könnten bei der Kontemplation des achten Leitsatzes hilfreich für Sie sein:

1. Inwiefern würde sich, falls Sie den Beschluss fassten, sich so zu lieben und zu akzeptieren, wie Sie sind, Ihr Leben verändern?
2. Sind Sie ein heilloser Sünder? Oder sind Sie ein vollkommenes Geschöpf Gottes?
3. Gibt es an beziehungsweise in Ihnen etwas, wovon Sie meinen, Sie müssten es verändern, bevor Sie sich so ehren und lieben können, wie Sie sind?
4. Welches Gefühl trügen Sie in Ihrem Herzen, falls Sie sich bedingungslos lieben würden?

Halten Sie inne, und besinnen Sie sich.

Die Bestätigung von Alans Paradoxon

In diesem Kapitel habe ich immer wieder davon gesprochen, dass Sie die Arbeit an sich selbst mit all den damit verbundenen zukunftsbezogenen Zielsetzungen loslassen und stattdessen lieber versuchen sollten, sich im gegenwärtigen Augenblick zu akzeptieren, wie Sie sind – sich eben für vollkommen in Ordnung zu halten. Dieser Sinneswandel erweist sich als außerordentlich vorteilhaft: Endlich werden Sie sich nun von ganzem Herzen wohlfühlen, und zwar nicht nur soweit es Sie selbst anbelangt, sondern ebenso mit Blick auf die Welt um Sie herum.

Denn in dem Punkt werden Sie mir, denke ich, sicher zustimmen: Erst wenn Sie sich selbst wahrhaft lieben, sind Sie auch in der Lage, einen anderen Menschen voll und ganz zu lieben. Sobald Sie zulassen, dass Ihrem Herzen die Liebe zu Ihnen selbst innewohnt, wird die Liebe für andere Menschen zunehmen, sie wird nach außen strömen, wird immer weiter wachsen und gedeihen. Wahrlich Grund genug, den achten Leitsatz zu einem zentralen Bezugspunkt für Ihr weiteres Leben zu machen!

Aber damit hat es freilich noch nicht sein Bewenden – inmitten dieses Leitsatzes steckt ein bemerkenswertes, uns Auftrieb gebendes Paradoxon. Der gesamte Auftrieb gebende Meditationsprozess ist durch dieses Paradoxon in der Tradition von Alan Watts gekennzeichnet, die ihrerseits auf das Zen zurückgeht. Und einmal mehr besteht das Paradoxon in Folgendem: Indem Sie sich so akzeptieren, wie Sie sind, strömt dem gegenwärtigen Augenblick Liebe zu und ruft in Ihnen eine Veränderung zum Positiven hervor.

Hier kommen wir nun zu dem entscheidenden Unterschied zwischen dem Bestreben, beeinflussend oder gar manipulierend in das eigene Leben einzugreifen, und der Bereitschaft, sich auf den immerwährenden Wandel, der sich jeweils im gegenwärtigen Augenblick vollzieht, einzulassen und an ihm teilzuhaben. Wandel ist, wie es die taoistische Überlieferung Chinas so klar zum Ausdruck bringt, das einzig Bleibende, die einzige Konstante. Und wenn wir akzeptieren, dass wir selbst und die Welt in diesem Augenblick vollkommen sind, geben wir uns selbst die Freiheit, an diesem Augenblick teilzuhaben, während er sich wandelt und in die Entfaltung des nächsten Augenblicks übergeht. Erneut sind wir bei dem angelangt, was ich für eine unabweisliche menschliche Wahrheit halte:

- Nur wenn wir aufhören zu urteilen und Liebe im Herzen haben statt Angst, ermöglichen wir es dem *Geist,* in unser Herz zu strömen.
- Nur im gegenwärtig gerade sich entfaltenden Augenblick nehmen Gottes Führung und Kraft Einfluss auf unsere Evolution.
- Nur wenn wir nicht länger versuchen, an uns selbst zu arbeiten, können wir unsere Präsenz als spirituelle Wesen von Augenblick zu Augenblick transformieren.

Den Punkt, über den ich hier spreche, könnte man als die jeweils vorderste Linie der eigenen spirituellen Entwicklung bezeichnen – als die Dynamik, die der Interaktion zwischen Gott, dem Schöpfer, und uns, den Geschöpfen, zugrunde liegt.

Wie interagiert Gott mit unserer physischen Welt? Den überkommenen Religionen zufolge hat Gott sich tatsächlich in menschheitsgeschichtliche Situationen eingemischt, indem er bestimmte Volksstämme bestraft oder sie beschützt hat, indem er darüber entschieden hat, wer einen Krieg gewinnen oder ihn verlieren würde. Niemals habe ich jedoch die Präsenz eines Gottes erfahren, der in persönlichen oder gesellschaftlichen Situationen Partei ergreift, der die Gebete der einen Seite erhört, der anderen Seite hingegen die kalte Schulter zeigt.

Sobald ein Mensch sich allerdings von Herzen öffnet und zulässt, dass *Geist* dort einströmt, dessen bin ich im Lauf der Jahre zunehmend gewahr geworden, wird dieser Mensch zu einem lebendigen Gefäß und zum persönlichen Ausdruck jener unendlichen schöpferischen Kraft, die der Quell unseres Universums ist.

*Sobald wir unser Herz dem Geist
und unseren Verstand der Inspiration öffnen,
erhalten unser Herz und unsere Gedanken Führung
durch eine höhere Weisheit und durch
eine höhere Macht.
Dies bleibt jederzeit unserer Entscheidung überlassen.
Die Hölle herrscht, wenn wir uns
höherer Führung verschließen.
Den Himmel auf Erden haben wir, wenn wir offen sind.
Liebe dient dabei als Medium.
Welch eine Entscheidung!*

Das mittlere »Viererpaket« der zwölf Leitsätze wird Ihnen helfen, sich emotional zu öffnen. Ebenso sachte wie zuverlässig bringen die Leitsätze fünf bis acht emotionale Klarheit, heilsame Veränderungen Ihrer Einstellungen und bedingungslose Liebe zum Vorschein. So sind Sie bestens vorbereitet, sich für all das zu öffnen, was das Universum Ihnen jetzt in diesem Augenblick zuteil werden lässt – für Mitgefühl, für jede Einsicht, für jegliche Inspiration und für Ihre immer weiter zunehmenden Fähigkeiten und Möglichkeiten.

Bedienen Sie sich bitte der Leitsätze eins bis acht im Sinn

eines rasch – täglich oder gar stündlich – greifenden Prozesses, der Sie an den Punkt bringt, an dem Sie offen und aufnahmebereit sind. Stellen Sie sicher, dass Sie in der eigenen Psyche Schritt für Schritt den Weg frei machen, damit Sie weniger aus Angst oder Besorgnis, sondern mehr von Herzen reagieren.

Wenn Sie im nächsten Schritt dann den neunten und den zehnten Leitsatz aktivieren, werden Sie ganz natürlich dazu in der Lage sein, ungewöhnliche neue Einsichten zu gewinnen und in eine Zwiesprache mit dem Göttlichen einzutreten. Diese für eine erfolgreiche Anwendung der nachfolgenden Leitsätze absolut unerlässliche Vorbereitung dauert, sind Sie erst einmal mit ihr vertraut, lediglich ein paar Minuten. Lassen Sie uns dieses Kapitel mit einem kompletten Durchgang durch die acht Schritte umfassende Vorbereitung beschließen, um Sie für den Zustrom spiritueller Eingebung zu öffnen:

*Ich beschließe, mich an diesem
Augenblick zu erfreuen.
Ich fühle, wie die Luft in meine Nase
ein- und wieder ausströmt.
Ich fühle beim Atmen die Bewegungen
meines Brustkorbs und meines Bauchs.
Ich bin mir meines ganzen Körpers gleichzeitig
bewusst, jetzt in diesem Augenblick.
Ich bin bereit, die Gefühle in meinem Herzen
zu erfahren.
Ich lasse all meine Anspannung und
meine Sorgen los und fühle Frieden in mir.
Ich akzeptiere jeden Menschen, den ich kenne,
so wie er ist.
Ich liebe und ehre mich, so wie ich bin.*

Neuntes Kapitel

Öffnen Sie sich ... und empfangen Sie

*Berührt der individuelle Geist
den Geist des Universums,
so empfängt er alles, was er braucht.*

*Um Führung zu empfangen,
muss der Empfänger auf
den Sender eingestimmt sein.
Dann werden Sie bereit sein,
diejenige Information, Inspiration oder Weisheit
zu empfangen, die Sie benötigen, um sich
Ihrer Bestimmung gemäß entfalten zu können.*

CHARLES HAANEL

Die emotionale Klärungsphase lassen wir nun hinter uns und gelangen an jenen Punkt, an dem es wirklich nichts zu tun und nirgendwo hinzugehen gibt – und an dem alles möglich wird. Ihr Geist ist zur Ruhe gekommen. Mit sich selbst und mit der Welt sind Sie im Reinen, Sie befinden sich im Zustand der Liebe, nicht in dem der Angst, sind bereit, Ihr Herz und Ihre Seele weit zu öffnen und den Übergang in einen spirituell empfänglichen Bewusstseinszustand zu vollziehen.

Kurz und knapp fasse ich hier noch einmal die acht Schritte zusammen, die Sie jeweils zurücklegen, bevor Sie zum neunten Leitsatz kommen:

1. Beschließen Sie, sich an diesem Augenblick zu erfreuen.
2. Frischen Sie die Verbindung zum Atem auf.
3. Erwecken Sie den Solarplexus.
4. Erlangen Sie die Ganzkörperpräsenz zurück.
5. Erleben Sie Ihr Herz.
6. Lassen Sie Angst und Besorgnis hinter sich.
7. Akzeptieren Sie, gleich hier und jetzt, jeden Menschen.
8. Lieben Sie sich selbst vollkommen vorbehaltlos.

Der durch die Leitsätze eins bis acht herbeigeführte Bewusstseinszustand versetzt Sie in die Lage, sich sicher und – zumindest bis zu einem gewissen Grad – frei zu fühlen von negativen Programmierungen und alten emotionalen Einschränkungen. Nun ist es an der Zeit, aktiv Ihre Absicht zu erklären: Ihr Herz, Ihren Geist und Ihre Seele weiter zu öffnen, hin zu einem völlig aufgeschlossenen und empfänglichen Zustand.

Der neunte Leitsatz ist ganz einfach und zugleich außerordentlich kraftvoll:

 *Ich bin offen, zu empfangen.*

KEINE ERWARTUNGEN

Niemand erwartet von Ihnen, dass Sie sich auf der Stelle voll und ganz öffnen, wenn Sie sich diesen Leitsatz zum ersten Mal vorsprechen. Das ganze Leben ist eine Vorwärtsbewegung, jeder Augenblick bringt Ihnen spontanes Wachstum und Weiterentwicklung. Bei diesem meditativen Prozess sind Sie nicht auf eine plötzlich eintretende Erfahrung »vollkommener Erleuchtung« aus. Sie bestärken sich lediglich selbst darin, ganz unangestrengt eine Bewegung in Richtung auf Ihre unendliche Gott-Natur erleben zu wollen.

Wie bereits an anderer Stelle angesprochen, bin ich kein Befürworter überkommener Formen von Erleuchtung. Ich hungere nicht länger danach, von jedweder menschlichen Schwäche, von allen Irrungen und Wirrungen vollständig frei zu sein. Ich bin gern ein Mensch, eben so wie ich jetzt gerade bin. Und die Geschichte mit der eventuellen Erleuchtung lasse ich erst einmal auf sich beruhen: für die Zeit nach meinem Tod.

Viele spirituelle Menschen vertreten diesbezüglich eine ganz andere Auffassung. Das ist in Ordnung. Folgendes möchte ich allerdings noch einmal hervorheben: Solange wir unzufrieden mit uns selbst sind und ein Ideal anstreben, das wir in Zukunft zu erreichen hoffen, leben wir nicht voll und ganz im gegenwärtigen Augenblick. Jedes Mal, wenn wir unser Augenmerk auf das Ziel »Erleuchtung« richten, das wir in Zukunft erreichen wollen, sind wir im gegebenen Augenblick nicht wirklich präsent bei der natürlichen spirituellen Erfahrung, die uns, immer nur hier und jetzt, zuteil wird.

Wenn Sie sich sagen: »Ich bin offen, zu empfangen«, kommt es also darauf an, tatsächlich für das offen zu sein, was hier in diesem Augenblick für Sie notwendig ist. Sämtliche Erwartungen des Ego gilt es beiseitezulassen, damit Sie, jenseits aller ichbezogenen Wünsche und Phantasien, wahre Inspiration empfangen können.

Nach meiner Erfahrung dürfen wir, wenn es um das geht, was wir gleich hier, gleich jetzt benötigen, auf keinen Fall versuchen, Gott auszutricksen. Definitionsgemäß ist das Ego eine begrenzte und beschränkte Geistesfunktion, die auf der Grundlage in der Vergangenheit gewonnener Erfahrungen abgehobene Phantasien davon entwickeln kann, welche Meditationserfahrungen sich möglicherweise einstellen. Doch jedes Mal, wenn wir versuchen, uns vorab ein Bild von dem zu machen, was wir erfahren wollen, beschränken und mindern wir dadurch die Kraft des *Geistes,* uns etwas zuteil werden zu lassen, das über die Phantasien unseres Ego hinausreicht.

Wenden wir uns dem neunten Leitsatz hingegen ohne Ego-Erwartungen zu, dann führt er zu einem Sinneswandel. Wenn wir Worte, Konzepte, Überzeugungen und Erwartungen hinter uns lassen, öffnen wir uns für das unendliche Potenzial des daraufhin in unser Leben einströmenden *Geistes.*

Was halten Sie davon, diesen Schritt zu vollziehen? Jedes Mal, wenn Sie beim neunten Leitsatz ankommen und sich sagen: »Ich bin offen, zu empfangen«, werden Sie aktiv und öffnen Türen, die gewöhnlich verschlossen bleiben. So heißen Sie in Ihrem persönlichen Gewahrsein einen Hauch des Göttlichen willkommen. Damit tun Sie etwas wirklich Bemerkenswertes. Denn Sie legen den letzten Schritt zurück und führen nunmehr Ihr Pferd tatsächlich ans Wasser.

Jetzt ist es an der Zeit zu trinken: »Ich bin offen, zu empfangen.«

Der Eingebung vertrauen

Ziemlich genau an dieser Stelle geraten zahlreiche Menschen, die in christlicher Tradition erzogen wurden, in helle Aufregung und erheben laut ihre Stimme gegen mich. Wie könne ich denn bloß, Herrgott noch mal, Menschen ermuntern, aufs Geratewohl ihr Herz und ihren Geist für den Einfluss esoterischer Kräfte zu öffnen, die womöglich irgendwo da draußen nur darauf warten, sich die Seele der betreffenden Person zu schnappen und dafür zu sorgen, dass sie für alle Zeit ausgelöscht und vergessen werde?

Ich erinnere mich daran, wie ich als Teenager selbst mit

dieser Angst zu kämpfen hatte. Der Teufel, eine böse Macht, treibe dort draußen sein Unwesen, so hatte man mich gelehrt. Und weder Gott noch Christus habe ihn unter Kontrolle. Der Teufel sei eine entsetzliche, gegen Gott gerichtete Macht, unsichtbar und dennoch allgegenwärtig – wie Gott, nur eben das genaue Gegenteil. Der christlichen Theologie zufolge lauert diese böse Macht stets darauf, Zugang zu unserem Geist zu finden, um sich unsere Seele zu schnappen und uns in das auf immerdar lodernde Höllenfeuer hinabzuzerren.

Was für ein Wahnsinn, Derartiges in den Geist unserer Kinder einzuprogrammieren. In einem meiner radikaleren Bücher, *Jesus for the Rest of Us,* bin ich so weit gegangen, bei dieser Programmierung von »psychischem Kindesmissbrauch« zu sprechen. So viele Menschen leiden enorm darunter, dass ihnen dieser an eine Horrorfilmsequenz erinnernde okkulte Glaube eingeimpft wurde.

Menschen so zu programmieren, dass sie Angst haben, unter den Einfluss der Hölle zu geraten und der Verdammnis anheimzufallen, wann immer sie während der Meditation vertrauensvoll ihr Herz öffnen, ist eine geradezu ideale Methode, einen eigenständigen spirituellen Forschungsdrang einzudämmen und einem Volk entsetzliche Angst einzuflößen, damit es sich leicht manipulieren lässt. So etwas zu tun hilft jedoch niemandem weiter. Das ist niemandem gegenüber fair und erst recht kein Ausdruck von Liebe.

In der Tat gelangen wir in der Auftrieb gebenden Meditation also unweigerlich an einen Punkt, an dem ich Ihnen vorschlage, etwas zu tun, was ein gottesfürchtiger Puritaner um jeden Preis würde vermeiden wollen. Meine Empfehlung lautet: Werfen Sie jegliche Angst vor einer bösen Macht im Universum über Bord, öffnen Sie stattdessen vertrauens- und liebevoll Ihr Herz, damit Ihnen der Zustrom spiritueller Eingebung unmittelbar zuteil wird, gänzlich ungetrübt von jeder vorprogrammierten Überzeugung!

Dies zu tun kann ich Ihnen von ganzem Herzen empfehlen, denn mein Leben lang habe ich mein Augenmerk darauf gerichtet, ob irgendwo auch nur das kleinste Anzeichen für das Vorhandensein einer bösen Kraft im Universum sichtbar ist. Auf solch eine böse Kraft bin ich jedoch, einmal abgesehen von gewissen psychotischen Verirrungen bei psychisch Erkrankten, niemals gestoßen. Dabei stimmt es durchaus, jawohl: Überall auf der Welt legen sehr viele Menschen ein oft wahnwitziges Verhalten an den Tag. Sich selbst und anderen tun sie scheußliche Dinge an. Mitunter könnte es fast den Anschein erwecken, sie seien Teil einer übelwollenden esoterischen Verschwörung. Darüber hinaus hat die Massenpsychologie uns vor Augen geführt, dass auch »normale« Menschen sich in bizarre Vorstellungen und Überzeugungen verstricken und schreckliche Dinge tun können. Doch für eine okkulte Kraft des Bösen im Universum liefert das hartnäckige Vorhandensein vorübergehender oder permanenter menschlicher Psychosen keinen Beleg.

Möglicherweise werden Sie in diesem Punkt anderer Auffassung sein als ich, und das ist in Ordnung. Ich bitte Sie hier lediglich darum, mit Hilfe des neunten Leitsatzes die Realität jener Erfahrung zu erkunden, die Sie im Verlauf des meditativen Prozesses machen.

GOTTES REALITY-SHOW

Lassen Sie uns erneut den enorm großen Unterschied zwischen einem Glauben (wie zum Beispiel dem Glauben an den Teufel) und einer meditativen Erfahrung untersuchen. Während Ihr Verstand in der ersten Phase der Auftrieb gebenden

Meditation zur Ruhe kommt, verschwinden gleichzeitig auf ganz natürliche Weise all die Phantasien über den Teufel. Stattdessen sind Sie einfach nur im Hier und Jetzt gegenwärtig, Sie sind gewahr, hellwach und auf Ihr spirituelles Innerstes ausgerichtet.

Beachten Sie bitte, dass die Leitsätze eins bis acht von ganz entscheidender Bedeutung dafür sind, Ihre Aufmerksamkeit auf spirituelle, im Unterschied zu theologischen, Bewusstseinsbereiche zu richten. Selbst wenn es einen Teufel gäbe und der darauf lauern würde, sich Ihre Seele zu schnappen, sobald Sie den Geist zur Ruhe kommen lassen und sich öffnen, um den Strom des *Geistes* zu empfangen, würde der Auftrieb gebende Prozess Sie vor Gefahren aus dem Reich des Übersinnlichen schützen. Wie das? Weil Sie nicht einfach nur ein passiver Teilnehmer dieser Meditation sind. Jedes Mal, wenn Sie sich öffnen, um zu empfangen, entscheiden Sie aktiv, in welche Richtung Sie Ihre Aufmerksamkeit lenken.

Meditation im Sinn des hier gewählten Ansatzes ist gleichbedeutend mit reifem, mit verantwortungsvollem Handeln. Sie beschließen ja nicht, die Aufmerksamkeit irgendwelchen negativen, dem Nährboden der Angst entsprossenen Dimensionen zuzuwenden, mögen sie nun existieren oder nicht. Vielmehr beschließen Sie klar und zielgerichtet, Ihre im »Empfangsmodus« befindliche Aufmerksamkeit der durch wirkliche spirituelle Tiefe gekennzeichneten Dimension Ihres Daseins zuzuwenden.

Haben Sie sich erst einmal auf diese spirituelle Richtung eingestimmt, so stellen Sie damit zugleich eindeutig klar, dass Sie nicht die leiseste Absicht hegen, Ihr Augenmerk auf einen negativen, wie auch immer im Einzelnen beschaffenen okkulten Glauben und die dementsprechenden Phantasien zu richten. Selbstverständlich können Sie – falls Sie es aus dem einen oder anderen Grund vorziehen, an eine Welt zu glauben, in der es einen Teufel gibt – im Geist eine imaginäre Erfahrung solch einer Welt hervorrufen, gewiss. Aber erkennen Sie bitte, dass es sich dabei, im Unterschied zu einer über jene Phantasie hinausgehenden Wirklichkeit, um schiere Einbildung handelt.

Durch Meditation entwickelt man allmählich, und das ist eine ihrer ganz wesentlichen Auswirkungen, einen klaren, stark ausgeprägten Sinn für das Reale – in Abgrenzung von all den selbst heraufbeschworenen Vorstellungen. (Besonders in der »Einsichtsmeditation«, wie man sie in der buddhistischen Überlieferung findet, wird das deutlich.) Die Leitsätze eins bis acht tragen aktiv dazu bei, dass Sie Ihre Ego-Phantasien ablegen und stattdessen zu dem von Gott veranstalteten Spiel der Wirklichkeit, der göttlichen Reality-Show, Zugang finden. Dieses Schauspiel sollte man sich unbedingt aufmerksam ansehen und daraus lernen. Bitte sehr, hier Ihre Eintrittskarte:

Ich bin offen, zu empfangen.

Thematische Variationen

Nehmen Sie sich die Freiheit, die Formulierung des neunten Leitsatzes gelegentlich so zu variieren, dass er genau das widerspiegelt, was im gegebenen Augenblick für Sie von besonderer Bedeutung ist. Zum Beispiel stelle ich manchmal fest, dass ich sage: »Mein Herz ist offen, Liebe und Frieden zu empfangen.« Oder ich sage: »Ich bin offen, Gottes heilende Berührung zu empfangen.« Ein andermal sage ich vielleicht: »Ich bin offen, Führung und Einsicht zu empfangen.« Hin und wieder höre ich mich vielleicht auch sagen:

»Ich bin offen für den Zufluss von Geld.« Oder einfach: »Ich bin offen.«

Suchen Sie sich nach Belieben diejenige Variante aus, die Ihnen im Moment die richtige zu sein scheint. Und denken Sie daran: Damit die Leitsätze in Ihrem Leben wirksam werden, brauchen Sie nicht an Gott zu glauben oder eine spezielle Vorstellung von spiritueller Eingebung und Bekräftigung zu haben. Denn indem Sie die Leitsätze zur Anwendung bringen, verschaffen Sie sich Zugang zur Wirklichkeit – nicht zu einer Vorstellung von dieser –, und dies ganz unmittelbar. Allein schon auf einer psychischen Ebene ist es eine bemerkenswerte Erfahrung, nicht gewohnheitsmäßig verschlossen zu sein, sondern sich offen zu fühlen. Im Umgang mit anderen Menschen, dem Ökosystem, dem eigenen Immunsystem und weiteren Systemen offen zu sein, um zu empfangen, anstatt von der Welt abgeschottet zu sein – das ist eine Haltung, die Ihnen viele Möglichkeiten eröffnet und Fähigkeiten erschließt.

In Beziehungen versuchen wir vielfach, einander zu lieben, obgleich in unserem Herzen gewohnheitsmäßig Enge und Verschlossenheit vorherrschen, wir also nicht offen dafür sind, zu empfangen. Wie ich in *Die Liebe finden*[10] eingehend erörtert habe, ergibt es keinen Sinn, eine erfüllende Beziehung anzustreben, sofern Sie sich nicht immer wieder zunächst einmal den neunten Leitsatz in Gedanken vorsprechen und die Erfahrung machen, dass Ihr Herz sich zusehends weiter öffnet.

Solange Sie nicht den Punkt erreichen, an dem Sie anderen Menschen und dem Universum genügend Vertrauen schenken, um aufgeschlossen und empfänglich zu sein, werden Sie sich wahrscheinlich einen Großteil der Zeit einsam, niedergeschlagen und besorgt fühlen. Das ist eine elementare Tatsache. Indem Sie die Leitsätze eins bis acht sprechen, beschließen Sie, sich von Ihrer Angst, Ihrer Besorgnis und Ihrer urteilenden Haltung zu lösen. Mit diesem neuen Leitsatz beginnen Sie nun aktiv, Zuversicht an den Tag zu legen, Situationen anzunehmen, wie sie sind, Mitgefühl und Vertrauen zu haben.

EIN NEUES GEBET

Aufgewachsen bin ich in einer christlichen Gebetstradition, in der ich Gott in erster Linie darum gebeten habe, für mich und für Menschen, die mir lieb und teuer waren, bestimmte Dinge zu tun: »Bitte, Gott, erhöre mein Gebet, und tue dies und das.« Doch ich erfahre nicht länger einen Gott, der mir oder anderen bestimmte Gefälligkeiten erweist, bloß weil ich ihn darum bitte. Ich kann mir keinen Gott vorstellen, der jemanden bevorzugt, weil sie oder er ein Bittgebet an ihn richtet. Für mich funktioniert das Gebet alten Zuschnitts einfach nicht mehr, mag die dahinterstehende Motivation auch noch so liebevoll sein.

Geist drängt sich nicht in unser Herz. Ob wir ihn annehmen und in uns aufnehmen, ist stets unsere Entscheidung. Jedoch sind spirituelle Unterstützung und Führung jederzeit für uns verfügbar. Wir brauchen uns nur zu öffnen, schon fließen sie uns bereitwillig zu. Und in dem Maß, in dem wir *Geist* und Liebe in unserem persönlichen Leben willkommen heißen, können wir zugleich beschließen, Liebe und Inspiration aus der eigenen Mitte in das Herz anderer Menschen strömen zu lassen. In dieser vollkommen unaggressiven Art und Weise berührt *Geist* unmittelbar die äußere Welt und hat Anteil an dem, was sich auf der Ebene der geschichtlichen Geschehnisse abspielt – durch uns!

In jener traditionellen Gebetsform, die man mir beigebracht hat, bin ich vorwiegend im Sendemodus statt im Empfangsmodus geblieben, habe ich andauernd zu meiner Vorstellung von Gott gesprochen, ihn gebeten, sich in der Welt für mich einzusetzen und das geschehen zu lassen, was meinen Wünschen gemäß geschehen sollte. Im Grunde genommen habe ich Gott gebeten, mich den anderen gegenüber zu bevorzugen. Ich wollte ihn dazu bringen, manipulierend in die physische Welt einzugreifen. »Lieber Gott, mach bitte, dass die Dinge so laufen, wie mein ängstliches Ego es gerne hätte.«

Wie die PEAR-Studien in Princeton gezeigt haben, findet im meditativen Gebet ein reiferes Handeln des Herzens seinen Ausdruck. Worin besteht es? Darin, dass wir mit gesammelter Aufmerksamkeit subtil, aber dennoch ganz real den geistigen Fluss in die Alltagsaktivität miteinbeziehen.

Das meditative Gebet kanalisiert
durch Ihr persönliches Bewusstsein die universelle Kraft
von Liebe, Harmonie und heilender Absicht
in die Welt hinein.

DIE LIEBE IHR WERK VERRICHTEN LASSEN

Beim meditativen Gebet geht es ums Zuhören, Empfangen und Reagieren. Grundlage ist die Annahme, dass die Welt Gottes Schöpfung ist und sich unablässig so entfaltet, wie sie es soll. Wenn wir an dieser tiefer gehenden Entfaltung teilhaben, geben wir Gott logischerweise keine Anweisungen, was er tun soll. Vielmehr beschließen wir, inspirierte Bewusstheit zu empfangen und sie, indem wir eine positive geistige Präsenz in die Welt hinein ausstrahlen, auch wieder auszusenden.

Im Verlauf dieses Prozesses angstbesetzte Projektionen des Ego-Geistes verstummen zu lassen ist unerlässlich. Das können Sie in erster Linie dadurch erreichen, dass Sie Ihrer Atmung und Ihrer Ganzkörperpräsenz gewahr bleiben. Wenn Sie den siebten Leitsatz: »Ich akzeptiere jeden Menschen, den ich kenne, so wie er ist«, in Gedanken aussprechen, werden Sie, wie bereits an anderer Stelle erwähnt, manchmal den natürlichen Wunsch verspüren, Liebe und Akzeptanz in die Welt auszusenden. Ebenso werden Sie beim neunten Leitsatz – »Ich bin offen, zu empfangen« – des Öfteren feststellen, dass Sie sich zugleich darauf ausrichten zu geben. Und wenn Sie dann in dem Augenblick gerade eines Freundes, eines geliebten Menschen oder eines Kollegen gewahr werden, wird Ihr Herz sich der betreffenden Person gegenüber öffnen. Sie werden ein natürliches Ausströmen der gleichen geistigen Liebe, Heilung und Einsicht erleben wie im Prozess des Empfangens.

Dazu müssen Sie lediglich zulassen, dass die Präsenz der betreffenden Person in Ihnen klar und stark wird. Richten Sie dann liebevolle Aufmerksamkeit, vollkommenes Annehmen und aufrichtiges Mitgefühl auf die Gegenwart dieser Person im Hier und Jetzt. Auf diese Weise können Sie geistige Liebe und Energie in die Welt und in die Herzen anderer Menschen kanalisieren, ohne die betreffende Person oder den gegenwärtigen Augenblick im geschichtlichen Prozess zu manipulieren.

Es gibt noch eine weitere, extremere Erfahrung von Geben/Lieben/Annehmen, derer Sie teilhaftig werden könnten. Manchmal überrasche ich mich selbst, indem ich mich unvermittelt auf einen bedrohlichen, auf der Bühne der Weltpolitik sehr mächtigen Politiker, auf einen Terroristen oder eine in anderer Weise negative Erscheinung oder Situation ausrichte und die strahlend hellen geistigen Empfindungen, die meinem Herzen zugeströmt sind, zu der betreffenden Person oder Situation hinfließen lasse. Dadurch kommt die Liebe genau dahin, wo sie am meisten benötigt wird, wo Schmerz und Wahnwitz in der Welt besonders stark ausgeprägt sind. Die PEAR-Studien lassen erkennen, dass wir unsere persönliche Aufmerksamkeit dazu nutzen können, auf die Welt Einfluss zu nehmen. Und im meditativen Gebet findet solch eine radikale Handlungsweise ihren Ausdruck.

Vergewissern Sie sich nur immer wieder, dass Sie nicht in eine alte Gebetsgewohnheit zurückfallen und meinen, Sie »sollten« etwas tun, um anderen in Ihrem Umfeld zu helfen. Meiner Auffassung nach muss sich der Modus des Gebens spontan einstellen – als natürliche Herzensreaktion auf das Empfangen geistiger Liebe, Einsicht und Kraft.

Am Ende dieses Kapitels möchten Sie sich vielleicht entspannen. Beschließen Sie also, sich dieses Augenblicks zu erfreuen, sich auf Ihre Atmung und Ihr Herz einzustimmen, alle Besorgnis und alle Beurteilungen loszulassen. Erleben Sie dann, ohne irgendwelche Erwartungen zu hegen, welche Erfahrung Sie machen, während Sie weiterhin Ihrer Atmung gewahr bleiben und den neunten Leitsatz behutsam und klar im Sinn behalten:

 *Ich bin offen, zu empfangen.*

Zehntes Kapitel

Werden Sie eins mit Ihrer Quelle

*Geht über den Geist
und über die Zeit hinaus
und tretet ein in die immerwährende Stille,
welche ewiges Leben ist.*

*Habt ihr erst von jenem Leben gekostet,
wird euer ganzes Dasein
ein Fest werden.*

OSHO

Nun sind wir bereit, uns mit dem tiefgründigsten Leitsatz dieses Meditationsprogramms eingehend zu befassen. Selbst auf die Gefahr hin, dass ich, wie manch einer vielleicht sagen wird, radikal erscheine oder mich in ein schlechtes Licht rücke, möchte ich Ihnen von einer Erfahrung berichten, die ich am Scheitelpunkt einer der extremsten Phasen meines Lebens gemacht habe. Und von dieser Erfahrung berichte ich, weil sie bei mir zu einem Erwachen führte, das fortan mein ganzes Leben stark beeinflusst hat. Bei dieser Erfahrung bin ich so sehr an meine Grenzen gegangen, dass ich unversehens mit der Quelle konfrontiert wurde, dem Ursprung meiner Lebenskraft, ob ich wollte oder nicht.

Den neuen Meditationsprozess, den ich in diesem Buch vorstelle, habe ich in der Hoffnung entwickelt und gebe ihn mit dieser Hoffnung auch an Sie weiter, dass Sie sich öffnen und Ihre Verbindung zur Quelle erfahren können, ohne derart an Ihre Grenzen gehen zu müssen.

<u>Aufgewachsen bin ich</u> in einem konservativen, religiösen und – rückblickend betrachtet – <u>von vielerlei angstbesetzten Vorstellungen, von Besorgnis und Vorurteilen belasteten familiären und kulturellen Umfeld.</u> In den Sechzigerjahren bin ich aus diesem Umfeld ausgebrochen und habe dann, auf der psychischen wie auf der spirituellen Ebene, diverse Ansätze für eine Heilung und ein Erwachen erkundet. Nach Überschreiten des dreißigsten Lebensjahres hatte ich allerdings einen Großteil meiner tief sitzenden Angstvorstellungen und Hemmungen immer noch nicht geheilt. Stattdessen zog ich weitestgehend einen Schlussstrich unter meine wilden Zeiten der spirituellen Selbsterkundung und wurde ein erfolgreicher Therapeut mit dem Tätigkeitsschwerpunkt Freisetzung verdrängter Emotionen. Damals lebte ich in San Luis Obispo in einem sehr schönen Haus – mein Bruder und ich hatten es großenteils eigenhändig erbaut. Außerdem besaß ich ein rund 20 Hektar umfassendes Stück Land: offenes Gelände in grandioser Berglage. Meine damalige Frau war mit unserer materiellen Situation zufrieden, und mein Sohn aus früherer Ehe lebte bei uns. Der Tanz auf dem Vulkan war nun vorüber. Ich gewöhnte mich an die vom Streben nach materieller Sicherheit und Erfolg bestimmten Routineabläufe und führte, so hatte es den Anschein, ein gutes Leben.

Spirituell hat mir dieses Leben tief im Innern jedoch insgeheim fast den Verstand geraubt, da ich den Weg des Herzens verlassen und das frühere Gefühl von Verbundenheit mit meiner Mitte verloren hatte. Den um sich greifenden Yuppie-Trends zu ausuferndem Konsum, die zugegebenermaßen eine Zeit lang durchaus eine Anziehung auf mich ausgeübt hatten, stand ich nun zunehmend kritisch gegenüber. Und ich fühlte mich entmutigt, weil sich in meiner therapeutischen Praxis nur wenige Klienten tiefer gehend auf meine neu entwickelten Techniken zur Freisetzung unterdrückter Emotionen einlassen wollten.

Immer größer wurde mein Verlangen nach dem, woran es mir im Innern fehlte. Daher zog ich mich aus meiner abgesicherten, kuscheligen Welt zurück und traf so manch eine Entscheidung, die zu einer Entfremdung von meiner Frau und meinen Freunden führte. Ich verspürte eine fast schon zwanghaft anmutende Entschlossenheit, mich ein für alle Mal nicht nur von meiner religiösen und kulturellen Konditionierung zu befreien, sondern auch von den emotionalen Spannungen, die ich mit mir herumschleppte.

Ich begann nun wieder, auf die Führung durch meine innere Stimme zu hören. Und als ich denjenigen Dingen, die für mich die künstliche Konsumkultur Kaliforniens verkörperten, mit offener Ablehnung zu begegnen begann, erlebte ich das Scheitern meiner zweiten Ehe.

Daraufhin schickte ich meinen Sohn zu seiner Mutter. Für ein Jahr sollte er nun bei ihr leben. Ich verließ mein Zuhause. Meine therapeutische Praxis gab ich ebenfalls auf.

Innerhalb kürzester Zeit führte ich ein völlig neues Leben in einer gänzlich anderen Kultur. Nachdem ich mit meinem VW-Campingbus die ganze Strecke bis Mittelamerika hinuntergefahren war, hatte ich mich im Hochland von Guatemala in einem kleinen, an einem See mit dem Namen Lago Atitlán gelegenen Häuschen niedergelassen. Die weitere Umgebung war von der dort beheimateten Maya-Kultur noch stark geprägt.

Ich verfügte über genügend Geld, um in meinem neuen Umfeld, eine sparsame Lebensführung vorausgesetzt, mindestens ein Jahr lang leben zu können. Für mehrere Monate zog ich mich von allem und jedem zurück. Meine Tage und Nächte verbrachte ich allein. Ich führte, so könnte man sagen, ein meditatives Einsiedlerdasein.

In den Monaten, die ich derart zurückgezogen in Ruhe und Stille verbrachte, war ich zwar geistig nicht besonders rege; wichtig war jedoch für mich, zu entspannen und loszulassen. Ich spielte stundenlang praktisch ohne Unterbrechung Gitarre und schrieb jede Menge beschaulicher Songs. Mehr und mehr stimmte ich mich auf die geruhsame Gangart und die althergebrachten Gepflogenheiten der einheimischen <u>Mayas</u> ein. Diese Menschen führten in ihrer Gemeinschaft im Umkreis des Sees ein Dasein, dessen Ertrag geradeso zum Überleben reichte. Auf ihre Herzensverbundenheit und darauf, wie sie alles und jeden in ihr Leben einbezogen, sprach ich zunehmend an. Vergleichbares hatte ich nicht mehr empfunden, seit Großmama viele Jahre zuvor gestorben war. <u>Etwas in mir schickte sich an zu heilen.</u> Nichtsdestoweniger fühlte sich ein Teil meines Selbst tief im Innern nach wie vor verletzt und verloren.

Die Begegnung mit der anderen Seite

Scheinbar aus heiterem Himmel verspürte ich eines Tages den Drang in mir, oder die innere Stimme – nennen Sie es, wie Sie mögen –, mit dem Postschiff die circa 30 Kilometer lange Überfahrt auf die andere Seite des Sees zurückzulegen, um die Wildnis der zerklüfteten Bergwelt zu erkunden. Dort herrschte weiterhin die alte Indio-Kultur vor und revolutionäre Gruppen waren immer noch hochgradig aktiv. Ich entsinne mich gut, wie ich angesichts einer unbestimmten Vorahnung, die mich auf einmal erfüllte, innerlich ganz schön unter Strom stand. Mir gefiel dieser besondere Schwung meiner Schritte, verbunden mit einem Hauch von Verwegenheit, als das kleine Schiff an der hölzernen Anlegestelle von Santiago Atitlán festmachte und ich von Bord ging – vorbei an den *Cayucos,* mit denen die Einheimischen zum Fischen auf den See hinausfuhren, und an den in traditionelle *Wipiles* gekleideten Frauen mit ihren in einem Tuch auf den Rücken gebundenen Babys.

Schon während der ersten paar Tage, die ich in meiner neuen Unterkunft, einer bescheidenen Herberge, verbrachte, begann sich mein Geist zu verändern: Er entschleunigte sich noch ein bisschen mehr, zugleich wurde er regsamer und empfindsamer.

Dann geschah es: Auf einer meiner Bergtouren begegnete ich eines Vormittags einer jungen Maya-Frau – und stürzte mich kopfüber in eine ebenso leidenschaftliche wie gefährliche Liebesbeziehung. Mahalena war von unvergleichlicher Schönheit. Und sie war die Anführerin einer kleinen Rebellengruppe, die gegen Guatemalas Militärregime kämpfte. Zu einem Viertel deutscher Abstammung und mit einem vielschichtigen sozialen Hintergrund, verkörperte Mahalena in meinen Augen das, was man sich unter einer »edelmütigen Gesetzlosen« vorstellt.

Mehrere Monate glaubte ich nicht nur, endlich etwas gefunden zu haben, wofür ein starkes persönliches Engagement sich lohnt, sondern auch, auf eine ursprüngliche Kultur gestoßen zu sein, der ich mich anschließen mochte. Und Mahalena schien diejenige Geliebte zu sein, nach der ich mein Leben lang auf der Suche gewesen war. Sie war jung, mutig, von geradezu mystisch anmutender Tiefgründigkeit und darüber hinaus eine hingebungsvolle Kämpferin für die Freiheit jener Ureinwohner-Gemeinschaft, der sie seit ihrem ersten Atemzug angehörte. Nachdem sie mich mit ihrem kleinen Trupp bekannt gemacht hatte, begab ich mich an die

Arbeit: Handschriftlich wollte ich festhalten, was sich, so hoffte ich, als eine wahre Geschichte erweisen würde, in der das Gute über das Böse obsiegt.

Wir lebten in Höhlen und Hütten auf den vulkanischen Hängen des hoch zum Himmel aufragenden Atitlán-Kraters. Es war nicht nur ein berauschendes, sondern auch ein anstrengendes und ein gefährliches Leben. Allmählich begann ich die Hoffnungen, die Glaubensvorstellungen und die okkulten Praktiken dieses Gebirgsvolkes zu begreifen. Und ich arbeitete daran, in Anknüpfung an ihre Geschichte einen großen Roman zu schreiben, der die Welt wachrütteln und auf die fortwährend verübten völkermörderischen Gräueltaten der guatemaltekischen Regierung aufmerksam machen würde.

Für mich war das eine außerordentlich gute, aber auch sehr schwierige Zeit. Denn neue physische, emotionale und mystische Eindrücke und Erfahrungen setzten bei mir Prozesse des Erwachens in Gang. Und zugleich wurden dadurch zahlreiche persönliche und kulturelle Illusionen zerstört.

Mahalena war ein ebenso inspirierter wie inspirierender Mensch. In der darauffolgenden Zeit habe ich ihre Geschichte und diesen Abschnitt meines Lebens in Romanform festgehalten (*Powerpoint*[11]; *The Mahee Vision*[12]). Jedes Mal in dem Bestreben, in ihre Wahrheit wie auch in diejenige ihres Volkes und dessen regelrecht an einen Mythos erinnernde Geschichte noch tiefer einzutauchen.

Offen gestanden bin ich damals ab einem bestimmten Punkt jedoch sehr weit aus der eigenen Mitte geraten. Mein Ego wollte unbedingt die Regie übernehmen, und ich begann zu glauben, *meine* hochtrabende Sicht der Dinge sei die einzige – und meine ganze Zivilisation da oben im Norden sei im Grunde schlecht, im Unrecht und verdorben.

Aus heutiger Sicht ist mir klar, dass ich jener Situation einfach nicht gewachsen war: Ich hatte mich in Auseinandersetzungen verstrickt, die nicht die meinen waren, und die ganze Sache romantisiert – so auch meine eigene Rolle und meine Aufgabe in dieser Situation. Darüber hinaus begann ich mich mit dem *Brujo* (Schamanen), einem betagten Eingeborenen, zu streiten und versuchte obendrein, Mahalena gegenüber eine dominante Position einzunehmen. Eines Tages kam es dann zum großen Knall.

An dem betreffenden Morgen hatte Mahalena mich alleine gelassen, damit ich mich wie üblich auf das Schreiben konzentrieren konnte. Nachdem sie sich mit ihrem kleinen Trupp auf den Weg gemacht hatte, geriet sie ins Feuer der Regierungstruppen und wurde getötet. Als mir diese niederschmetternde Nachricht überbracht wurde, suchte ich sogleich das Weite und trat die Rückreise auf die touristische Seite des Sees an.

Allerdings lastete der Fluch des *Brujo* auf mir, durch den er verhindern wollte, dass ich den See lebend verließ, nachdem ich zu viele Kenntnisse über die okkulte Überlieferung seines Volkes erlangt hatte. Aus irgendeinem Grund gab der alte Mann mir obendrein auch noch die Verantwortung für Mahalenas Tod.

Nur ein paar Stunden, nachdem ich auf der sicheren Seite des Sees angekommen war, mir in Panahachel rasch ein winzig kleines Häuschen angemietet und mich dort niedergelassen hatte, verschlechterte sich mein Gesundheitszustand dramatisch. Ich war vollständig außer Gefecht gesetzt und wäre fast gestorben!

Schauen Sie auf die Lebenskraft

Meine Erfahrung während der nächsten acht Tage, in denen ich nur noch flachlag, war die einer immer weiter fortschreitenden und am Ende kompletten Kapitulation. In der Absicht, nie mehr zurückzukehren, hatte ich mich von der eigenen Kultur abgewendet und mir Kaliforniens Staub von den Schuhen geklopft. Oben im Norden hatte ich alles als für mich völlig inakzeptabel verurteilt. Mich selbst hatte ich nicht weniger inakzeptabel gefunden. Aber nun lag ich da und war selbst der Angeschmierte: Auf die harte Tour hatte ich herausgefunden, dass ein Mensch, wenn er von sich selbst und den eigenen Wurzeln abgeschnitten ist, nicht lange leben kann. Ich war dem Tode nahe.

Der einzige Arzt auf dieser Seite des Sees war ein Trinker. Er ließ sich einmal bei mir blicken und ist dann nie wieder aufgetaucht. Weil der *Brujo* mich verflucht hatte – oder vielleicht auch nicht aus diesem Grund, wer weiß das schon –, litt ich unter einer Hepatitis, die ich mir offenbar beim Wassertrinken zugezogen hatte. Meine Augen verfärbten sich gelb, meine Leber schwoll an, ich verlor meinen Appetit. Als wäre das noch nicht schlimm genug, war mein Organismus obendrein von irgendwelchen verheerenden Parasiten befallen worden, die sich eifrig in meine Eingeweide hineinfraßen und meine Lebenskraft noch weiter verminderten.

Vor allem aber befand ich mich spirituell am Rand der Verzweiflung. Durch den gewaltsamen Tod der Frau, die ich liebte, war ich am Boden zerstört. Und nun stand ich im Begriff, fast zeitgleich mit ihr zu sterben. *Einen* spirituellen Lichtblick allerdings gab es wenigstens. Gegen Ende habe ich drei Tage lang meine Todesangst losgelassen. Im Herzen war ich mit mir selbst völlig im Reinen, mein Ego gab sich geschlagen und verschwand, so hatte es jedenfalls den Anschein, und ich verbrachte mehrere Tage, in deren Verlauf mir kaum je ein Gedanke durch den Kopf ging.

Schließlich hatte ich also doch einen meditativen Bewusstseinszustand erreicht – das, wonach ich in den vorangegangenen Jahren ein so großes Verlangen gehabt hatte. Doch der Preis für diese innere Klarheit schien, um es milde auszudrücken, recht hoch zu sein.

Zweimal am Tag kam aus dem Nachbarhaus, genauer gesagt einer im traditionellen Stil der Einheimischen errichteten Hütte, ein kleines Indio-Mädchen herüber, um mir Früchte und Coca-Cola zu bringen. Die Kleine war vielleicht zehn Jahre alt, für mich glich sie einem Engel. Ungefähr eine halbe Stunde lang saß sie dann einfach bei mir auf der Terrasse neben der Isomatte, auf der ich lag. Was auch immer mit mir geschehen mochte, sie schien es voll und ganz zu akzeptieren. Für die Indios in jenem Dorf war der Tod ebenso sehr Bestandteil des Daseins wie das Leben.

Aber dann, eines Tages, kam sie nicht. Reglos lag ich da, Stunde um Stunde, meine Atemzüge kamen und gingen ganz von allein. Ab einem gewissen Punkt wurde eine äußerst intensive Empfindung in den Zehen und an den Fußsohlen für mich spürbar. Was ich erlebte, kann ich nur als die – in einer gegen den Uhrzeigersinn gerichteten Bewegung – beginnende Auflösung der Lebenskraft bezeichnen. Dieses Empfinden setzte in meinen Füßen ein und bewegte sich dann ganz allmählich, ungefähr im Verlauf der nächsten Stunde, in meine Knie und anschließend in meine Oberschenkel hinauf.

Mit einem Mal, als es in meinen Knien zu kribbeln begann und sie sich anschließend wie taub anfühlten, wusste ich instinktiv, dass mir das drohende Eintreten des Todes unmittelbar bevorstand. Auf einer weit über das Ego hinausreichenden Ebene hatte ich aufgehört, meine Existenz aufrechtzuerhalten.

Doch genau in jenem Moment, als ich wusste, dass ich kurz davor stand zu sterben, und komplett kapituliert hatte, öffnete sich etwas in mir – zuinnerst in meinem Herzen und in meinem Sonnengeflecht. Lebhaft, klar und deutlich konnte ich nun die Präsenz des in meinen Körper strömenden *Geistes* hören, sehen, fühlen, riechen und auch noch auf andere Weise erleben. Als wäre ich geradewegs an die »Steckdose« der Quelle angeschlossen worden, fühlte ich mich unverbrüchlich mit meinem Schöpfer verbunden.

Über solch eine Erfahrung zu sprechen ist eigentlich gar nicht möglich. Eines aber kann ich Ihnen sagen – in Reaktion auf die todbringende Auflösung der Lebensenergie konnte ich in jenem Moment meine Stimme hören. Wie Lava aus dem Innersten meines Seins hervorbrechend, rief sie laut und deutlich: »Nein – ich will nicht sterben!«

Exakt in jenem Augenblick spürte ich, wie etwas in mir auf einmal anwuchs. Dieses Etwas kann ich nur als Lebenskraft beschreiben: Vom Scheitelpunkt meines Kopfes aus bis ganz hinab in meine Zehen erfüllte sie mich mit einer auf bemerkenswerte Weise pulsierenden Energie. Obgleich ich biologisch und physikalisch bis zum Äußersten erschöpft war, ging reflexartig ein Ruck durch mich, und plötzlich saß ich kerzengerade da. So blieb ich dann, für ich weiß nicht wie lange Zeit, dort sitzen – bis ich zu meiner Linken, vielleicht einen guten Meter von mir entfernt, die Gegenwart eines Menschen zu spüren begann. Ich öffnete die Augen, um nachzuschauen, ganz in der Erwartung, Mahalena zu erblicken.

Es war das kleine Mädchen von nebenan. Lächelnd saß es da. Ich kann mich entsinnen, wie die Kleine die Hand ausgestreckt und mich an der Schulter berührt hat, als wolle sie sichergehen, dass ich real bin. Auf eine im wahrsten Sinn des Wortes wunderbare Weise war ich von neuer Energie und neuem Leben erfüllt. Ich schaute dem Mädchen in die Augen und spürte tief in mir das Verlangen, es zu umarmen, die Menschheit zu umarmen, Gottes Schöpfung zu umarmen – zu guter Letzt endlich nicht länger zu beurteilen und zurückzuweisen.

Wie ein Blitz aus heiterem (Seelen-)Himmel kam mir in dem Moment schlagartig ein Gedanke in den Sinn. Und ich konnte hören, wie meine innere Stimme in einem leisen, ruhigen und bescheidenen Tonfall sprach: »Gott, falls du mich am Leben lässt, werde ich in meine angestammte Kultur zurückkehren und für den Rest meines Lebens einfach tun, was immer zu tun ist.«

Und, ja, ziemlich genau so ist es tatsächlich gekommen.

Sich verbunden fühlen

Kein anderer Leitsatz lenkt die Aufmerksamkeit so unmittelbar auf die spirituelle Mitte in mir wie: »Ich fühle mich verbunden mit meiner Quelle.« Dieser zehnte Leitsatz lotet die ganze Tiefe meines Seins aus. Finden Sie, dass diese Worte mit Ihren früheren Erfahrungen von Gottesverbundenheit oder *Geist*-Verbundenheit oder wie auch immer Sie Gott bezeichnen mögen in Resonanz stehen? Oder ist das für Sie eine relativ neue Vorstellung?

Eine der wichtigsten universalen Erfahrungen, die alle Menschen zuinnerst miteinander verbindet, ist eine häufiger zustande kommende lebensverändernd wirkende Begegnung mit einer höchst realen spirituellen Präsenz im eigenen Innern, die unsere biologisch verwurzelte Persönlichkeit transzendiert. Jede Kultur hat für diese Präsenz ihren ganz speziellen Namen sowie auf sie bezogene religiöse Glaubensvorstellungen und priesterliche Rituale entwickelt. Für mich besteht jedoch kein Zweifel, dass die Präsenz selbst alle

Kultur transzendiert und auf allgültige Weise stets eine und dieselbe ist.

Einer der radikalsten evolutionären Schritte in der Entwicklungsgeschichte des menschlichen Bewusstseins war die Einsicht, dass es einen universellen Gott und Schöpfer gibt, mit dem wir in Zwiesprache treten können und von dem wir, auf dem Weg über unser persönliches Gewahrsein, Führung und Liebe empfangen können. Wir *können* Einheit mit dem Göttlichen erfahren.

Der zehnte Leitsatz bringt klar und unmissverständlich Ihre Absicht zum Ausdruck, regelmäßig an dieser Zwiesprache, dieser *Communio*, teilzuhaben und sich über alle Gott betreffenden Gedanken und Vorstellungen hinauszubegeben, um unmittelbar die Empfindung der Verbundenheit mit der Gottesrealität zu erleben. »Ich fühle mich verbunden mit meiner Quelle.«

Es ist nur natürlich, dass Sie höchstwahrscheinlich, wenn Sie mit diesem Leitsatz zu arbeiten beginnen, beim lauten oder gedanklichen Aussprechen der Worte keine großen Erfahrungen machen werden. Gut so. Es besteht kein Grund zur Eile, es gibt keine Ansprüche, denen Sie gerecht werden müssten, keine durch diese Leitsätze jedes Mal, wenn Sie sie sprechen, herbeigeführte letztgültige Erfahrung. Von diesen Leitsätzen machen Sie lediglich Gebrauch, um Ihren Geist jeweils wieder in eine Richtung zu lenken, die sich als überaus wertvoll erwiesen hat.

Der zehnte Leitsatz beginnt mit dem Wort *ich,* um Ihre Ego-Intention aktiv in die Aussage mit einzubeziehen. Der nächste Satzbestandteil *fühle (mich)* stellt klar, dass Sie Ihr Augenmerk auf schiere Erfahrung richten wollen, nicht auf eine Vorstellung. Das nächste Wort präzisiert, was Sie fühlen: *Verbundenheit.* Und die letzten drei Worte, *mit meiner Quelle,* beschreiben näher, worauf Sie die Aufmerksamkeit richten. Nachdem Sie diese klare Absicht zum Ausdruck gebracht haben, bleiben Sie einfach nur der Atmung und der inneren Erfahrung gewahr, während Sie sich öffnen, um zu sehen, was Ihnen in diesem immerwährenden Augenblick *jetzt* zuteil wird. Über ihn lässt sich nur eines sagen: Er ist stets neu. Nur zu: Erkunden Sie, was gerade jetzt in diesem Augenblick geschieht, während Sie sich auf die Atmung und auf Ihre Ganzkörperpräsenz einstimmen, sich öffnen, um empfänglich zu sein, und sich sagen:

*Ich fühle mich verbunden
mit meiner Quelle.*

Jenseits von innen und aussen

Wir haben die Neigung, so gut wie all unsere im Wachzustand erlebten Momente in Außenausrichtung zu verbringen. Nun gut, im Lauf des Tages sind wir uns vielleicht hier und da in einem gewissen Maß der in uns vorhandenen Emotionen und Empfindungen bewusst. Die meiste Zeit aber richten wir die Sinne auf das, was um uns herum geschieht; oder wir verlieren uns in Erinnerungen an Sinneserfahrungen, die wir in der Vergangenheit gemacht haben; oder wir projizieren solche Sinneserfahrungen in zukunftsbezogene Erwartungen und Phantasien; oder wir verlieren uns in abstrakte Gedanken über Dinge, Orte und Ideen, die primär außerhalb von uns selbst anzutreffen sind.

Beim Meditieren geht es darum, genau das Gegenteil zu tun, und der durch den ersten Leitsatz eingeleitete Prozess gipfelt im zehnten Leitsatz. Indem Sie sagen:»Ich beschließe, mich an diesem Augenblick zu erfreuen«, kehren Sie, da Freude eine Erfahrung im Innern Ihres Körper ist, die Aufmerksamkeit nach innen. Das Atemgewahrsein richtet sich ebenfalls nach innen, auf die Sinneserfahrungen, die Sie in Ihrem Körper machen. Und auch wenn Sie das Augenmerk auf die Gefühle in Ihrem Herzen und die auf andere Menschen wie auf Sie selbst bezogenen Gefühle richten, bleibt die Aufmerksamkeit nach innen gewendet.

Wenn Sie sagen: »Ich bin offen, zu empfangen«, schauen Sie sogar noch tiefer in sich hinein: auf die intuitiven und spirituellen Impulse, die Sie erhalten. Und wenn Sie sagen: »Ich fühle mich verbunden mit meiner Quelle«, richten Sie die Aufmerksamkeit unmittelbar auf die unergründlichen Tiefen Ihres Seins. Stimmt's?

So habe ich das jedenfalls viele Jahre lang anderen Menschen beigebracht. Unlängst freilich wurde mir beim Meditieren klar, dass wir, da die Quelle über unsere dreidimensionale materielle Wirklichkeit hinausgeht, solch eine Vorstellung von »innen und außen« aufgeben sollten, sobald wir uns öffnen, um die Verbundenheit mit unserer Quelle zu fühlen. Dieser in gewisser Weise »höchste« Leitsatz lenkt Ihre Aufmerksamkeit nicht auf einen bestimmten Ort im Raum. Die dreidimensionale Vorstellung von »innen« und von »außen« ist, mit anderen Worten, für diejenige Erfahrung, die wir machen wollen, hinderlich.

Wenn Sie sagen: »Ich fühle mich verbunden mit meiner Quelle«, sollten Sie, das ist meine Empfehlung, überhaupt nicht mehr versuchen, die Aufmerksamkeit in irgendeine Richtung zu lenken. Verweilen Sie einfach mit weit offenem Gewahrsein im gegenwärtigen Augenblick. Behalten Sie die Worte des Leitsatzes im Sinn, und heißen Sie jedes wie auch immer beschaffene Verbundenheitsgefühl willkommen. Das ist die höchste meditative und spirituelle Handlung. Soweit ich erkennen kann, gibt es nichts tiefer Gehendes. Auf natürliche Weise gelangen Sie so an einen Punkt, wo Worte keinerlei Rolle mehr spielen, alle Gedanken zum Erliegen kommen und auch die Leitsätze gegenstandslos werden. Es herrschen Stille und Frieden.

So haben Sie ein optimales Bewusstsein für die Erfahrung der *Communio* mit Ihrer unendlichen, allgegenwärtigen spirituellen Quelle erreicht. Falls das für Sie neu ist, verfallen Sie bitte nicht in übermäßige Ernsthaftigkeit oder Feierlichkeit. Bewahren Sie sich einen unbeschwerten Umgang mit der ganzen Vorstellung: Sie öffnen sich, um Ihre Einheit mit Gott empfinden zu können – nicht mehr und nicht weniger. Und Gott ist einfach nur, wer und was Sie in Ihrem unendlichen Wesenskern längst sind. Im Grunde wissen Sie also schon die ganze Zeit, was Sie finden werden, wenn Sie zu sich sagen: »Ich fühle mich verbunden mit meiner Quelle.«

Meditation wird bisweilen als eine »Heimkehr« bezeichnet, weil Sie mit Ihrer Aufmerksamkeit dahin zurückkehren, woher Sie spirituell kommen.

Ihre innere Stimme

In diesem Buch habe ich bereits an anderer Stelle darauf hingewiesen, welch großen Wert es hat, in der Meditation der inneren Stimme zu lauschen – den Geist vollständig zur Ruhe kommen zu lassen, Herz und Seele zu öffnen, um vom spirituellen Kern Ihres Daseins Inspiration und Führung zu empfangen. Mit dem neunten Leitsatz: »Ich bin offen, zu empfangen«, sind Sie an jenem Schlüsselpunkt der Auftrieb gebenden Meditation angelangt, an dem der *Geist* gewöhnlich zu Ihnen sprechen wird. Alle bisherigen Leitsätze haben Sie in diese offene Meditationshaltung innerer Verbundenheit gebracht, in der Ihr Ego-Geist perfekt in der Lage ist, zuzuhören und vom göttlichen Geist des Universums direkte Führung, Kreativität und Inspiration zu empfangen. *Den Punkt haben Sie jetzt erreicht.*

Viele Menschen meinen, Sinn und Zweck der Meditation sei lediglich, alle Gedanken zur Ruhe kommen zu lassen und jeden Tag für eine halbe Stunde oder länger in vollkommener Stille zu verweilen. Wie wir gesehen haben, beinhaltet Meditation jedoch zugleich einen weit aktiveren Prozess, in dem das gewöhnliche Ego-Geplapper verstummt, sodass Sie hören – oder anderweitig vernehmen – können, was das höhere Selbst Ihnen mitteilt. Ob Sie diese Kommunikation als Zwiesprache mit Gott, mit dem *Geist*, mit Allah, mit dem Tao, mit dem göttlichen Geist des Universums, mit dem Schöpfer, mit Jesus oder mit der in Ihr Gehirn integrierten Intuitiv- beziehungsweise Kreativfunktion erleben, spielt dabei letztlich keine Rolle. Wichtig ist, dass Sie sich, auf die eine oder andere Weise, öffnen und empfangen.

So gut wie jeder Mensch stimmt der Aussage zu, dass es eine innere Stimme gibt, die uns im Leben Führung bieten kann. Doch sehr viele Menschen, und das ist das Problem, hören einfach überhaupt nicht auf diese Stimme, weil in ihrem inneren Äther durch die Stimme des Ego permanent alles andere übertönt wird.

Unsere innere Stimme bleibt unhörbar,
sofern – und solange – die Stimme
unseres Ego nicht verstummt.
Das ist eine der Grundgesetzlichkeiten
des Bewusstseins.

Bis hierher hatten dieses Buch und der darin beschriebene Meditationsprozess vor allem folgende Aufgabe: Ihnen dabei behilflich zu sein, das nicht enden wollende Geplapper Ihres Alltagsverstandes so weit verstummen zu lassen, dass Sie auf eine tiefgründigere Quelle zu hören und von ihr etwas zu empfangen vermögen. Der neunte Leitsatz hilft Ihnen, wie wir gesehen haben, sich zu öffnen, damit Sie Einsicht und Inspiration empfangen können, die sich in allen möglichen Formen zeigen werden. Der zehnte Leitsatz wird Sie mitunter in einen noch tiefer gehenden Bereich als denjenigen der Inspiration führen – in einen wahrhaft ewigen, einem niemals endenden Nirvana gleichenden Bewusstseinszustand, in dem die persönliche Selbstwahrnehmung zeitweise vollständig verschwunden ist und Sie sich völlig in Einklang mit dem unendlichen Geist Gottes befinden.

Ist Ihr Alltagsverstand still, ebenso Ihr inspirativer Geist, dann seien Sie bitte nicht erstaunt, wenn Ihr Erleben dessen, was Ihnen aus dem spirituellen Zentrum zuströmt, eine ganz andere Qualität hat als all Ihre vorherigen Erfahrungen. Zwischen Ihren normalen Gedanken, Ihren inspirierten Gedanken und dem Bewusstsein jenseits aller Gedanken bestehen entscheidende Unterschiede. Normale Gedanken entwickeln sich in linearer Abfolge, da der Ego-Geist zur Beschreibung der Wirklichkeit Vorstellungen oder Konzepte aushekt, mittels derer er auf die Wirklichkeit Einfluss nehmen kann. Inspirierte Gedanken und schöpferische Einsichten kommen Ihnen blitzartig in den Sinn, als *ein* Gebilde, fix und fertig mit allem Drum und Dran. Unmittelbare Erfahrung des Letztendlichen, Verbundenheit, Zustand von Satori ..., nun, in Bezug auf diese Erfahrung will ich Ihnen lieber keine Worte anbieten. Denn per definitionem liegt sie jenseits aller Worte. Eines aber kann ich Ihnen sagen: Diese Erfahrung erwartet Sie.

Wer Sie wirklich sind

Auf die Bereitschaft, die Ego-Persönlichkeit loszulassen und sie ohne Weiteres aufzugeben, wenn der Tod naht, bin ich schon zu sprechen gekommen. Diese Form des demütigen Sich-Aufgebens erwächst daraus, dass man offen ist und dankbar, einfach ein weiteres Lebewesen auf diesem Planeten zu sein, was als solches bereits eine Auszeichnung darstellt. In der Lage sein, zu kommen und zu gehen – geboren werden, leben und schließlich dahingehen, wenn neues Leben auftaucht –, darin besteht meine Erfahrung als sterbliches Wesen.

Nichtsdestoweniger werde ich, wenn ich in tiefer Meditation verweile, des Öfteren einer anderen Dimension meiner selbst gewahr, die ebenfalls »ich« ist, ohne jedoch irgendwie in die Lebewesen-Erfahrung/Ego-Erfahrung/irdische Erfahrung verstrickt zu sein. Mir ist klar geworden, dass ich mich jedes Mal, wenn ich die Leitsätze eins bis zehn durchgehe, an den Punkt heranführe, an dem ich mich auf diese spezielle »Geist«-Dimension des Bewusstseins einstimme, in der ich mich auf einmal mit Gott und der Ewigkeit eins fühlen werde. Mein Ego lässt vollständig los und mein persönliches Gewahrsein verschmilzt mit einem größeren Bewusstsein. Da ist das Empfinden von »hier im gegenwärtigen Augenblick«, von »hier bevor ich geboren wurde« und von »hier nachdem ich gestorben bin«, alles gleichzeitig.

Der neunte und der zehnte Leitsatz werden Sie an den Punkt bringen, an dem Sie sich öffnen und den *Geistes-*Strom empfangen können. Zugleich werden die beiden Leitsätze Sie an den Punkt bringen, an dem Sie fühlen, dass Sie ein essenzieller, ewiger, unendlicher Bestandteil des Ganzen sind: Sie treten ein in den immerwährenden Augenblick und verschmelzen mit dem Tao.

Ein Teil von Ihnen existiert jenseits des begrifflichen Ego. Wenn Sie als Zweijähriger unbeobachtet gespielt haben und dabei einfach Sie selbst waren, aber ebenso wenn Sie 20, 50, 70 oder 90 Jahre alt sind, immer gibt es ein essenzielles, ewiges »Sie« – stets vorhanden, ist es diejenige Instanz, die sich öffnet, die empfängt und Verbundenheit fühlt.

Wir haben das Recht und die Freiheit, und es steht auch in unserer Macht, der persönlichen Aufmerksamkeit eine Richtung zu geben, wann immer wir dies beschließen – so auch die Ausrichtung auf das Gefühl, mit unserer Quelle in Kontakt zu stehen und mit ihr zu verschmelzen. Das ist das Kernstück unserer Freiheit, jenseits aller religiösen Regeln und Einschränkungen. Wenn wir beschließen, uns nicht mit unserer Quelle verbunden zu fühlen, stürzen wir in die Hölle. Wenn unsere Ego-Persönlichkeit zu glauben beginnt, sie sei das Ein und Alles, werden wir ängstlich und einsam. Wenn wir falsche Götzen oder Idole anbeten, wenn wir nicht der spirituellen Wahrheit, sondern Vorstellungen und Konzepten unser Vertrauen schenken, werden wir zu nichtssagenden und oberflächlichen Menschen und verfallen in existenzielle Agonie.

Wenn unser Ego hingegen reift und an unserem größeren Selbst mit den spirituellen, immerwährenden Bewusstseinsqualitäten teilhat, beginnen wir uns auf einmal besser, klarer, teilnahms- und vertrauensvoller zu fühlen. Und wenn wir uns an jedem neuen Tag, oder sogar in jeder neuen Stunde, sagen: »Ich bin offen, zu empfangen«, und: »Ich fühle mich verbunden mit meiner Quelle«, haben wir den Himmel auf Erden. Wir wissen um die Wahrheit. Und die Wahrheit macht uns frei.

Sich verbunden zu fühlen, darum geht es in der Meditation. Darum geht es im Leben. Verbundenheit zu spüren, diese Entscheidung zu treffen liegt in unserer Freiheit. Die

Leitsätze eins bis zehn sind ein grundsolider Werkzeugsatz mit einem Sortiment von »Geisteswerkzeugen«, die Ihnen helfen, die Verbindung zu Ihrer Quelle aufrechtzuerhalten.

1. *Ich beschließe, mich an diesem Augenblick zu erfreuen.*
2. *Ich fühle, wie die Luft in meine Nase ein- und wieder ausströmt.*
3. *Ich fühle beim Atmen die Bewegungen meines Brustkorbs und meines Bauchs.*
4. *Ich bin mir meines ganzen Körpers gleichzeitig bewusst, jetzt in diesem Augenblick.*
5. *Ich bin bereit, die Gefühle in meinem Herzen zu erfahren.*
6. *Ich lasse all meine Anspannung und meine Sorgen los und fühle Frieden in mir.*
7. *Ich akzeptiere jeden Menschen, den ich kenne, so wie er ist.*
8. *Ich liebe und ehre mich, so wie ich bin.*
9. *Ich bin offen, zu empfangen.*
10. *Ich fühle mich verbunden mit meiner Quelle.*

Elftes Kapitel

Klären Sie Ihre Zielsetzungen

Das Leben besteht aus einer Reihe
natürlicher und spontaner Veränderungen.
Widersetzt euch dem nicht –
dadurch entsteht nur Leid.

Die Wirklichkeit lasst Wirklichkeit sein!
Lasst die Dinge weiter in Fluss bleiben,
wie immer es ihnen beliebt.

Verweilt der Geist in Ruhe,
gibt sich ihm das ganze Universum preis.

LAOTSE

Mit dem elften Leitsatz beginnt für Sie der unerlässliche Prozess des Wiedereintretens. Vielleicht haben Sie bloß drei Minuten lang meditiert, oder zehn Minuten, oder eine halbe Stunde, oder länger. An einem bestimmten Punkt ist es jedenfalls an der Zeit, wieder aus der tiefen Meditation aufzutauchen, die Aufmerksamkeit nach außen zu wenden und – einem aus der Tiefe emporsteigenden Taucher gleich – mit den dort geborgenen spirituellen Kostbarkeiten in Ihre Alltagswelt zurückzukehren. Bei der Rückkehr in den Alltag, darin besteht die spezielle Herausforderung, gilt es eine Bewusstheit zu wahren, deren spirituelle Kraft Sie an Ihr Umfeld weitergeben können.

Der elfte Leitsatz bietet vier miteinander in Einklang stehende Ebenen der »Dekompression«. Jede von ihnen kann Sie sehr wirkungsvoll wieder mit der Sie umgebenden Welt verbinden. Auf die gleiche Art und Weise, wie Sie zu Beginn der Auftrieb gebenden Meditation Ihr Bewusstsein ausgerichtet haben, um eine Ausgewogenheit der sieben Energiezentren in Ihrem Körper herbeizuführen, werden Sie Ihr Bewusstsein nun dahingehend ausrichten, dass Sie die vier sinngebenden universalen Grundlagen des menschlichen Daseins in ein ausgewogenes Verhältnis zueinander bringen.

Für jeden von uns gibt es – erklärte oder unausgesprochene – Gründe für unser Dasein auf Erden. Wie leicht geschieht es, von den höchsten Ebenen spirituellen Erwachens einmal abgesehen, dass Menschen, die überhaupt keine Vorstellung von ihrer Aufgabe beziehungsweise ihrem Ziel im Leben haben, nicht weiterwissen und leiden. In aller Welt haben Philosophen und spirituelle Leitfiguren eine Vielzahl von Abhandlungen geschrieben, in denen sie dieser Sinnfrage unter besonderer Berücksichtigung der theologischen und der ethischen Aspekte nachgegangen sind.

Als mir seinerzeit der elfte Leitsatz – von weit jenseits meines philosophischen Verstandes – spontan in den Sinn kam, war ich mir zunächst nicht sicher, wie ich mit den vier Sinnesdimensionen, die er benennt, umgehen sollte:

Ich bin hier, um zu dienen.
　Ich bin hier, um zu lieben.
　　Ich bin hier, um in Wohlstand zu leben.
　　　Ich bin hier, um das Leben zu genießen.

Diese Aufzählung mutete zunächst einmal gar zu schlicht und simpel an – längst nicht so tiefgründig wie meine den grundlegenden Sinn und Zweck des Lebens betreffenden philosophischen Vorstellungen. Nachdem ich mir jedoch diesen Leitsatz ein paar Wochen lang jeden Tag mehrere Male in Gedanken vorgesprochen hatte, begann ich zu begreifen, welche psychologische und spirituelle Weisheit dieser kurzen, prägnanten und umfassenden Aufzählung innewohnt.

In dem Bestreben, weitere Sinnesdimensionen zu finden, die man dieser Liste hinzufügen könnte, haben meine Kollegen und ich mit viel Freude an der Sache zahlreiche lebhafte Diskussionen geführt. Freilich ohne Erfolg. Was auch immer wir uns ausgedacht haben, in der vorhandenen Liste war es bereits angemessen berücksichtigt. Jeder der vier Schlüsselbegriffe – *dienen, lieben, in Wohlstand leben, genießen* – löst eine kraftvolle und umfassende Reaktion aus. Und spricht man die Begriffe der Reihe nach aus, rufen sie auf bemerkenswerte Weise den Eindruck hervor, dass man innerlich eine Absichtserklärung abgibt:

Ich bin hier, um zu dienen, zu lieben,
in Wohlstand zu leben
und das Leben zu genießen.

Ich bin hier, um zu dienen

Feststellen zu müssen, dass sehr viele Menschen zunächst negativ auf die »hier, um zu dienen«-Sinngebung reagieren, war für mich ein interessanter Umstand. Der Begriff *dienen* ruft in unserer Kultur eine Reihe negativer Assoziationen hervor. Niemand will eines anderen Menschen Diener sein. Man braucht nur noch einen Schritt weiter zu gehen, schon landet man bei der Sklaverei. Und als knechtisch oder als unterwürfig bezeichnet zu werden ist entwürdigend. Schließlich definiert Amerika sich doch als das Land der Freien –

alle sind wir gleich, niemand muss einem anderen dienen.

Eine einfache ökonomische Analyse fördert jedoch, in der amerikanischen wie auch in allen anderen Kulturen, genau das Gegenteil zutage. Jeder von uns ist eifrig damit beschäftigt, einen Großteil der Zeit allen anderen zu Diensten zu sein. So sieht die unverblümte Realität aus. In keinem Beruf ist man davon frei, anderen Menschen zu dienen.

Ökonomie besteht definitionsgemäß in einem Austausch. Das Gleiche gilt für jede funktionierende soziale oder familiäre Beziehung. Ein Generaldirektor steht morgens auf und macht sich in der speziellen Absicht auf den Weg zur Arbeit, dem Unternehmen, den Aktionären und den Menschen, welche die Produkte des Unternehmens kaufen, zu dienen. Er will ihnen, etwas anders ausgedrückt, von Nutzen sein. Und wenn der amerikanische Präsident sich nach dem Aufstehen an seinen Arbeitsplatz begibt, tut auch er das gewiss in der Absicht, den Amerikanern zu Diensten zu sein. Wir anderen verbringen den Großteil des Tages damit, unserem Arbeitgeber, unserer Familie, unseren Freunden zu dienen – und unserem höheren Selbst.

Der elfte Leitsatz
bringt die Zielvorstellung des Ego und
unsere tiefer gehende spirituelle Zielvorgabe
miteinander in Übereinstimmung.

Nur eine in sich stimmige innere Intention kann uns das Gefühl verschaffen, unsere Aufgabe erfüllt, unser Ziel erreicht zu haben. Unser Ego will in erster Linie gewährleisten, dass unsere biologische Persönlichkeit und unser Organismus möglichst lange und auf eine möglichst erfreuliche Weise gedeihen. Unsere spirituelle Aufgabe oder Zielsetzung besteht hingegen darin, mehr Liebe, Harmonie, Frieden und Einsicht in die Welt zu bringen. In einem geglückten Leben werden diese beiden Vorgaben miteinander in Einklang gebracht. Und genau dieses Ziel verfolgt der elfte Leitsatz.

Es stimmt, das Ego vieler Menschen fußt auf Angst. Infolgedessen sind sie gierig und selbstsüchtig. Solche Menschen versuchen dann vielfach, sich um diese Gleichung des Gebens und Gebens – diese Gleichung eines wechselseitigen Gebens, das jeder Seite Gewinn bringt – herumzumogeln. Und dadurch geraten zahlreiche unglückselige Menschen gewaltig ins Hintertreffen, wenn es am Ende darum geht, den Dienst des anderen in Anspruch zu nehmen. Wenn wir einen Blick auf unser berufliches Betätigungsfeld werfen, ist den meisten von uns allerdings klar, dass wir unseren Lebensunterhalt verdienen, indem wir anderen mit unseren Diensten von Nutzen sind: Wir geben, darum empfangen wir.

Auf einer tiefer gehenden Ebene, wo dienstbar zu sein schlicht und einfach bedeutet, anderen zu helfen, wollen die meisten von uns tatsächlich helfen. Und das halten wir für eine der wichtigen Aufgaben im Leben. Der Dienst am Mitmenschen bewirkt häufig, dass wir uns sehr gut fühlen. Ganz besonders gilt das, wenn wir unseren Kindern einen Dienst erweisen können, indem wir etwa für ihr Überleben Sorge tragen oder ihnen spirituell dabei behilflich sind, zu geradlinigen und starken Menschen heranzuwachsen.

Gleichzeitig verwahren sich jedoch die meisten von uns gegen die Vorstellung, sich diesen schlichten Gedanken zu eigen zu machen: »Ich bin hier, um zu dienen.« Wenn Sie mit dem elften Leitsatz zu arbeiten beginnen, bitte ich Sie lediglich darum, während der nächsten paar Wochen die klare Absicht, anderen zu dienen beziehungsweise ihnen von Nutzen zu sein, regelmäßig in Gedanken auszusprechen und aufmerksam zu erleben, was sich daraufhin in Ihnen abspielt. Entdecken Sie die verborgenen Reaktionen auf die

Idee, anderen zu Diensten und der Welt von Nutzen zu sein. Beobachten Sie die eigenen Reaktionen, ohne sich dabei zu beurteilen. Der Akt des Beobachtens und Annehmens wird bei Ihnen ein inneres Wachstum anregen. Diese Art von Dynamik ist die Triebkraft des gesamten Meditationsprogramms.

Ich bin hier, um zu lieben

Der Zugang zu der Liebesdimension des elften Leitsatzes fällt den meisten Menschen ziemlich leicht. Diese Intention sich selbst gegenüber regelmäßig in Worte zu fassen ist dabei außerordentlich wichtig. So wirken Sie jenen vorkonditionierten Reaktionen entgegen, die eine gegenteilige Absicht zum Ausdruck bringen. Das Ego ist vollgepackt mit defensiven, auf Angst zurückgehenden Einstellungen. Und wenn Sie nun im Zustand der Liebe durch die Gegend laufen und jedem Menschen, den Sie treffen, mit Vertrauen, Freundlichkeit und Mitgefühl begegnen, erklärt es Ihnen, Sie seien ein Vollidiot. Die Angst, die ein Leben im Zustand der Liebe verhindert, rührt von der Besorgnis her, die meisten Menschen um Sie herum seien vermutlich selbstsüchtige Schwindler, die mit Ihnen Schindluder treiben werden, sobald Sie auch nur einen Moment lang mal nicht auf der Hut sind.

Eine angespannte Haltung wie diese spiegelt womöglich nicht nur persönliche Erfahrungen aus der Vergangenheit wider, sondern ebenso das gesammelte Wissen Ihrer Vorfahren. Mit der wahren Bedeutung von Liebe hat solch eine Haltung jedoch nichts zu tun. Schließlich hat ja niemand behauptet, Sie seien hier, um blind zu lieben. Oder Sie sollten mit anderen liebevoll umgehen, nicht jedoch mit sich selbst.

Wenn Sie sich in der Weise selbst lieben, wie es Ihnen die vorangegangenen Leitsätze bereits nahelegen, werden Sie nicht zulassen, dass andere Menschen Sie ausnutzen.

Liebe muss stets ausgewogen sein: Eigenliebe ist ebenso darin enthalten wie diejenige Liebe, die man anderen entgegenbringt. Jesus hat das in seiner Aussage: »Liebe deinen Nächsten wie dich selbst«, klipp und klar zum Ausdruck gebracht. Psychologisch wie spirituell ist das ein ganz bemerkenswerter Satz, weil er klarstellt, dass Sie sich erst einmal selbst lieben müssen, um andere lieben zu können. Wenn Sie also zu sich selbst sagen: »Ich bin hier, um zu lieben«, dann achten Sie bitte gut darauf, dass Sie sich selbst in dieses Mandat miteinbeziehen. Auf diese Weise wird es, wenn Sie die ganze Zeit im Zustand der Liebe verweilen, keine Kehrseite der Medaille geben.

Liebe ist beides: ein Klischee und als Schlüsselbegriff zugleich ein wahres Kraftpaket. Wenn Sie das Wort im Zustand tiefer Meditation zu sich selbst sagen, wird die unendlich große Kraft, die ihm innewohnt und von ihm ausstrahlt, Sie auf natürliche Weise erfüllen.

ICH BIN HIER, UM IN WOHLSTAND ZU LEBEN

Speziell für diesen Lebenszweck bin ich, zugegebenermaßen, im Grunde ziemlich lange nicht aufgeschlossen gewesen. Einmal abgesehen von jenen circa fünf Jahren, in denen ich in San Luis Obispo ein regelmäßiges Einkommen hatte, war ich gewöhnlich derart mit diversen psychologischen und spirituellen Forschungsprojekten und Untersuchungen beschäftigt, dass ich Fragen des beruflichen Werdegangs und der finanziellen Sicherheit keine große Aufmerksamkeit schenkte. Geld kam meist als ein Nebeneffekt dessen, was ich gerade tat, ins Haus. Manchmal hatte ich kein Geld, und manchmal hatte ich viel Geld. Wohlstand aber war für mich kein Ziel.

Außerdem bin ich in den Sechzigerjahren, zur Zeit des Vietnamkriegs, volljährig geworden. Und während jener frühen radikalen Jahre habe ich der Geschäftswelt und allen materialistischen Dingen gegenüber eine stark negativ besetzte Haltung angenommen. An einem bestimmten Punkt habe ich sogar ein spirituelles Armutsgelübde abgelegt, das mein Leben über viele Jahre hinweg auf eine subtile Weise beeinflusst hat.

Erst während des letzten Jahrzehnts, das heißt, seit ich begonnen habe, täglich mit den zwölf Leitsätzen zu arbeiten, habe ich meine positive Intention darauf gerichtet, für meine späteren Jahre Kapital anzulegen und eine finanzielle Sicherheit zu schaffen.

Ja, was das Empfangen von Geld angeht, hat mein Herz sich weit geöffnet. Ich will hier durchaus nicht versuchen, witzig zu sein, obgleich diese Worte in der Tat ein wenig komisch anmuten. Doch nachdem mir meine negative Einstellung zum Geld ein Leben lang wirklich keine guten Dienste geleistet hatte, wurde mir eines Tages klar, dass genau diese Einstellung mich davon abgehalten hatte, mich in bestimmten unternehmerischen Kreisen zu tummeln, in denen ich mich ansonsten hätte nützlich machen können. Jenen Menschen gegenüber, die jede Menge Geld anhäuften, war ich auf subtile Weise voreingenommen, obgleich viele von ihnen mit den zusätzlich erwirtschafteten Mitteln wundervolle Dinge möglich machten. Dadurch hatte ich nicht nur mein persönliches Ausdrucksspektrum von Liebe und guten Diensten eingeschränkt, sondern zugleich auch mir selbst die Segnungen des Wohlstands vorenthalten.

*Wir alle sind hier auf diesem Planeten,
um in Wohlstand zu leben,
und für jeden von uns ist mehr als genug vorhanden.*

Selbstverständlich ist es wichtig, sich regelmäßig Gedanken über das zu machen, was wir mit *Wohlstand* meinen, und den Begriff neu zu definieren. Mit den Mitteln der Wissenschaft, der Ökonomie und des Handels haben wir es in der Hand, den Fortbestand der Menschheit auf diesem Planeten oberhalb des Existenzminimums zu gewährleisten. Als globale Gesellschaft müssen wir allerdings lernen, ökologisch verantwortlich zu agieren, zum Beispiel die CO_2-Bilanz zu verbessern und sie letzten Endes gegen null konvergieren zu lassen.

Gemeinsam mit dem angesehenen britischen Unternehmer und Autor Jim Mellon habe ich jüngst als Co-Autor ein Buch mit dem Titel *The Conscious Capitalist*[13] veröffentlicht. Darin sind wir der Frage nachgegangen, wie die zwölf Leitsätze auf Entscheidungsprozesse im Bereich der Kapitalanlagen und in den Führungsetagen der Unternehmen Anwendung finden können. Diesbezüglich lautete unser Vorschlag, und den möchte ich Ihnen hier ebenfalls unterbreiten: Halten Sie, wann immer Sie beruflich eine Entscheidung zu treffen haben, sei sie eher geringfügig oder von großer Tragweite, zunächst einmal inne, um die zwölf Leitsätze durchzugehen. Schauen Sie, welche auf ihre berufliche Entscheidung bezogenen Einsichten Ihnen aus dem inneren Kern Ihres Daseins zuteil werden. Und dann handeln Sie.

Geben Sie jedes Mal, wenn Sie zum elften Leitsatz kommen, Ihrer Beziehung zum eigenen Wohlstand Gelegenheit, sich weiterzuentwickeln. Und stellen Sie sicher, dass Sie jedes Mal, wenn Sie zugunsten des eigenen Wohlstands aktiv werden, dabei stets die drei anderen Dimensionen des menschlichen Daseinszwecks mit berücksichtigen. Das ist der Schlüssel!

Wohlstand beinhaltet nicht nur materiellen Wohlstand, sondern zugleich ein Gefühl von Glück und Zufriedenheit, was Ihre Gesundheit, Ihre Familie, Ihr privates und berufliches Umfeld und Ihr spirituelles Wohlergehen anbelangt. Wohlstand bedeutet, dass Sie nicht nur über genügend Geld und die damit verbundenen Möglichkeiten verfügen, sondern auch über genügend Energie, Freude, Munterkeit, Bewegung und so weiter – immaterielle Werte und Qualitäten, die von einem wahrhaft geglückten Leben zeugen.

Ich bin hier, um das Leben zu genießen

Fehlt diese Intention unter den Zielsetzungen, nach denen ein Mensch sein Leben ausrichtet, so wird die betreffende Person nicht das Gefühl haben, ein glückliches oder erfülltes Leben zu führen. Jeder aufmerksame Therapeut, wie auch jeder über sich selbst und die Welt nachdenkende Geistliche oder Priester, kann Ihnen ein Lied davon singen. Und auf lange Sicht werden bei solch einem Menschen in den drei anderen sinngebenden Daseinsdimensionen tendenziell Beeinträchtigungen und Fehlfunktionen auftreten.

Früher einmal wurden sehr viele Christen in dem Glauben erzogen, um ein guter Diener Christi sein zu können, müssten sie sich Freuden versagen. Insbesondere diejenigen Protestanten, die sich nach den strengen Lehren des guten alten Johannes Calvin richteten, waren gegen jeden, den sie bei der sündigen Handlung ertappten, das Leben in vollen Zügen zu genießen, ernstlich voreingenommen. Jede Art von Sinnesfreude stieß bei Calvin auf Ablehnung. Und mochte auch im Alten Testament geschrieben stehen: »Jauchzet dem Herrn, alle Welt!«, wurde dennoch ein Großteil der Christen lange Zeit so erzogen, dass sie Angst hatten, zu jauchzen. Freude war per se verdächtig.

Katholiken hatten traditionell die Neigung zur Selbstgeißelung und waren darauf erpicht, Menschen zu verfolgen, denen das Leben zu viel Spaß zu machen schien. Meditation stand diesbezüglich unter Verdacht, weil die meisten Menschen, die meditieren, sich dadurch wohler fühlen.

*Nur wenige regelmäßig meditierende Menschen
habe ich kennengelernt,
die nicht einräumen, diese Gewohnheit spiegele
die Tatsache wider, dass ihnen dank
der Meditation wohler zumute ist.*

Abgesehen von denjenigen, die Angst haben, eine Sünde zu begehen, wenn sie sich wohlfühlen, will sich von Natur aus jeder Mensch wohlfühlen. So hat Gott uns schließlich geschaffen – wir sind ganz grandiose Freudenstifter.

Freude und Glück erleben zu wollen und beides dann tatsächlich auch zu genießen ist nach meinem Verständnis unser angestammtes Recht. Falls die Umstände am Arbeitsplatz es nicht zulassen, dass wir uns bei der Arbeit am gegenwärtigen Augenblick erfreuen, ist es an der Zeit, für ein wenig Revolution zu sorgen. Falls die Religion uns mit Hilfe von Glaubensinhalten, die von Angst bestimmt sind, die Freude am gegenwärtigen Augenblick verwehren will, haben wir nach meinem Dafürhalten das Recht, diese Glaubensinhalte infrage zu stellen. Die Zeit ist reif: Wir als Weltgesellschaft sollten endlich aufeinander zugehen und eine Reihe weltweit gültiger seelischer Grundrechte festlegen, gegen die nicht verstoßen werden darf.

Wir sollten darauf pochen, dass kein Glaubenssystem sich das Recht herausnehmen darf, Kindern aus Angst geborene Glaubensvorstellungen einzuimpfen, die ihrer Fähigkeit, den gegenwärtigen Augenblick zu genießen, Abbruch tun. Das ist ganz einfach nur logisch und gerecht, ferner ausgesprochen human – dennoch wurde es bislang übersehen. Ich hoffe, der elfte Leitsatz wird nicht nur für uns als Individuen zu einem Mantra, sondern auch für die Weltgemeinschaft.

Wozu sind wir letzten Endes hier auf Erden? Um zu dienen, zu lieben, in Wohlstand zu leben und das Leben zu genießen. In meinen Augen eine klare Sache. Das sollte eine grundlegende Übereinkunft sein, die wir miteinander treffen – eine Absichtserklärung, die der ganzen Menschheit als Ausgangspunkt dient. Wenn wir das in die Tat umsetzen können, wie wundervoll wird diese Welt sein!

Lassen Sie es uns laut und deutlich aussprechen:

Ich bin hier, um zu dienen,
zu lieben, in Wohlstand
zu leben und das Leben zu genießen.

Zwölftes Kapitel

Werden Sie zur Verkörperung von Mut und Integrität

Güte in Worten schafft Vertrauen.
Güte im Denken schafft Tiefe.
Güte im Geben schafft Liebe.

Bei der Wahl der Behausung wählt einen Platz
nahe am Boden.
Beim Denken haltet euch an das Einfache.
In der Auseinandersetzung seid gerecht und großzügig.
Bei der Arbeit tut das, woran ihr Freude habt.
Beim Regieren seid bestrebt,
keine Herrschaft auszuüben.
Im Familienleben seid vollkommen präsent.

LAOTSE

Sie haben nun den Auftrieb gebenden Meditationsprozess durchlaufen und anschließend durch das Aussprechen des vierfachen Lebenszwecks, der Ihre Intention beschreibt, Ihre aktiv mitwirkende Teilhabe an der Welt erneuert: Dienst, Liebe, Wohlstand und Freude am gegenwärtigen Augenblick. Nun ist der Zeitpunkt gekommen, Ihre Intention in der Welt tatkräftig zum Tragen zu bringen.

Dieser letzte Schritt ist ein unverzichtbarer Bestandteil der Meditation. Vorübergehend haben Sie sich zurückgezogen, um wieder zu Sinnen zu kommen, Ihrer Seele neue Nahrung zu geben, in Zwiesprache mit Ihrem Schöpfer zu treten, Ihren Akku aufzuladen und von Ihrem höheren Selbst Einsicht und Führung zu empfangen. Nun aber richten Sie Ihr Augenmerk wieder nach außen und übernehmen eine aktiv mitwirkende Rolle in Ihrer Gemeinschaft.

Was könnten Sie, abgesehen von der Formulierung des vierfachen Lebenszwecks, noch sagen, um sich auf den Wiedereintritt in Ihren Alltag vorzubereiten? Diesbezüglich ist mir vor zehn Jahren ein Leitsatz in den Sinn gekommen, der zum Ausdruck bringt, mit welcher inneren Haltung man am besten an die Welt herantritt:

*Ich bin bereit, zu handeln –
mutig und aufrichtig.*

Als mir der Leitsatz damals in den Sinn kam, war ich mir nicht sicher, was ich eigentlich mit ihm anfangen sollte. Doch indem ich mir diesen Leitsatz täglich, manchmal stündlich, vorsagte, fand ich allmählich Zugang zu der Kraft, die diesen Worten innewohnt. Ich ermuntere Sie, ebenso offen ans Werk zu gehen und einfach herauszufinden, welche Wirkung der letzte Leitsatz innerlich auf Ihr Bewusstsein und äußerlich auf Ihr Verhalten hat, wenn Sie diese zwölfte Pforte Stück für Stück öffnen und sich auf Entdeckungsreise durch das Universum begeben, das er in Ihnen wachruft.

DIE BEREITSCHAFT ZU HANDELN

Die ersten fünf Worte: »Ich bin bereit zu handeln«, bewirken augenblicklich, dass sich der Blickpunkt Ihrer Aufmerksamkeit von einem meditativen Bewusstseinszustand (yin, passiv, rezeptiv) hin zu einer aktiven Daseinsverfassung (yang, expressiv, sich manifestierend) verlagert. Dies ist einer der wichtigsten die kognitiven Funktionen verlagernden Prozesse im Gehirn.

In der buddhistischen Überlieferung (die aus der älteren Hindu-Überlieferung hervorgegangen ist) gibt es eine sehr schöne, als Karma-Yoga bezeichnete spirituelle Praxis: Der Lebensweg wird hier als ein spirituelles Handeln aufgefasst, bei dem Sie sich dem Dienst an Ihren Mitmenschen – beziehungsweise an allen empfindenden Wesen – widmen. Das Wort *Karma* ist der Sanskrit-Ausdruck für »handeln«, und *Yoga* bedeutet »Einheit mit dem Göttlichen«. Demnach bedeutet *Karma-Yoga* in einer wörtlichen Übersetzung: »der Weg zur Einheit durch Handeln«.

Karma-Yoga ist ein Weg des Handelns, Denkens und Wollens, bei dem Sie sich auf die Realisierung ausrichten, indem Sie sich von Ihrem Herzen leiten lassen, ohne Ihren persönlichen Wünschen, Vorlieben oder Abneigungen Rechnung zu tragen. Das erreichen Sie, indem Sie handeln, ohne an den Früchten Ihres Handelns zu haften. Zugleich gibt es eine Reihe anderer traditioneller Yoga-Pfade, die viel stärker nach innen gerichtet sind. Danach zu trachten, tagtäglich ein Gleichgewicht zwischen innerer spiritueller Entwicklung und ihrem äußeren Ausdruck herzustellen, scheint jedoch für die meisten von uns eine ideale Haltung zu sein. Die Leitsätze eins bis zehn lenken Ihre Aufmerksamkeit vor allem nach innen. Denn vorübergehend sehen Sie von all Ihren äußeren Bestrebungen ab, Sie kehren sich von der Außenwelt ab und kümmern sich um die eigene Präsenz. Die beiden letzten Leitsätze wenden Ihre Aufmerksamkeit dann wieder dem Handeln zu, dem Karma-Yoga.

Selbstverständlich wird es vorkommen, dass Sie meditieren und anschließend in einer ruhigen, passiven, nachdenklichen Stimmung verweilen oder sich vielleicht schlafen legen. Alles prima! Die Bedeutung des zwölften Leitsatzes wird sich darin erweisen, dass er Ihre Bereitwilligkeit erhöht, mutig und aufrichtig zu sein in Ihrem Handeln, gleichgültig ob Ihr nächster Schritt nun darin besteht, äußeren Aktivitäten nachzugehen oder sich im Anschluss an die Auftrieb gebende Meditation zu entspannen.

Um es ein weiteres Mal zu erwähnen: Diejenige Geistesfunktion, die daran denkt, die Leitsätze zu sprechen, ist Ihre Ego-Persönlichkeit. Denn von ihr hängt ab, wohin im betreffenden Moment Ihre Aufmerksamkeit wandert. Indem Sie die Leitsätze der Reihe nach durchgehen, bringen Sie den Ego-Geist in der Weise mit Ihrem tiefgründigeren spirituellen Geist in Einklang, dass die Stimme, welche die Leitsätze spricht, dies von einem tiefer in Ihnen gelegenen Ort aus tut. Während Sie den neunten und den zehnten Leitsatz sprechen, erreicht diese Kraft, die Ihre Ego-Stimme mit der spirituellen Stimme verschmelzen lässt, ihre höchste Wirksamkeit. Und in dem Moment sprechen Sie aus der Tiefe des eigenen Bewusstseins zu sich selbst. Wenn Sie sagen: »Ich bin bereit zu handeln«, sprechen Sie tatsächlich aus den Tiefen der von alters her kultivierten Karma-Yoga-Geisteshaltung: Sie sind bereit, als eingestimmtes, als ein inspiriertes spirituelles Wesen zu handeln.

Der zutage tretende Mut

Fast immer assoziiert man das Wort *Mut* mit einer Handlung, die angesichts von Gefahr vorgenommen wird. Mit dem sechsten Leitsatz: »Ich lasse all meine Anspannung und meine Sorgen los und fühle Frieden in mir«, vollziehen Sie den Übergang von einem mit Angst befrachteten Zustand zu einem Zustand inneren Friedens. Nach meinem Verständnis charakterisiert Mut die Art und Weise, wie innerer Frieden zum Ausdruck kommt.

Wenn Sie sich zu einem mutigen Handeln in der Welt entschließen, versetzen Sie dadurch sich selbst in die Lage, sich außerhalb der Beschränkung durch Stress, Angst und Sorge aktiv in die Handlungs- und Geschehnisabläufe der Welt einzuschalten. Anspannung und Besorgnis können Ihnen, wie wir gesehen haben, den Geist vernebeln, sie können bewirken, dass Sie weiche Knie bekommen, sie können Ihr Mitgefühl vermindern und ganz allgemein den positiven Einfluss, den Sie auf die Welt ausüben, verringern. Wenn Sie nun beschließen, mutig zu handeln, erreichen Sie dadurch genau das Gegenteil: So verschaffen Sie sich allerbeste Voraussetzungen, zulassen zu können, dass der *Geist* – durch Sie – tatsächlich spontan handelt, unabhängig davon, was Sie gerade tun.

Vor Kurzem habe ich medizinische Fachzeitschriften durchgeblättert, um mich über den aktuellen Stand neuerer psychiatrischer Entwicklungen zur Reduzierung von Angstzuständen oder Depression und, hoffentlich, zur Stärkung solch positiver Eigenschaften wie beispielsweise Mut zu informieren. An der psychiatrischen Front gibt es leider keine guten Neuigkeiten zu vermelden. Nahezu ein Viertel der Erwachsenenbevölkerung in den Vereinigten Staaten steht, Tag für Tag, unter dem Einfluss des einen oder anderen stimmungsverändernden Medikaments. Untersuchungen machen allerdings deutlich, dass derartige Medikamente bei den meisten Menschen nur in geringem Maß wirksam sind, jedoch zahlreiche negative Nebenwirkungen hervorrufen, ganz allgemein die Bewusstheit verringern und die Betreffenden von ihrer tiefer reichenden spirituellen Präsenz abschneiden.

Verschiedene neue Bücher, beispielsweise *Manufacturing*

Depression von Gary Greenberg[14] und *The Emperor's New Drug* von Irving Kirsch[15], führen uns vor Augen, dass die pharmazeutische Industrie in diesem Jahr mit dem Verkauf von Pillen, welche dieselben Ergebnisse zu erreichen versuchen, die durch Meditation nachweislich erzielt werden, über zehn Milliarden US-Dollar erwirtschaften wird. Klinische Untersuchungen bestätigen jedoch die von Psychiatern und Pharmaunternehmen vorgetragene Behauptung, Psychopharmaka seien die Antwort auf emotionales Leid, schlicht und einfach nicht.

Das biochemische Ungleichgewicht, welches Verwirrung, Niedergeschlagenheit und andere Formen von emotionalem Leid verursacht, lässt sich in der Tat manchmal auf genetische Voraussetzungen zurückführen. Für die meisten Menschen gilt jedoch, dass sich die Ursache für emotionales Leid keineswegs auf genetische Funktionsstörungen beschränkt. Darüber hinaus haben Untersuchungen gezeigt, dass die meisten Menschen von solchen Symptomen, die man heutzutage als psychiatrische Probleme ansieht, auch ohne eine medikamentöse Behandlung wieder gesunden.

Oft sind Medikamente hinderlich
für einen natürlichen Genesungsprozess,
während Meditation die Genesung beschleunigen kann.

DER QUELLE UNSERE AUFMERKSAMKEIT SCHENKEN

Allenthalben scheinen derzeit Angst, Besorgnis, Niedergeschlagenheit, Schwäche und Verwirrung auf dem Vormarsch, aktiv gelebter Mut und Integrität hingegen im Verschwinden begriffen zu sein. Nehmen wir uns – in dem

Bestreben, die Wahrheit und den über das Problem hinausführenden Weg zu erkennen – einen Moment Zeit, diesen Punkt einer etwas eingehenderen Betrachtung im Sinn von Krishnamurtis »aufrichtig forschender« Analyse zu unterziehen.

Bei jedem von uns beinhaltet das Leben ein gewisses Maß an emotionalem Leid. Wenn jemand, der seinen Arbeitsplatz, die Ehefrau oder den Ehemann verliert oder einen Schock anderer Art erlebt, daraufhin in Niedergeschlagenheit – oder Depression – verfällt, ist gewöhnlich in erster Linie diese Lebenssituation, nicht aber irgendeine psychische Störung oder ein genetischer Defekt der Grund dafür. Und was wir hier in diesem Buch erforscht haben, stellt normalerweise die natürliche Lösung für Angst und Besorgnis oder Niedergeschlagenheit (die voneinander oft nicht zu trennen sind) dar. Menschen in solch einer Situation benötigen eine gewisse Hilfestellung, um ihre Aufmerksamkeit von angstbelasteten Gedanken ab- und der eigenen Mitte tief im Innern zuzuwenden. So gelingt es ihnen, ihre Situation zu akzeptieren, die innere Verbindung zu ihrer Quelle wiederherzustellen und mit regenerierter Kraft, mit neuem Mut und mit Aufrichtigkeit in die Welt hinauszugehen.

Viele Experten stellen das gerade von mir Gesagte in Abrede und beharren darauf, in einem solchen Maß sei der »Durchschnittsmensch« zur Selbsthilfe gar nicht fähig. Nichtsdestoweniger ziehe ich genau diesen Schluss aus den Erfahrungen, die ich immer wieder gewonnen habe, wenn ich als Therapeut den natürlichen Prozess der Genesung von Angst, Besorgnis und Niedergeschlagenheit unterstützt habe. Bestimmte Menschen in bestimmten Situationen benötigen professionelle Unterstützung. In der Mehrzahl der Fälle trifft das indes nicht zu. Meist können wir uns von Angst, Besorgnis und Niedergeschlagenheit selbst befreien und können beginnen, mit Mut und mit Aufrichtigkeit zu handeln. Zwei Faktoren kommen uns dabei zu Hilfe: 1.) Mit der Zeit heilen viele emotionale Verletzungen von allein, ohne dass man irgendetwas unternehmen müsste. 2.) Ganz bewusst können wir einen Lernprozess durchlaufen, der uns zu einem positiveren und wirkungsvolleren Umgang mit dem eigenen Geist befähigt.

Ich hoffe, dass ich mit Hilfe dieses Buches und den über die Webseiten geführten Diskussionen neues Interesse daran wecken kann, den derzeitigen, in eine Sackgasse führenden Trend umzukehren: den Trend, mit emotional traumatisierten Menschen so umzugehen, als handele es sich bei ihnen um hilflose Opfer, die medikamentös versorgt werden müssten. Lassen Sie uns diese Menschen stattdessen darin schulen, volle Verantwortung dafür zu übernehmen, worauf sie im gegebenen Augenblick jeweils ihre Aufmerksamkeit richten. Auf diese Weise können aus Opfern einer Situation voll verantwortliche Menschen werden, die ebendiese Situation bewältigen. Da die meisten von uns mehr oder weniger regelmäßig emotional leidvolle Erfahrungen machen, je nachdem wie das Leben uns gerade herumschubst, geht dieses Thema uns alle an.

Ein Aspekt der psychiatrischen und medizinischen Ansätze zur Behandlung von Angst, Depression und ähnlichen Störungen birgt besonders große Gefahren in sich: Sobald jemand regelmäßig Tabletten mit stimmungsverändernden Substanzen einnimmt, wird die oder der Betreffende zu einer unter dem Einfluss von Psychopharmaka – von Drogen – stehenden Person, deren tiefer gehendes spirituelles Erleben im Namen der modernen Wissenschaft betäubt und schachmatt gesetzt wurde. Diese Art von Behandlung gleicht einer vorübergehenden Frontallappen-Lobotomie in Tablettenform. Und unter dem Einfluss solcher stimmungsverändernder Substanzen stehend wird die betreffende Person große Schwierigkeiten haben, von dem als problematisch empfundenen Ausgangszustand zu genesen und wieder zu ihrem spirituellen Wesenskern in Verbindung zu treten. Darüber hinaus wird ihre Fähigkeit, mit Mut, Aufrichtigkeit und Integrität zu handeln, schwerwiegend beeinträchtigt.

Über dieses Problem zu sprechen und alle Menschen darin zu bestärken, mutig etwas dagegen zu unternehmen, ist unbedingt notwendig – zum Wohl der unter dem Einfluss von Psychopharmaka stehenden Menschen, aber ebenso im Interesse der spirituellen und geistigen Integrität unserer Kultur insgesamt. Eine von ihrer spirituellen Quelle abgeschnittene Kultur schwebt in ernster Gefahr. Medikamente können uns keinen Mut verleihen. Mut ist die Entscheidung eines klaren Geistes. Meditation kann uns helfen, solche Geistesklarheit zu erzielen und uns selbst zu heilen.

Insbesondere kann die regelmäßige Verwendung von Leitsätzen uns in der Weise befreien, dass wir mit Klarheit, Mitgefühl, Mut, Weitblick und Integrität zu handeln vermögen. Das wird uns in die Lage versetzen, größtmögliche geistige Gesundheit zu wahren. Glücklicherweise wirkt eine immer größer werdende Bewegung weltweit darauf hin, dass Meditation in das unmittelbare Betätigungsfeld von Ärzten und Psychiatern mit eingebracht wird. Somit wären wir also wieder bei dem Mantra angelangt, mit dem wir die Voraussetzungen dafür schaffen, dass die Sache auch klappt: »Sagen Sie's. Tun Sie's.« Erst indem wir uns selbst gegenüber die eigene Absicht zum Ausdruck bringen, aktivieren wir jene Klarheit und die Kraft, durch die sich unser Vorhaben manifestiert. So einfach ist das.

Die Integrität wachrufen

Das Wort *Integrität* hat verschiedene Bedeutungen. Sein Ursprung liegt im klassischen Latein, wo *integer* so viel bedeutet wie »ganz, unversehrt, vollständig, vereint«. Die meisten Menschen verstehen das Wort heutzutage als Synonym für *Aufrichtigkeit* oder als Bewertung der persönlichen Fähigkeit, unter Wahrung bestimmter moralischer oder religiöser Normen zu handeln. Am besten begreift man *Integrität* freilich im Sinn unserer Fähigkeit, intuitiv wahrzunehmen, worin die richtige Handlung in einer gegebenen Situation besteht, und diese dann auszuführen – selbst wenn sie uns in Gefahr bringt, unser persönliches Wohlbefinden stört oder gegen einen kulturell geprägten Verhaltenskodex verstößt.

Nach meiner Vorstellung stellen *Mut* und *Integrität* eine Einheit dar, weil man Mut braucht, um mit Integrität zu handeln. Und im Kontext des Auftrieb gebenden Meditationsprozesses steht Integrität in Einklang mit unserer tiefer gehenden Fähigkeit, auf die innere spirituelle Stimme zu hören, auf diese Weise herauszufinden, welches Handeln wirklich richtig ist, und dieses in die Tat umzusetzen.

Nachdem Sie die Leitsätze eins bis elf durchgegangen sind und so über den meditativen Prozess einen gewissen Zugang zu der höheren Weisheit gefunden haben, die in Ihnen gegenwärtig ist, sagen Sie sich: »Ich bin bereit, zu handeln – mutig und aufrichtig.« Daraufhin werden Sie so kraftvoll handeln, wie es die tiefere, inspirierte Bedeutung des Wortes *Integrität* nahelegt.

In den vorangegangenen Kapiteln bin ich des Öfteren auf jenen Prozess zu sprechen gekommen, der es erlaubt, dass der *Geist* im Alltag durch Ihr Handeln zum Ausdruck kommt, er also durch Sie handelt. Sich für den Einfluss der höheren Weisheit in Ihnen zu öffnen erfordert Mut und Integrität. Und haben Sie sich erst einmal auf Ihre höhere spirituelle Führung eingestimmt und intuitiv entdeckt, was es richtigerweise zu tun gilt, gibt Ihnen der abschließende Leitsatz die klare Leitlinie vor, hinauszugehen und dementsprechend zu handeln.

SCHRITT FÜR SCHRITT AUF DEM WEG VORANGEHEN

Der Auftrieb gebende Meditationsprozess bietet einen immer weiter voranführenden täglichen Durchgang durch zwölf Pforten. Diese werden Ihnen, jedes Mal, ein neues Territorium eröffnen, das es zu entdecken gilt und an dem Sie Ihre Freude haben werden. Während der ersten paar Wochen, in denen Sie sich in den Prozess einfühlen, sollten Sie nicht erwarten, diesen in seiner ganzen Tiefe ausloten zu können. Nur sollten Sie unbedingt sicherstellen, dass Sie häufig in diesen Prozess eintauchen! So wie Krishnamurti es trefflich in Worte gefasst hat:

> *Will man anfangen zu meditieren,*
> *muss man ins Wasser springen,*
> *ohne schwimmen zu können.*

Durch die Verbindung zu Ihrem unendlichen Sein die Bewusstheit zu steigern ist eine evolutionäre, immer weitere Kreise ziehende Erfahrung. Als Menschen wachsen wir und entwickeln wir uns zunehmend, Schritt für Schritt, biologisch und spirituell. Gewiss erleben wir hier und da auch einen raschen Wachstumsschub, und manchmal kommen uns von einem Moment zum andern einschneidende Einsichten. Doch biete ich Ihnen hier eine Tag für Tag evolutionär sich entfaltende Erfahrung an, in der Sie bewusst immer wieder aufs Neue Ihre Aufmerksamkeit den zwölf Grundaussagen zuwenden. Und die bringen alle Voraussetzungen dafür mit, dass Sie sich dem Leben immer weiter öffnen und sich mit ihm auseinandersetzen.

Die wichtigsten Qualitäten, die Sie in die Lage versetzen werden, sich mit einem Sprung nach vorn auf die Neuartigkeit eines jeden Augenblicks einzulassen, sind Mut und Integrität. Der Mut und die Integrität für ein kraftvolles Handeln in der stillen Meditation wie in der Welt erwachsen aus Ihrem unablässig vorhandenen und immer weiter zunehmenden Empfinden der Verbundenheit mit dem göttlichen Geist des Universums. Als ein isoliertes biologisches Ego finden wir es nahezu unmöglich, solch einen Mut oder solch eine Integrität aufzubringen. Das Ego hat die Neigung, Angst und Sorge hinter einer sich draufgängerisch gebenden Fassade zu verbergen. Nur indem wir regelmäßig in den *Geist* eintauchen, können wir diese so dringend benötigten Qualitäten erlangen: Mut und Integrität in einem tieferen Sinn.

Ein kleines Resümee

Indem Sie beim zwölften Leitsatz ankommen, bringen Sie den täglich, wenn nicht gar stündlich, vollzogenen Prozess, der Ihr spirituelles Wachstum und Ihren positiven Einfluss auf die Welt ganz gezielt fördern soll, zu einem Abschluss. Nun kennen Sie den gesamten Auftrieb gebenden Prozess. Versäumen Sie nicht, sich das Hörbuch und die geführten Online-Programme zunutze zu machen, die Ihnen helfen, die Leitsätze auswendig zu lernen, und integrieren Sie diese dann in die unterschiedlichen Aspekte Ihres Lebens.

Im Schlusskapitel nenne ich Ihnen noch vier wichtige, mit

dieser Meditation in Zusammenhang stehende Elemente, über die Sie nachdenken und von denen Sie Gebrauch machen können. Danach hängt es dann von Ihnen ab, wie oft und wie stark Sie den Auftrieb gebenden Meditationsprozess in Ihr Leben integrieren wollen.

Sagen Sie sich den »Mut und Integrität«-Leitsatz in den nächsten Tagen und Wochen möglichst häufig, entweder einfach so oder als Abschluss der Meditationssitzung. Erleben Sie, wie die natürliche Kraft dieser Worte eine neue Inspiriertheit und Bereitwilligkeit bei Ihnen zutage fördert. Zugleich gewinnen Mut und Integrität, diese beiden Hand in Hand gehenden Qualitäten, zunehmend eine neue Bedeutung für Sie, verhelfen Ihnen zu neuer Weisheit und Stärke:

 *Ich bin bereit, zu handeln –
mutig und aufrichtig.*

DIE KOMPLETTE AUFTRIEB GEBENDE MEDITATION

1. *Ich beschließe, mich an diesem Augenblick zu erfreuen.*
2. *Ich fühle, wie die Luft in meine Nase ein- und wieder ausströmt.*
3. *Ich fühle beim Atmen die Bewegungen meines Brustkorbs und meines Bauchs.*
4. *Ich bin mir meines ganzen Körpers gleichzeitig bewusst, jetzt in diesem Augenblick.*
5. *Ich bin bereit, die Gefühle in meinem Herzen zu erfahren.*
6. *Ich lasse all meine Anspannung und meine Sorgen los und fühle Frieden in mir.*

7. *Ich akzeptiere jeden Menschen, den ich kenne, so wie er ist.*
8. *Ich liebe und ehre mich, so wie ich bin.*
9. *Ich bin offen, zu empfangen.*
10. *Ich fühle mich verbunden mit meiner Quelle.*
11. *Ich bin hier, um zu dienen, zu lieben, in Wohlstand zu leben und das Leben zu genießen.*
12. *Ich bin bereit, zu handeln – mutig und aufrichtig.*

Einige abschließende Worte

In Ihnen liegt die ganze Welt.
Selbsterkenntnis kommt an kein Ende –
Sie erlangen keine Verwirklichung,
Sie gelangen nicht zu einem Schluss.
Selbsterkenntnis ist ein
endlos weiter strömender Fluss.

Unsere Intention sollte es sein,
uns selbst zu begreifen.
Darin liegt unsere Verantwortung,
Ihre und meine.
Begreife ich mich,
dann begreife ich Sie,
und aus solchem Begreifen
erwächst Liebe.

KRISHNAMURTI

Jetzt am Schluss möchte ich Ihre Aufmerksamkeit wieder an den Ausgangspunkt zurückführen, zu der Atemluft, die in die Nase ein- und aus ihr ausströmt, und zu Ihrer Entscheidung, sich des Augenblicks zu erfreuen. Der Auftrieb gebende Prozess sollte am besten als eine sich unablässig fortsetzende, niemals an ein Ende gelangende Spiralbewegung aufgefasst werden. Jedes Mal, wenn Sie an den Ausgangspunkt zurückkehren und den zwölfstufigen Prozess durchlaufen, bewegen Sie sich einen Schritt höher auf der Meditationsspirale. Sachte steigern Sie, von Augenblick zu Augenblick, von Tag zu Tag, immer weiter gehend Ihre Bewusstheit für die jeden Augenblick sich manifestierende Neuartigkeit, die Ausdruck des Lebens selbst ist.

Traditionell hat man auf den Akt der Wiederholung häufig zurückgegriffen, um einen mystischen Trancezustand herbeizuführen. In früheren Jahren habe ich an Rezitationen, rituellen Tänzen und anderen auf dem Prinzip der Wiederholung basierenden spirituellen Prozessen, die mich gezielt in eine Trance versetzen konnten, großen Gefallen gefunden. Inzwischen praktiziere ich diese Dinge jedoch nur noch selten, weil ich meine Aufmerksamkeit lieber auf das Gegenteil von Trance richte.

In unseren frühen Untersuchungen für die National Institutes of Health haben wir Trancezustände mit den Mitteln der Hypnose herbeigeführt. Sind Menschen in Trance, ist ihre Bewusstheit für das Hier und Jetzt, so haben wir festgestellt, wie auch ihre Fähigkeit, sich mit dem Hier und Jetzt auseinanderzusetzen, keineswegs gesteigert, sondern vermindert.

In Trance können wir außergewöhnliche
Erfahrungen machen
und dabei ein stark ausgeprägtes Wohlbefinden,
Euphorie und Ego-Transzendenz empfinden.
Wir sind jedoch nicht ganz »hier«,
wenn wir uns in Trance befinden.
Bei erhöhtem Gewahrsein geht es
meines Erachtens aber allein darum,
deutlicher – und nicht weniger deutlich –
spürbar hier zu sein.

Einige abschließende Worte

Wenn ich Ihnen nahelege, an den Ausgangspunkt des Auftrieb gebenden Meditationsprozesses zurückzukehren und – im Verlauf der nächsten Wochen, Monate und Jahre, ja sehr wahrscheinlich Ihres ganzen Lebens – die zwölf Leitsätze ein ums andere Mal zu wiederholen, will ich damit nicht sagen, Sie sollten das tun, um einen Trancezustand herbeizuführen. Vielmehr schlagen wir hier gewissermaßen die Gegenrichtung ein. Denn der Auftrieb gebende Prozess ist so angelegt, dass Ihnen, nachdem Sie einen Satz ausgesprochen haben, reichlich Zeit bleibt, in eine einzigartige, nur in diesem Augenblick zustande kommende Erfahrung einzutreten. Auch wenn Sie bei jedem Ausatmen einen neuen Leitsatz sprechen, werden seine Worte beim anschließenden Einatmen, indem sie Ihr Gewahrsein wecken und ausweiten, jedes Mal einen positiven Einfluss auf Ihre Bewusstheit ausüben.

Dieses Buch habe ich geschrieben, damit Sie, je mehr Sie sich auf die jeweilige Dimension des Meditationsprozesses eingelassen haben und je mehr Sie mit ihr anzufangen wissen, immer wieder auf einzelne Passagen zurückgreifen können. Bei jeder neuerlichen Lektüre eines Kapitels, insbesondere wenn Sie beim Lesen der Atmung gewahr sind (wie steht es damit jetzt in diesem Augenblick?), werden Ihnen neue Einsichten kommen, die Sie inspirieren und durch den Auftrieb gebenden Prozess führen.

Im Anschluss an dieses letzte Kapitel finden Sie noch eine kurze Einführung zu einer Reihe von Audio- und Videopräsentationen mit Meditationsanleitung. Diese werden Ihnen – online abrufbar – vor allem dann gute Dienste erweisen, wenn Sie die einzelnen Schritte des Meditationsprozesses auswendig lernen möchten. Darüber hinaus hoffe ich, dass wir unter www.johnselby.com noch in 20 oder 30 Jahren eine lebhaft kommunizierende Online-Gemeinschaft und ein sich immer weiter entwickelndes System von Online-Angeboten haben werden, die Ihnen bei der Durchführung des Meditationsprogramms behilflich sind. Wir werden sehen!

Meditation in jedem Augenblick

Wenn Sie beginnen, diese Leitsätze in Ihr Leben zu integrieren, können Sie die Auftrieb gebende Meditation hauptsächlich auf dreierlei Art und Weise in die Abläufe Ihres Alltags einbeziehen.

Erstens: Schauen Sie, ob es Ihnen gelingt, ein- oder zweimal am Tag innezuhalten, um von den üblichen Tagesaktivitäten zwischen fünf und dreißig Minuten Zeit abzuzweigen und sich durch die zwölf Leitsätze in eine tiefer gehende Bewusstheit zu bringen. In dieser Zeit wird der spirituelle Prozess dank seiner auf natürliche Weise ausgleichenden Wirkung Ihre Energiezentren mit frischer Energie aufladen, indem er körperlich und emotional überall dort heilend wirkt, wo dies notwendig sein sollte, und Ihrer inneren Stimme Raum dafür lässt, Ihnen neue Einsicht und Führung zu bringen.

Zweitens: Halten Sie des Öfteren für kürzere Auftriebsphasen von nur zwei oder drei Minuten inne. Währenddessen können Sie in einem Schnelldurchgang vier – oder auch mehr – Leitsätze durchgehen, indem Sie sich für jeden Leitsatz gerade einmal einen oder zwei Atemzüge Zeit nehmen. Das ist zumal dann ein optimaler Ansatz, wenn Sie am Arbeitsplatz alle Hände voll zu tun haben, sich gerade als Pendler auf dem Weg zur Arbeit oder auf dem Heimweg befinden oder anderweitig Ihre Angelegenheiten in der Welt erledigen. Ganz erstaunlich, was in zwei, drei Minuten passieren kann, haben Sie diesen Prozess erst einmal vollkommen verinnerlicht.

Drittens: Suchen Sie sich jeden Tag einen der zwölf Leitsätze heraus, der am betreffenden Tag dann Ihr ständiger Begleiter ist. Halten Sie zuvor jeweils kurz inne und sinnen Sie ein wenig über alle zwölf Leitsätze nach. Dann werden Sie jeweils intuitiv feststellen, dass einer der Sätze von herausgehobener Bedeutung für Sie zu sein scheint und Ihnen im Gedächtnis haften bleibt. Lassen Sie zu, dass dieser eine Satz den ganzen Tag über in Ihrem Gewahrsein präsent bleibt – wie ein Song, der Ihnen stundenlang nicht aus dem Kopf geht. Die Auswirkungen auf Ihr Leben können tiefgreifend sein. Auf meiner Website finden Sie Spiele, mit deren Hilfe Sie den Leitsatz des Tages auch aufs Geratewohl wählen können.

Meditation, das sollten Sie sich vergegenwärtigen, ist keiner jener Prozesse, denen man sich im Lauf eines Tages hier und da mal widmet. Meditation bedeutet, so häufig wie nur möglich so gewahr wie möglich zu sein. Man betreibt sie jeden Augenblick.

Nichts hält Sie davon ab, gleich von jetzt an
jeden Augenblick jedes Tages
in einem meditativen Zustand zu verweilen.
Beschließen Sie einfach, sich wirklich
jedes neuen Augenblicks bewusst zu erfreuen,
während Sie der Luft gewahr sind,
die in Ihre Nase ein- und dann wieder ausströmt.
Auf geht's!

Dem Ideal, ständig in solch einem weit offenen Bewusstseinszustand zu verweilen, steht selbstverständlich die automatisch vorhandene Tendenz unseres Ego-Geistes entgegen, in das völlig kopflastige Alltagsdenken zu verfallen und so das Atemgewahrsein einzubüßen. Nach wie vor geht mir viele Male täglich mein Atemgewahrsein verloren. Da ich mich jedoch ehre und liebe, so wie ich bin, stört mich das eigentlich nicht weiter. Ich erfreue mich wirklich an allen Aspekten meiner menschlichen Erfahrung, einschließlich jener, bei denen es dann und wann passiert, dass sie mich von meiner bewussten Atmung ablenken.

Tief im Innern hege ich allerdings schon den starken Wunsch, im Hier und Jetzt überaus gewahr zu sein, denn dadurch verspüre ich ein Höchstmaß an Lebendigkeit, Kreativität und Liebe. Und dieses Verlangen nach einem spirituellen Verbundenheitsgefühl mit dem Göttlichen motiviert mich, Tag für Tag meiner Atmung so gut gewahr zu sein, wie ich eben kann.

Ich freue mich darauf, online von Ihnen etwas über Ihre diesbezüglichen Erfahrungen zu hören. Ich werde mich nach besten Kräften darum kümmern, dass wir über ein Chatforum oder über eine Plattform wie Facebook in Verbindung bleiben und dort über Ideen, Fragen, Einsichten und Erfahrungen kommunizieren können.

Besser als Suchen: Finden

Angesichts derart vieler neuer Dinge, unter denen man in der Welt der Meditation die freie Wahl hat, sind viele Menschen heutzutage unaufhörlich auf der Suche nach jenem einen speziellen Glauben, Selbsthilfetext, Meditationslehrer oder Meditationsansatz, der zu guter Letzt die für sie perfekt passende Lösung zu sein scheint. Immer schon hat es allgemein eine Tendenz gegeben, den Wald vor lauter Bäumen nicht mehr zu sehen – und bei genauerer Betrachtung haben viele Menschen Angst, tatsächlich zu finden, wonach sie suchen. Stattdessen unternehmen sie ein paar Gehversuche in einer bestimmten Tradition, Meditationstechnik oder Selbsthilfemethode, probieren hier ein bisschen und probieren da ein bisschen, um sich schließlich von der betreffenden Methode, dem Lehrer, dem Buch abzuwenden und sich auf die Suche nach einem anderen äußeren Reiz zu begeben. Mag schon sein, dass dies eine mit geringem Risiko behaftete Herangehensweise an spirituelles Wachstum ist, unglücklicherweise bringt sie aber auch entsprechend wenig.

Falls Sie bereit sind, nicht mehr länger zu suchen,
sondern zu guter Letzt zu finden,
wonach Sie sich sehnen,
sind jetzt für Sie vielleicht die Tage
des Suchens vorüber.

Für Menschen, die auf der Suche sind, ist dieser Auftrieb gebende Meditationsprozess eigentlich nicht das Richtige. Vielmehr ist er auf diejenigen zugeschnitten, die darauf aus sind, zu finden, wonach sie Ausschau halten, und in der nächsten entscheidenden Phase ihrer spirituellen Evolution ankommen wollen. Bei Krishnamurti heißt es:

Sobald Sie einem Menschen folgen,
hören Sie auf, der Wahrheit zu folgen.
In Ihnen liegt die ganze Welt –
und wenn Sie gewillt sind, nach innen zu schauen,
um die eigene Wahrheit zu entdecken,
ist die Tür vor Ihnen stets bereit,
und den Schlüssel halten Sie in der Hand.

In aller Bescheidenheit und nach meinem besten Wissen – neben diesen zwölf Leitsätzen bedarf es keiner weiteren Techniken oder anderer Arten der Führung, damit Sie in Ihrem Innern zur spirituellen Mitte und dem immer weiter sich entfaltenden Empfinden einer innigen Berührung mit dem Göttlichen gelangen, beides hegen und pflegen und fördern können.

Ich habe Ihnen nun praktische Anleitung geboten, wie Sie hinschauen und lernen können. Alles Weitere liegt in Ihren Händen. Wie der bereits erwähnte Zen-Aphorismus besagt, gilt es nirgendwo hinzugehen und gibt es nichts zu tun. Alles, was immer es auch sein mag, geschieht jetzt. Bleiben Sie einfach gewahr!

BRINGEN SIE IHR INNERES VERLANGEN ZUM AUSDRUCK

Durch die Kraft unserer Absicht bringen wir tagtäglich viele Male zum Ausdruck, was wir uns im Leben wünschen oder was wir benötigen. In *Das Geheimnis des Glücks*[16] bin ich (als Koautor) detailliert auf dieses Thema eingegangen. Gestatten Sie mir, Ihnen hier ebenfalls ein paar Einblicke zu bieten, wie auch der Auftrieb gebende Prozess, den Sie hier erlernen, Ihnen dazu verhelfen wird, dass materielle oder spirituelle Wünsche im Alltag tatsächlich für Sie in Erfüllung gehen.

Da der Auftrieb gebende Meditationsprozess den Geist zur Ruhe kommen und Sie in einen »Seins«-Bewusstseinszustand eintreten lässt, werden Sie sehr häufig auf ganz natürliche Weise zu intensiven Wünschen und manch tief gehendem Verlangen Zugang erhalten. Schritt für Schritt werden daraus wiederum Ideen, visionäre Zielsetzungen, Handlungen und sich in Ihrem Leben manifestierende Realitäten erwachsen. In die Lage versetzt zu werden, zu Ihren spirituellen Bedürfnissen und Wünschen in Verbindung zu treten, ist in der Tat einer der großen Vorzüge und besonders wertvollen Aspekte dieses Prozesses, in dessen Verlauf Ihr Geist zur Ruhe kommt und Ihre gewohnte Routine unterbrochen wird.

In der Meditation werden Sie,
sobald Sie zu einer unerfüllt gebliebenen Leidenschaft
Verbindung aufnehmen und sie würdigen,
in der Lage sein,
zu außerordentlichen Manifestationskräften
Zugang zu gewinnen,
damit jene Leidenschaft ihre Erfüllung findet.

Einer von Amerikas großen spirituellen Lehrern, auf den ich in *Das Geheimnis des Glücks* ausführlich zu sprechen komme, war ein Mann aus dem Mittleren Westen namens Charles Haanel. Sofern Sie in die Stille eintreten, so hat er vor rund 100 Jahren in aller Klarheit dargelegt, können Sie unmittelbaren Zugang zum göttlichen Geist des Universums erlangen, Sie können ausfindig machen, wonach Sie tatsächlich Verlangen haben, und Sie können schöpferische Führung, Einsicht und Befähigung erhalten. Dies alles wird Sie inspirieren, Ihre Träume greifbare Gestalt annehmen zu lassen.

Wenn Sie in der Auftrieb gebenden Meditation den Geist vollständig zur Ruhe kommen lassen und der Stimme tief in Ihrem Innern lauschen, werden Sie herausfinden, wonach es Sie wahrhaft verlangt, damit Sie sich erfüllt fühlen. Das versichere ich Ihnen. Wenn Sie sich sagen: »Ich bin offen, zu empfangen«, und anschließend zur göttlichen Weisheit des Universums in Verbindung treten, indem Sie sagen: »Ich fühle mich verbunden mit meiner Quelle«, seien Sie bitte nicht überrascht, falls Sie auf starke Leidenschaften und neue Ideen stoßen. Diese wiederum werden Ihnen schöpferische Visionen bringen, die dazu führen, dass Sie etwas von einzigartigem Wert manifestieren.

Im Grunde geschieht in der Auftrieb gebenden Meditation Folgendes: Sie öffnen sich und lassen zu, dass der *Geist* Ihnen hilft, Ihre tiefer gehende Präsenz und Ihre Bestimmung auf diesem Planeten zum Tragen zu bringen. Jedes Mal, wenn Sie den Auftrieb gebenden Prozess durchlaufen – oder eine der anderen Meditationsmethoden, die den Geist zur Ruhe kommen lassen und Sie für spirituelle Führung empfänglich machen –, treten Sie zu dem in Verbindung, wonach Sie im Kern Ihres Wesens Verlangen haben. Daraufhin wird eine weitergehende Evolution Ihres Bewusstseins in Gang gesetzt. Wenn nicht genau dies das Herzstück des Manifestationsprozesses ausmacht, weiß ich auch nicht, wo es dann zu finden sein soll.

DEN AUGENBLICK GEMEINSAM ERLEBEN

Meine Frau Birgitta und ich haben diese zwölf Leitsätze gemeinsam erkundet, seit sie vor rund zehn Jahren in unserem Leben aufgetaucht sind. In den fünfzehn vorausgegangenen Jahren seit unserem Kennenlernen hatten wir ähnliche »Absichtserklärungen« ausprobiert, die nicht nur das persönliche Erleben in ihr und in mir, sondern auch die Art und Weise, wie wir einander erlebten, beeinflusst haben. Zum Schluss möchte ich in diesem Buch darüber sprechen, welchen Einfluss die Auftrieb gebende Meditation auf Ihre Beziehungen ausüben kann.

Was geschieht eigentlich, wenn Menschen beginnen, diese Leitsätze gemeinsam zu erkunden? Wenn zwei oder mehr Menschen beschließen, ihr Augenmerk zur gleichen Zeit auf ein und dieselbe Sache zu richten – sei es als Paar in einer intimen Beziehung, als Familie, als Gruppe in einer Kirchengemeinde, als Schule, als Firma oder als anderweitig gesellschaftlich engagierte Menschen –, wird eine ganz besondere Kraft freigesetzt.

In der schon mehrfach erwähnten PEAR-Studie konnten wir sehen, dass eine Einzelperson, indem sie ihre Intention auf einen Zufallszahlengenerator richtete, ein eindeutiges Resultat hervorzurufen und uns auf diese Weise die physische Kraft einer gerichteten Absicht vor Augen zu führen vermochte. Anschließend baten die PEAR-Forscher zwei Menschen, die einander nicht kannten, die Kraft ihrer Absicht zur gleichen Zeit auf dasselbe Gerät zu richten – und das führte zu einer Verdoppelung des Effekts.

Daraufhin wurden die Experimentatoren richtig wagemutig und arbeiteten mit Liebespaaren. Und jetzt war der Effekt, anstelle der erwarteten Verdoppelung, zwischen fünf- und sechsmal stärker. Diese Ergebnisse fand ich ungemein faszinierend, da ich immer schon das Gefühl gehabt hatte, von zwei einander liebenden Menschen gehe eine besondere Kraft aus, wenn sie ihre Aufmerksamkeit gemeinsam darauf richten, etwas zu erreichen.

Der sexuelle Akt zur Zeugung eines neuen Lebewesens setzt ohne Frage ein bemerkenswertes schöpferisches Potenzial frei. Und wenn eine Familie sich ein Zuhause schafft, entsteht durch die Kraft der Intention ebenfalls eine unvergleichliche, lebenserhaltende Atmosphäre. Ob mit oder ohne sexuelle Dimension, wenn Sie so etwas wie den Auftrieb gebenden Meditationsprozess in eine Beziehung hineinbringen, in der zwei oder mehr Menschen beschließen, die Kraft ihrer Absicht auf eine gemeinsame Sache zu richten, lässt sich absehen, dass daraus Resultate von großem Wert hervorgehen werden.

Im Alltag blicke ich, während ich zugleich meiner Atmung

und meiner körperlichen Präsenz gewahr bin, des Öfteren zu Birgitta hinüber; und sie erwidert dann meinen Blick mit jenem speziellen Strahlen in den Augen, welches mich wissen lässt, dass sie sich gleichfalls mit ihrer Atmung und ihrer Ganzkörperpräsenz in Einklang befindet. Auf einer grundlegenden Gewahrseinsebene weilen wir am selben Ort. Der Umstand, dass wir beide regelmäßig diesen spirituellen Bewusstseinszustand miteinander teilen, bildet das Fundament unserer Beziehung.

In ebendieser Geisteshaltung werden Sie, falls Sie einen Sexualpartner haben, feststellen können, dass Sie während eines sexuellen Intermezzos Ihre intime Beziehung hochgradig vertiefen können, indem Sie nichts weiter tun, als still Seite an Seite zu liegen, während Sie beide die ersten paar Leitsätze durchgehen. Wenn Sie auf diese Weise innehalten, damit der Geist zur Ruhe kommt, treten Sie körperlich und emotional vollständig in den gegenwärtigen Augenblick ein. Daraufhin weitet Ihr Gewahrsein sich natürlicherweise so, dass es Ihr Gegenüber mit einschließt – und dazu brauchen Sie gar nichts zu »tun«. Der *Geist* führt Sie zusammen, Herz zu Herz, Körper zu Körper, Seele zu Seele. (Mehr zu diesem Thema in *Die Liebe finden*.)

In einem anderen Kontext besteht auch für Gruppen, in deren wechselseitiger Beziehung sexuelle Zwischentöne so gut wie keine Rolle spielen, die Möglichkeit, zu Beginn eines Treffens die Leitsätze gemeinsam durchzugehen – jeder für sich und zugleich doch alle gemeinsam. Das wird die anschließende Gruppenerfahrung auf eine sehr schöne und kraftvolle Weise intensivieren. Tiefgreifendere kreative Einfälle werden daraufhin aufblitzen, und es wird ein stärkeres kooperatives Miteinander geben, da die Gruppe eine im mehrfachen Sinn besonders hohe Motivation hat, ihre Intention in der Welt zu manifestieren.

Einige abschließende Worte

Wann immer wir den Geist gemeinsam
zur Ruhe kommen lassen
und uns öffnen, um aus einer höheren Quelle
Führung und Einsicht ins eigene Leben
zu erhalten,
kommen wir in einer größeren Bewusstheit
all dessen zusammen,
was uns hier an diesem Ort und jetzt in
diesem Augenblick verbindet.
Mögen wir in Zukunft, das ist meine
große Hoffnung,
in immer weiter zunehmendem Maß lernen,
Zugang zu der verbindenden spirituellen
Erfahrung zu gewinnen.

Inzwischen verfügen Sie über all die »Bewusstseinshilfsmittel«, die Sie brauchen, um regelmäßig innezuhalten, Ihrem Geist Auftrieb zu geben und immer weitergehend zu Ihrer höheren Präsenz zu erwachen. Darum sollte ich nun keine weiteren Worte mehr verlieren und es Ihnen überlassen, die volle Verantwortung für die tägliche – oder stündliche – Anwendung der Leitsätze in Ihrem Leben so zu übernehmen, wie Sie sich vom *Geist* angeleitet fühlen.

Mein letzter Vorschlag: Ich möchte Sie ermuntern, im Lauf der nächsten Wochen, während Sie sich stärker auf die mit den Leitsätzen verbundene Kraft und Freude einlassen, jedes Kapitel mindestens noch ein zweites Mal durchzulesen. Außerdem freue ich mich darauf, unsere Verbindung unter www.johnselby.com online fortzuführen. Und diese Website hat einen Link zu www.tappingdaily.org. Dort werde ich regelmäßig neue Lehrvideos und schriftlich festgehaltene Einsichten in diesen Auftrieb gebenden Prozess hochladen.

Ein Gedicht aus meinen prägenden Jahren ist mir gerade in den Sinn gekommen. Das Buch mit den bekannten Zeilen von T. S. Eliot zu beschließen, die nach wie vor so wahr klingen, finde ich sehr passend:

Wir werden nicht nachlassen in der Erkundung,
um letzten Endes nach all unserem Erkunden
an unserem Ausgangspunkt anzukommen
und den Ort zum ersten Mal zu erkennen.

T. S. ELIOT

Das Leben sollte natürlich gelebt werden,
den Gesetzen der Natur gemäß.
Kochen, eure Kleidung waschen,
zur Arbeit gehen oder Liebe machen –
jegliche Aktivität kann zu Meditation werden.

Wenn Meditation sich über euer gesamtes Leben erstreckt,
wird sie einfach zu einem Teil von euch,
wie das Atmen,
wie euer Herzschlag.
Das ist die essenzielle Meditationspraxis.

OSHO

Für eine weitergehende Erkundung

ONLINE-SCHULUNG UND DVD-PROGRAMME

In den vergangenen fünf Jahren haben meine Partnerin Birgitta und ich laufend daran gearbeitet, Online- und Multimedia-Schulungsprogramme zu produzieren, die entweder kostenlos oder preisgünstig zu haben und leicht zugänglich sind und Sie stets sehr wirkungsvoll darin unterstützen können, den Auftrieb gebenden Meditationsprozess zu meistern und ihn weiterzuführen. Diese Programme entwickeln und entfalten sich immer weiter. Und solange der elektrische Strom fließt und wir via Internet über die Computerbildschirme miteinander verbunden sind, wollen Birgitta und ich auch weiterhin die bestmöglichen Hilfsmittel entwickeln. Sich durch eine Stimme Anleitung geben zu lassen, wenn Sie lernen, tiefer in die Meditation und in den Prozess des spirituellen Erwachens einzutauchen, kann sehr hilfreich sein.

Die folgenden Internetadressen wollen wir langfristig als Schulungs- und Kontakt-Links beibehalten. Für manche Programme müssen wir zur Deckung unserer Ausgaben ein wenig Geld verlangen. Viele Programme bieten wir jedoch nach wie vor kostenlos an. Dann also auf ein baldiges Wiedersehen dort auf einer unserer Internetseiten!

www.johnselby.com
www.youtube.com/selby2424
www.tappingdaily.org

Persönliches Online-Coaching und Seminare vor Ort

Falls Sie ein wenig persönliches Online-Coaching in Anspruch nehmen oder vielleicht an einem Online-Meditationsseminar teilnehmen möchten, gehen Sie bitte auf eine der soeben angeführten Internetseiten, um ein Programm zu finden, das Ihren Bedürfnissen entspricht. Soweit unsere Zeit es erlaubt, werden Birgitta und ich weiter unser Bestes tun, vor Ort in den USA und in Europa live Meditationsseminare durchzuführen. Schicken Sie uns bitte eine E-Mail über eine unserer Websites, wenn Sie vor Ort in Ihrer Region an einem solchen Seminar teilnehmen möchten oder gern Informationen darüber erhalten würden, wann und wo Sie einen unserer Meditationskurse besuchen können.

Zusätzliche Lektüre und weitere Anknüpfungspunkte

Über die zuvor genannten Internetseiten werden Sie auch zu weiteren Meditationsbüchern geführt, die Sie als hilfreich empfinden könnten. Wir werden die betreffenden Seiten regelmäßig auf den aktuellen Stand bringen, um Sie über möglicherweise hilfreiche Medien oder Informationsquellen, die gerade in Vorbereitung begriffen sind oder frisch veröffentlicht wurden, auf dem Laufenden zu halten.

Eine Meditation, die Ihnen Tag für Tag neuen Auftrieb gibt: die zwölf Leitsätze im Überblick

1. Ich beschließe, mich an diesem Augenblick zu erfreuen.
2. Ich fühle, wie die Luft in meine Nase ein- und wieder ausströmt.
3. Ich fühle beim Atmen die Bewegungen meines Brustkorbs und meines Bauchs.
4. Ich bin mir meines ganzen Körpers gleichzeitig bewusst, jetzt in diesem Augenblick.
5. Ich bin bereit, die Gefühle in meinem Herzen zu erfahren.
6. Ich lasse all meine Anspannung und meine Sorgen los und fühle Frieden in mir.
7. Ich akzeptiere jeden Menschen, den ich kenne, so wie er ist.
8. Ich liebe und ehre mich, so wie ich bin.
9. Ich bin offen, zu empfangen.
10. Ich fühle mich verbunden mit meiner Quelle.
11. Ich bin hier, um zu dienen, zu lieben, in Wohlstand zu leben und das Leben zu genießen.
12. Ich bin bereit, zu handeln – mutig und aufrichtig.

Anmerkungen

1 John Selby & Ahmed Netanel, *Executive Genius – How to Build a High-Awareness Company*, Career Press, Franklin Lakes, NJ, 2008.
2 John Selby & Paul Hannam, *Mind-Management – Das Praxisbuch*, übers. v. Bettina Lemke, dtv, München 2006.
3 Weitere Erläuterungen zu dieser Thematik finden Sie in Kapitel 21 (»Eins mit dem Fluss der Zeit«) von: Matthieu Ricard, *Glück*, übers. v. Christine Bendner, Nymphenburger, München 2007. (Anm. d. Übers.)
4 Die Kursivschrift verweist von nun an bei *Geist* darauf, dass John Selby hier in Abweichung von der ansonsten im Englischen üblichen Kleinschreibung *Mind* mit großem Anfangsbuchstaben schreibt. (Anm. d. Übers.)
5 John Selby, *Sieben Meister – ein Weg*, übers. v. Stephan Schuhmacher, Atmosphären, München 2004.
6 John Selby, Zachary Selig, *Das Erwachen der Kundalini – Anleitung, Übung, Meditation*, übers. v. Felicitas Schätzl, Schirner, Darmstadt 2005.
7 Alexander Lowen, *Liebe und Orgasmus – ein Weg zu menschlicher Reife und Erfüllung*, übers. v. Gudrun Theusner-Stampa, Kösel, München 1980.
8 John Selby, *Die Liebe finden – Wie Sie Ihrem Wunschpartner begegnen*, übers. v. Bettina Lemke, dtv, München 2005.
9 Die entsprechenden Projekte habe ich unter anderem in *Mind-Management* skizziert: John Selby & Paul Hannam, *Mind-Management – Das Praxisbuch*, a. a. O.
10 John Selby, *Die Liebe finden*, a. a. O.
11 John Selby, *Powerpoint*, übers. v. Marianne Gollub, Sphinx, Basel 1985.

12 John Selby, *The Mahee Vision* (Kindle Edition) Sabre eBooks (www.sabre-ebooks.com) 2010, ISBN: 978-1-4524-5461-0.
13 John Selby & Jim Mellon, *The Conscious Capitalist – Eight Awareness Choices that Amplify Your Leadership & Investment Potential,* Borderline Publishing, Boise, ID, 2010.
14 Gary Greenberg, *Manufacturing Depression – The Secret History of a Modern Disease,* Simon & Schuster, New York 2010.
15 Irving Kirsch, *The Emperor's New Drug – Exploding the Antidepressant Myth,* Basic Books, Philadelphia, PA, 2010.
16 William Gladstone, Richard Greninger, John Selby, *Das Geheimnis des Glücks – Mit dem Masterkey-System zur wahren Quelle vorstoßen,* übers. v. Sabine Hübner, Allegria, Berlin 2011.

*Lebendigsein und den Augenblick
genießen*

Freude kann man lernen. Wer sich dafür bewusst entscheidet, gibt seinem Leben eine neue Qualität und Tiefe. Loslassen ist ein erster Schritt, denn »ein Bauer, der viele Kühe hat, hat auch viele Sorgen«. Das Wahrnehmen, wie sich Freude überhaupt anfühlt, ist der nächste Schritt, um eine klare Ausrichtung zu bekommen. Zehn Schritte hin zu mehr Wohlbefinden bewirken eine allmähliche Veränderung der Persönlichkeit.

Das Buch basiert auf dem erprobten Kursprogramm des bekannten Meditationslehrers James Baraz. Es ist praktisch ausgerichtet und durch viele Fallbeispiele anschaulich und nachvollziehbar. Mit einem Geleitwort von Jack Kornfield und einem Vorwort von Ram Dass.

James Baraz · Shoshana Alexander
Freude
440 Seiten, ISBN 978-3-485-01339-0

nymphenburger *www.nymphenburger-verlag.de*